北大讲座

第二十五辑

《北大讲座》编委会

北京大学出版社
PEKING UNIVERSITY PRESS

图书在版编目(CIP)数据

北大讲座.第 25 辑/《北大讲座》编委会编.—北京:北京大学出版社,2013.5

ISBN 978-7-301-22355-0

Ⅰ.①北… Ⅱ.①北… Ⅲ.①社会科学-中国-文集②自然科学-中国-文集 Ⅳ.①Z427

中国版本图书馆 CIP 数据核字(2013)第 070622 号

书　　　名:	北大讲座(第二十五辑)
著作责任者:	《北大讲座》编委会 编
责 任 编 辑:	胡利国
标 准 书 号:	ISBN 978-7-301-22355-0/G·3604
出 版 发 行:	北京大学出版社
地　　　址:	北京市海淀区成府路 205 号　100871
网　　　址:	http://www.pup.cn 新浪官方微博:@北京大学出版社
电 子 信 箱:	hlgws0380@sina.com
电　　　话:	邮购部 62752015　发行部 62750672　出版部 26754962
	编辑部 62753121
印 　刷 　者:	三河市北燕印装有限公司
经 　销 　者:	新华书店
	650mm×980mm　16 开本　18.25 印张　263 千字
	2013 年 5 月第 1 版　2013 年 5 月第 1 次印刷
定　　　价:	36.00 元

未经许可,不得以任何方式复制或抄袭本书之部分或全部内容。
版权所有,侵权必究
举报电话: 010-62752024　电子信箱:fd@pup.pku.edu.cn

北大讲座

季羡林

《北大讲座》编委会

主　　任：王恩哥
副 主 任：叶静漪
成员单位：北京大学党委宣传部
　　　　　北京大学学生工作部
　　　　　北京大学教务部
　　　　　北京大学教育基金会
　　　　　北京大学科学研究部
　　　　　北京大学社会科学部
　　　　　共青团北京大学委员会
　　　　　北京大学艺术学院
　　　　　北京大学出版社

《北大讲座》(第二十五辑)编委会

主　　　编：阮　草
副 主 编：陈征微
执 行 主 编：黄　冠
执行副主编：郝凌瑶
编辑委员会：(按姓氏拼音排序)

包　恺	常惠丰	崔含笑	何英杰	何孟奇	胡淑颖
金雅昭	李　昶	李君然	黎　薇	刘龚熠	马　琳
孟怡然	潘秋蓉	斯　维	孙　伟	汤晓路	王成龙
王　瑾	王靖雯	王　蒙	王星特	王一鸣	王　卓
王卓汝	温倩倩	邢　安	肖天祎	徐梓岚	燕宇飞
杨悦辰	叶隽彤	魏钰明	张进鑫	张　恬	张伊佳
赵启程	周一川	朱健林	朱宣澔		

目　录

俄罗斯选举及其外交策略选择 ………………………… 邢广程(2)

举世瞩目的俄罗斯总统选举落下帷幕,普京以60%的支持率再次当选;看似平稳顺利归来的背后,实则是一场艰苦而残酷的博弈。普京的回归,建立在他实力的基础上,他用八年时间实现了俄罗斯由危机向全面复兴的转变,践行了他"给我20年,我还一个奇迹般的俄罗斯"的豪言壮语。

普京的归来亦带了俄罗斯外交关系的新阶段,作为邻邦,中俄两国同在谋求发展,两国间的相互影响值得我们深思,而俄美关系的不断恶化也使世界政治格局更加复杂。在此种大背景下,如果中俄关系能够更好地发展,就能使中国在世界崛起进程中获得良好的战略依托,这将对我们大有裨益。

"两会"视角下的社会热点及两岸问题 ………………… 李义虎(39)

2012年"两会"的热点是什么?代表们表决关于第十二届全国人民代表大会代表名额和选举问题的决定草案说明了什么?为什么要对刑诉法进行了大规模修订?《政府工作报告》将目标经济增长率下调到7.5%是否合理?中央财政计划今年全国教育性支出占国内生产总值的4%有什么意义?在两岸问题上,提出加快"海峡西岸经济区建设"对台政策是否能奏效?李义虎教授通过"两会"的视角为你一一解读最新的社会热点及新时期的两岸问题。

工作世界的变迁和后现代主义反思 ……………………… 佟　新(62)

随着市场经济体制的逐步确立,我国的劳动用工制度也发生了巨大的变化。对效率的追求迫使劳动力碎片化,我们的工作世界充满不确定性。同时,人力资源管理模式的加强,造成工会团结、民主参与和劳资谈判的工厂管理模式弱化和消解。在激烈的市场竞争中,个体劳动者遭受着物质以及精神上的巨大压力,却仍要为身后的家庭和未知的前途苦苦打拼。这不由得引起我们对发展模式、历史经验、社会结构甚至资本主义本身的反思。将理论与实践结合,运用社会学的视角对工作世界的病灶进行条分缕析,有助于我们思考中国市场经济的合理有序发展。

当前中国的房价问题 ………………………………… 苏 剑(78)

居高不下的房价,不仅是着国人的心,更牵着经济的命脉。房价上涨带来了收入分配格局改变、激励结构扭曲、剥削行为滋生等诸多恶果,这将严重影响我国经济可持续发展与社会的和谐稳定。追本溯源,当今的高房价源于出口导向型经济的弊端,它的产生与货币超发、政府的产业政策、住房作为商品的保值功能以及中国人浓厚的家庭观念等有着千丝万缕的联系。调控房价任重道远,在限购、高首付、保障房等现行调控途径均表现平平之时,有必要慎重考虑紧缩货币、打击投机、抑制土地财政等政策建议。以宏观经济的视角审视房价问题,有助于我们思考并探索中国经济平稳健康发展之路。

从经济大国向经济强国转变 ……………………… 张亚光(113)

我们今天的中国,经济规模的各项指标都已经走入了世界前列,但是"发展中国家"却始终是我们给自己的定位。经济大国已经成为一个不可否认的事实,但是我们距"最强经济体"这个目标的实现还有多远?从经济大国走向经济强国,我们所欠缺的是什么,我们还需要什么?本文从大国与强国的区别、大国的历史逻辑、盛世的反思等三个方面向我们介绍了这些问题。

中国能否应对日益严重的水危机? …………………… 郑春苗(143)

水是生命之源。但在今天的中国,水资源的危机却越来越严重。如今的水资源保护和合理利用已经引起了人们的充分重视,我们也必须对生命所不可缺少的水资源多一些关注。本文从水资源的危机、中国总体的水资源短缺问题、华北平原的缺水现状、应对水危机的方法以及南水北调的挑战等五个方面向我们介绍了中国水资源的现实状况。

聚焦城市环境　聚焦PM2.5 ……………………………… 邵　敏（165）

灰霾使城市能见度下降的原理，是大气颗粒物——气溶胶的消光作用。消光作用与颗粒物的质量浓度、粒径大小、颗粒物成分、空气中的"老化现象"和吸湿增长密切相关。在霾的天气下，能见度降低主要由PM2.5造成。而当今的大气污染则是碳化物、硫化物和PM2.5的复合污染。在今天，大气质量的监测手段已相对成熟，但大气污染治理仍是一个长期而艰巨的工作，需要各级各界甚至各国的通力合作。

宋代历史再认识 ……………………………………………… 邓小南（190）

宋代历史背后究竟还隐藏了什么？为什么说宋代对于近代中国的政治、风俗造成了最深刻的影响？宋代在中国历史上占据着怎样的地位？宋代既是一个变革期的结束，又是一个新的变革期的开始，宋代立国的形势是怎样的，它又是如何应对的？面临并不安定的秩序格局，宋朝是如何开创稳定局面、走向繁荣的？在本讲座中，邓小南教授为你重新诠释宋代的历史，讲述一个不平凡的时代。

《中庸》思想系统的开展 …………………………………… 张尚德（217）

中国人文精华的古典著作，其道理与实际，放诸四海而皆准。从儒家的内容来说，《中庸》是至为重要的一本著作，是儒学的心法。《中庸》一书之所以具莫大价值，是在肯定人与天地之"致中和"概念。未来全体之中国，如果在理与事上能实现《中庸》的种种，那天下一定会得治，社会一定会和谐安稳。

盛唐气象与诗仙李白 ………………………………………… 杜晓勤（247）

诗仙李白和他为我们留下的文学瑰宝，像一股狂飙，一阵雷霆，带着惊天动地的声威，以前所未有的艺术魅力和情感力量，震荡着人们的心灵。这样一个传奇的人物，仕途于中原，游历于吴越，集中西南北文化精华于一身，继承司马相如、陈子昂之豪气雄才，一生不辍地抒写着浪漫华章，甚至关于他生命的逝去也有着一个入水捉月的美丽传说。那么，他的一生究竟是悲是喜？他的诗歌风格又与其一生经历有着怎样的联系？让我们跟随学者的脚步，用"知人论世，以意逆志"的智慧，去领略这唐诗与诗唐的传奇——诗仙李白。

试论全祖望对《宋元学案》的增补及其学术价值 ········· 夏长朴(264)

　　从宋代开始,就出现了建构学术发展体系的现象,具体表现就是"道统"问题。全祖望对于这些学术发展的问题,都找出了它的根源。同时他也对朱熹建构的道学传承,以及建构传承理论根据都有思考,目的是为了还原历史真相,还原学术的客观传承,而不是为了表彰一家之言或是一家之学,使学术本身真相湮没,这就是《宋元学案》全祖望续补部分学术价值的真正所在。

邢广程 | Xing Guangcheng

〔演讲者小传〕

邢广程，男，1961年10月生，黑龙江省绥棱县人。中国社会科学院中国边疆史地研究中心主任、研究员，中国社会科学院研究生院博士生导师，中国上海合作组织研究中心执行主任，中国社会科学院上合作组织研究中心主任。

全国马克思主义理论研究和建设工程专家，入选国家"四个一批"人才工程和国家"新世纪千百万人才"工程。俄罗斯"瓦尔代"辩论俱乐部成员。

其专著《苏联高层决策70年——从列宁到戈尔巴乔夫》，曾获2000年中国社会科学院优秀科研成果专著类一等奖。

俄罗斯选举及其外交策略选择

举世瞩目的俄罗斯总统选举终于落下了帷幕,普京获得60%多的支持率,毫无悬念地再次入主克里姆林宫。这似乎已尘埃落定,但紧接着传来莫斯科和圣彼得堡街头又出现了上万人游行示威的消息。可见,总统选举产生的风波并没有就此停息,普京当选之后还面临诸多挑战。俄罗斯政局究竟何去何从,还有待观察。

中国之所以要关注俄罗斯,因为它是我们的邻居。一个如此庞大的邻居的一举一动对世界都会产生影响,西方非常关注,中国更应该关注。现在大家关心的是:普京当选后会采取怎样的内政外交政策?现在已经有了答案,普京在总统竞选过程中先后发表七篇文章来阐述未来的施政纲领——俄罗斯要做什么?怎么做?目标是什么?通过什么方式达到这个目标?我将其命名为普京"新七篇"。普京在"新七篇"中做了很多设想,也提出了很多问题。比如说,俄罗斯在国际上的地位、如何发展自身、与外部世界的关系定位等等。因此,俄罗斯的未来走向确实值得关注,这不仅对独联体地区、对欧亚地区,甚至对整个世界局势都有影响。由此分析,欧洲一些大国和美国对俄罗斯总统选举倍加关注是理所当然的,我国对俄罗斯倍加关注也是符合逻辑的。

一、如何观察俄罗斯——"俄罗斯之谜"

怎么观察俄罗斯？1979年入学吉林大学历史系时我原想研究唐宋史，即从唐至宋如何由盛转衰。后来在学习世界历史时对苏联问题逐渐产生了浓厚的兴趣，从此一发不可收拾，一直研究到现在。从1982年我开始撰写有关苏联方面的学士论文算起直到现在，已经有30个年头了，这里包括勃列日涅夫后期、戈尔巴乔夫改革的历程、苏联解体后叶利钦时期、普京时期、梅普组合时期和普京第三任期的开头。这说明我研究苏联和俄罗斯问题的时间不算短了，但我依然不敢说对它非常了解。这不完全是谦虚。俄罗斯是一个难以研究和预测的国家，那些长期研究俄罗斯问题的学者都曾有过类似的体会和感慨。举个例子，大家所熟知的美国著名历史学家保罗·肯尼迪在《大国的兴衰》一书中对各大国从历史到现在都作了一些预测。但就是这么有名的历史学家也有失手的时候，他明确提到苏共既不会垮台、苏联也不会瓦解。针对西方很多学者和政治家在议论苏联解体的问题，他认为这是不严肃的。但是历史往往是这样，苏联恰恰是以一种不严肃、不得体，甚至是一种荒诞的方式解体了。超级大国坍塌的震撼，没有人会想到苏联会如此这般地解体了。

这些观点无非说明俄罗斯的特殊性，我们的这个邻居是独一无二的。俄罗斯人经常讲俄罗斯是独一无二的，所以它所发生的很多事件都是独一无二的，有的甚至是震动世界的。其中两件大事特别值得关注：十月革命和苏联解体。它们分别是20世纪初期和末期的最重要的世界性历史事件，其中隐藏的深刻逻辑确实引人深思。如此强调俄罗斯的特殊性也是为我不很到位的学术观点作一点小小的辩护——既然俄罗斯是这么特殊的一个国家，有这么大的理解难度，即使有讲得不够周到的地方也能得到大家的理解和谅解。

二、俄罗斯总统选举

从专家的视角来看,2012年的俄罗斯总统选举没有什么让人兴奋之处,是俄罗斯总统选举历史上最枯燥无味的选举,究其原因是谜底大家早已知晓。无论当权派还是反对派都认为,普京会重返克里姆林宫,而梅德韦杰夫则到白宫任职。但恰恰就是这样一个看似非常枯燥也知道谜底的选举却仍引起了全世界的关注,其中缘由确实值得探究、深思。

(一)普京王者归来

1. 普京的对手

参加2012年俄罗斯总统大选的,除了统一俄罗斯党的普京外还有四位候选人:俄罗斯共产党候选人久加诺夫、自由民主党的"怪杰"日里诺夫斯基、公正俄罗斯党候选人米罗诺夫和无党籍新贵普罗霍罗夫。

其中,久加诺夫和日里诺夫斯基两位被称为俄罗斯总统选举的"常青树",从叶利钦时期选到普京时期,再选到梅德韦杰夫时期,直至等到老普再来参选,他们依旧忠实地陪伴着。其实俄罗斯政坛有"长青三剑客":久加诺夫、日里诺夫斯基和亚夫林斯基(俄罗斯的苹果党,也称亚博卢党的领导人),不过这次亚夫林斯基涉嫌征集签名"作假"出局,所以"三剑客"变成了"两剑客"。米罗诺夫是近些年成长起来的政治家,是一位儒雅的大学者形象。而最新的普罗霍罗夫是个大寡头,俄罗斯第三富豪,身高2.06米、帅气、能言善辩且未婚,光彩照人,广受民众,尤其是俄罗斯女性的喜爱。总体来看:普京有两个老对手和两个新对手,但他们对普京没有任何挑战性,因为都已试过了。

2011年11月,"瓦尔代"国际讨论俱乐部组织邀请世界各国40多位俄罗斯问题专家与40多位俄罗斯学者在卡卢加州召开为期三天的国际会议。会议的最后,俄罗斯学者退席,仅是国外俄罗斯问题专家与俄罗斯高官会面,这次与会者会见的是俄罗斯几个主要政党的党魁,他们分别与大家进行对话一个半小时,学者们可以自由提问。当有人问两位"常青树"为何如此执著地参加俄罗斯总统选举时,他们回答道:"俄罗斯需要我们去拯救"。久加诺夫等人都不约而同地批评统一俄罗斯党。

这次毫无悬念的选举为何备受瞩目呢?2011年5月,我就去往俄罗斯做总统大选半年前和议会选举之前的调查。观察俄罗斯问题,不仅要见当权者,还要见持不同观点的学者,包括反对派人物。

首先谈谈当时得到的反对派信息。先是与反对派领袖人物雷什科夫(小雷日科夫)进行了近两小时的会谈。作为反对派,他讲得很直白:统一俄罗斯党在议会选举中肯定会胜出,但拿不到2/3选票,能拿一半就不错了,但是会作假15%左右;普京和梅德韦杰夫之间毫无疑问就是普京参加总统竞选,而且普京也可能当选;而反对派肯定是一盘散沙,提不出自己的总统候选人;他们(反对派)从议会选举完那天起就会鼓动大家上街揭露它(统一俄罗斯党)选举作假。这就令我不解:半年后才进行的选举,怎么现在就已经被这么设想好了?他继续道:他们(统一俄罗斯党)不作假是拿不到那么多选票的。并叮嘱我:你作为俄罗斯问题专家要注意,俄罗斯马上就要爆发革命了。阿拉伯之春已经到了——有可能先是白俄罗斯、紧接着是高加索地区,然后是中亚地区,最后就是俄罗斯。他的结论是:俄罗斯革命就在12月份,即杜马选举后,再有可能是明年总统大选后的3月份。我质疑他的大胆假设,他让我对他们所要施行的步骤拭目以待。接着访问的是俄罗斯大牌政治学家舍芙佐娃,这是一位对俄罗斯政局具有独到分析的女政治学家。她表示:"列宁说过革命是不能被预定的,你怎么能预定明天就要革命了?"她还提供了一个信息:这次反对派一定会有所行动。

因此对2011年12月杜马选举后的风波人们并不惊奇,因为答案早已被揭晓,连普京和梅德韦杰夫都很清楚这些人的观点。

此外,还值得一提的是:2000年普京刚任总统时亲自成立的由德米特里耶夫担任主任的"战略研究中心",在2011年5月发布了一份约六七十页的报告。报告中把俄罗斯面临的政治危机写得非常清楚,包括危机的状态,统一俄罗斯党、普京、梅普组合威望下降等,还有一系列数据。这就是一个信号:俄罗斯已经传来不太安宁的消息。

再有一个细节,"瓦尔代"会议过程中卡卢加州州长曾宴请我们90多位研究俄国的外国学者。其实这个宴会也是政治互动,大家可以向州领导提问,这些州领导都是统一俄罗斯党的成员。在提问环节,涅姆佐夫也举手提问,州长不大情愿,示意秘书不要把话筒给他。但是涅姆佐夫很高大,直接站起来拿过话筒就向州长提问:"请问尊敬的州长,当局给了怎样的指令,下了多少指标,要统一俄罗斯党拿到多少票?"这是很尖锐的问题,但州长回答得十分得体:"作为统俄党的成员,我自然希望统俄党在卡卢加州能多拿票,但作为州长我不能这么做,因为在这个州里还有俄共、自由民主党等其他政党,我要保持公正。"这也是一个信号,这番对话就能看出在俄罗斯火药味还是非常浓的。

总统选举中统俄党仅拿到近半数的选票就引起了这么大的争议。上街游行的民众竟能多达几万人,我见过几位反对党的领袖人物——卡西亚诺夫(俄罗斯前总理)、涅姆佐夫和雷什科夫(曾任国家杜马第一副主席)。涅姆佐夫在叶利钦时期当过下诺夫哥罗德州州长、副总理,而且是最先被看好的接班人,被称为"俄罗斯改革的金童子"。但他任副总理时做得并不很好,其中有件事大家记忆犹新,就是他要求所有高官包括叶利钦总统在内都要乘坐伏尔加轿车,而伏尔加轿车冬天经常熄火。这件事情最终不了了之。就连叶利钦在回忆录中也对此持怀疑态度。

历史给了涅姆佐夫非常好的机会,当叶利钦解除切尔诺梅尔金总理职务时,就暗示"我的接班人就在你们的身边",但涅姆佐夫没有抓住这个历史性机遇,其实当时的普京与他相比简直无足轻重。卡西亚诺夫是前总理,也是叶利钦钦定的一个家族成员。普京当总统、叶利钦推荐卡西亚诺夫当副总理且希望普京四年任期内不要更换,普京遵守了诺言。而现在,这几个人一起组成了自由民主派反对派。而另一个反对派就是俄共,这是目前在俄罗斯最成熟的一个党。日里诺夫斯基虽是反对派,但是"小骂大帮忙",在电视上、在舆论上和官方拉开距离,显得自己很激进,可到了议会,凡是政权希望通过的决议他都支持,所以是比较特殊的。

2. 俄罗斯历次总统选举

纵观俄罗斯的历次总统选举,这次普京的得票并不低。

叶利钦两次总统选举的胜出都很悬:1991年6月12日,叶利钦以57.3%的选票当选俄罗斯首任总统;1996年6月16日,他又参加了俄罗斯的第二次总统选举。那次,叶利钦在第一轮投票中仅获得35.2%的选票,比俄罗斯共产党候选人久加诺夫仅略高3个百分点,且没超过半数不能一锤定音,是在第二轮投票中胜出才得以连任。而且如果没有"七大人"(七大寡头)帮助叶利钦,也许就没有普京了。1990年以后会出现"寡头干政",就因为是七大寡头让叶利钦重新坐上了克里姆林宫的宝座,这也是唯一一次俄罗斯总统选举进入第二轮。

2000年3月26日,俄罗斯提前举行第三次总统选举,代总统普京赢得52.52%的选票获任总统。此时的普京崭露头角,选票勉强才过半。然而四年后2004年3月14日的俄罗斯第四次总统选举就完全不一样,普京获71.31%的选票得以成功连任,这次是普京最好的成绩。再有2008年3月2日,梅德韦杰夫以70%得票率高票当选,可见普京团队依然维持着高水平的支持率。那么现在看2012年的得票率在64%左右(现在正式选举结果还没有出来),应该不是最高也不是最低,居中而已。

3. 普京赢得不轻松

这次的总统选举普京虽然赢了,但是并不轻松。有以下几点表现:

第一,直接因素是统一俄罗斯党在之前的国家杜马选举中出现状况。这相对来说,算是个挫折,和上次拿到2/3选票的情况截然不同。

第二,巨大的街头压力。反对派不时在街头游行抗议示威,并且是来自左和右两方面。右翼类似于西方自由民主派,即雷日科夫、涅姆佐夫、卡西亚诺夫这派,还有俄共那一派左派。这些反对派的多次示威游行弄得普京灰头土脸,虽然赢得了选举,但是合法性和权威性都遭到了严重损害。

第三，西方的搅局。自从2011年9月份梅德韦杰夫宣布普京为统一俄罗斯党总统候选人，西方就一直施压，所以现在西方和普京的关系非常紧张。

最后，没料想居然出现暗杀未遂！这当然是巧合，但也能说明问题。2007年，也就是梅德韦杰夫要参加总统选举之前，普京的支持率非常高，美国权威的俄罗斯问题专家**卡钦斯**（美国著名政治学家、俄罗斯问题专家、莫斯科卡耐基中心前主任、国际战略研究中心俄罗斯和欧亚计划负责人）说过："普京肯定当选没有问题，现在谁也拦不住了，现在唯一能够阻拦普京上任的就是被暗杀。"早在2007年就有这个非常耸人听闻的观点——能够阻止普京上台只有这一种选择并且还预测了具体日期。当时听闻此言论，很多同行都质疑即便作为学者做出如此大胆的预测还是不太靠谱。但如今始料未及的是，都到2012年了，这事竟然有了点影，真是有人要试图暗杀普京。

如此这般，就使得此次选举看似平淡无奇，却也制造了很多悬念。然而为什么普京赢得不轻松？一个非常重要的原因就是，2008年后梅普组合掉进了国际金融危机的大坑，这是他们万万没有想到的。特别值得注意的是，2008年，即在梅德韦杰夫竞选总统之前，普京发布的国情咨文完全不像末任总统卸任之前的讲话，而是在描绘一幅宏伟蓝图：俄罗斯要做什么、要建多少机场、要建多少设施、要建多少码头……实际上俄罗斯2020年前的战略是那时规划出来的，也就是普京计划。普京计划非常明确，梅德韦杰夫上台后也在执行这条路线。由此可见，2008年之后，梅普组合真是雄心勃勃地要让俄罗斯再上一个台阶。

可就在那时国际金融危机爆发，而梅普分析研究后认为美国的次贷危机只是美国的，与俄罗斯无关。2008年"瓦尔代"会议上，美国著名的俄罗斯问题专家科恩问过普京："美国次贷危机对俄罗斯有什么影响？"普京回答道："我们组织了各种各样的智库对美国次贷危机作了深入研究，结论是会对美国造成颠覆性的影响，而对俄罗斯影响不大。"现在回望普京当时的判断,2008年奥运会开幕之前梅普非常高调,提出两个重要观点:一是要将莫斯科打造成为国际金融中心;二是俄罗斯要进入五大经济体之内。当时俄罗斯是第七大经济体,要进入第五位其人均收入到2020年要达到3—4万美元,是很宏大的计划,但是恰恰轻视了金融危机。

2008年俄罗斯另一件惊天动地的事,就是在8月8日北京奥运会开幕那天与格鲁吉亚发生了局部战争。那时的俄罗斯是非常有信心的,但转眼入秋就出现很大问题。当时我们研究认为俄罗斯确实有很大压力,但普京和梅德韦杰夫都不承认。后来温总理访俄时,普京小范围讲话表示"俄罗斯有很严重的金融危机,希望中国支持",于是才有了"250亿美元换石油"的合同。俄罗斯当时会出现问题就是受到金融危机的严重影响,但之前俄罗斯不仅认为没有影响,且还想利用美国的衰落前进,借机翻身。其实就是忽略了一个在起实质性作用的因素——国际油价的波动。2008年8月期间,国际原油147美元/桶的价格让俄罗斯打得起一场战争,但是到了2008年10月降到了43美元/桶,过山车般暴跌了100多美元,俄罗斯即刻出现财政危机。所以梅普都没有考虑到石油价格147美元/桶和43美元/桶时的财政状况截然不同,会发生严重的债务危机。

因为俄罗斯银行的税率特别高,国内大型国营控股企业一般都到国外找短期外债,可发生严重能源危机、石油价格下降后,这些企业连还短期外债的能力都没了。如果在规定时间内还不上,西方银行就有权没收这些俄罗斯大型国有企业,这是非常可怕的问题。石油价格像潮水一样退下去后,这些俄罗斯国企就像落单的鲸鱼似地被晾在沙滩上,因此出现了严重的经济危机。2008年年中,俄罗斯外汇储备是4千多亿,仅次于中国、日本,位列第三,那时俄罗斯还相当有底气,但在一个月之内动用了将近1千多亿后,经济遭受重创。

这样,普京计划就得不到实行或者说没得到根本贯彻,梅普组合那四年基本就忙于金融危机问题了。在严峻形势下,普京也承认俄罗斯民众的生活水平不仅没有提高反而严重下降。民众生活水平大幅下降,他们不大会考虑国际金融危机的影响,首先会抱怨政府,又面临俄罗斯总统选举,这种时刻有些人不支持也情有可原。尤其是能源危机的巨大冲击,这是梅普组合失掉民意的重要原因。

此外,还有梅普组合的固有效益。有的俄罗斯人会认为:普京上台没有关系,可以把总理席位让出来,给别人点儿施展政治才能的机会。可梅德韦杰夫总统推荐普京为总统候选人时,普京立刻回应:如果当上总统,还要任命梅德韦杰夫为总理。这就令俄罗斯舆论哗然:梅普组合还给不给其他政治家机会?俄罗斯最高权力决策就由你俩说了算吗?因此给人造成俄罗斯政治是被安排,而不是选举出来的印象。这是普京的一大难题。梅普把其他政治家的路都堵住了,因此左派右派都上街,虽然他们只能作些抗议。同时也会有人对普京重返克里姆林宫的动机产生质疑:普京是不是恋权?

(二)普京为何会赢?

为何连所有反对派都肯定普京能当选,但一定还要表达自身的诉求?如果说这次总统选举有悬念的话,那悬念不是普京能否当选,而是选举是否要进入第二轮。

为何反对派尤其自由派希望普京进入第二轮再当选总统?因为进入第二轮就可以和普京进行讨价还价,比如在政府或者权力问题上有商讨的回旋余地。但是现在普京第一轮就赢了。

为何普京会赢?还是实力说了算!普京用了八年的时间实现了俄罗斯由全面和持久的危机走向了全面复兴的转变。在2000—2008年短短的八年之间普京创造了这样的奇迹,实属不易。

1. 戈尔巴乔夫改革失败的标志

从1991年苏联解体到20世纪末,俄罗斯国内生产总值比1990年下降了52%,而1941—1945年战争期间仅仅下降了22%;同期工业生产减少64.5%,农业生产减少60.4%,卢布贬值,消费价格飞涨5000多倍。从1992年起,俄罗斯人口一直呈下降趋势。1990年全俄罗斯人均预期寿命为69.2岁,而2001年为65.3岁,下降了几乎4岁,而一些地区男性人均寿命降低了整整10岁。这样的局面是一个全面危机的状况。

2. 俄罗斯的危机

叶利钦时期的的确确一直是在危机下渡过的,休克疗法实行之后使俄罗斯一夜之间成了全国贫困化的局面。当时官方公布俄罗斯的贫困人口是23%—27%,俄罗斯科学院人口社会与经济研究所得到的数字是俄罗斯贫困人口在1992年超过了60%—70%,几乎是全民贫困,这就是休克疗法的后果。鉴于如此惨况,1999年时任俄罗斯总理的普京发表了《千年之交的俄罗斯》。文章里面提到了很多问题数字,意即俄罗斯什么都在下降,包括人口的寿命都在下降。最后得出结论:俄罗斯正在沦为二流三流国家,俄罗斯要富强。由此看来,整个叶利钦时期是在紊乱的危机中度过的。对此,我的评价是:叶利钦是一个给俄罗斯带来很大伤害的政治家,他的名字是和连绵不断的危机状态联系在一起的。

看看2000年俄罗斯的状况就更清晰了,一连串危机性的数字:20世纪90年代,俄罗斯国内生产总值几乎下降了50%,按国内生产总值计算,俄罗斯国内生产总值仅相当于美国的十分之一、中国的五分之一。在1998年危机之后,俄罗斯的人均国内生产总值降至3500美元,这还不到"七大国"的平均水平的五分之一。2000年,俄罗斯的外国直接投资为430亿美元。俄罗斯在国际民用产品市场所占的份额还不到1%,而美国和日本所占份额分别为36%和30%。据联合国统计,俄罗斯人货币总收入还不到美国人收入的10%。此外,像健康状况和平均寿命这样的一些重要生活质量指标都在下降。这些数字就生动地表明当时的俄罗斯完全是一个危机状态。

再看看普京执政七年后的样子:2007年,对俄罗斯主要资本投资是8年来增幅最大的一年,达到21.1%;私人资本比2006年增加了1倍,达到823亿美元;国家黄金储备增到1700亿美元、稳定基金达到3.84万亿卢布。2007年,俄罗斯的经济增长率达到8.1%,2007年11月16日,俄罗斯外汇储备达到4558亿美元,居世界第三位。大量石油美元促使卢布进一步坚挺,2007年1—9月,卢布实际平均汇率升值3.3%,即1美元兑换25.34卢布。外汇储备大幅增加提高了俄政府的偿债能力。2007年1—9月,俄外债由年初的520亿美元减少到471亿美元,外债在国家债务中的比重由年初的56.25%降到50%左右。自1999年以来,俄罗斯每年GDP增长率保持在6%左右。2006年,俄罗斯人均GDP达6900美元;2007年,俄罗斯GDP达到1万亿美元。这时俄罗斯才缓过劲来,改头换面成一些健康的数字。2007年是俄罗斯首次在苏联解体以后达到了1989年苏联时期的水平,到这时才从那巨大的深渊里爬出来,这些数字显示俄罗斯完全摆脱了持续十几年的经济危机的状态。

这,就是普京的底气!俄罗斯有很多歌来赞美普京,尤其是普京在俄罗斯产生了谜一样的效果,这与普京的成就不可分割。

(三)俄罗斯强人普京

事实胜于雄辩!上文的论述集中有力地证明了一点:普京是俄罗斯的政治吉星,他的名字与复兴和神奇联系在一起!

1. 普京的政治方程式

2007年,我比较大胆地写了《普京的政治方程式》这篇预测文章,发表在香港的《中国评论》杂志上。作为学者,我还是比较谨慎的。但那会儿是2008年选举前夕的2007年,情况还不明朗。当时社会上一片呼声要求,甚至俄罗斯很多政党联名给普京写信呼吁修改宪法继任第三任,俄罗斯离不开他。当时有很多提议,和现在的情况完全不一样,其中一种是:普京不做总统也行,可以当国民之父、民族领袖。所以在此情况下普京会怎么出牌?我忍不住于离议会选举还有半年多的2007年7月写了这篇文章。

文章里提出一个普京的政治方程式,并分析普京将不会连任第三任。原因:第一,俄罗斯宪法规定总统只能连任一届,如果继续第三任就必须修改宪法,2007年7月修宪已经来不及了;第二,中亚有些国家已经修改了宪法,总统一直当了20多年,但所形成的政治生态并不是很好,所以普京要琢磨出牌的次序。另外,从俄罗斯当时情况来看普京可能有更大的使命。2000年普京刚上台的时候说过一句话:"给我20年,我还给一个奇迹般的俄罗斯。"当时媒体、专家都认为这只是一句普京表达志向的豪言壮语,但是后来发现并不是那么简单,普京有自己的一个战略设想。因此,我就大胆地预测到:第一任期2000—2004年加上第二任期2004—2008年,然后不修改宪法,让普京团队的其他人担任总统,但他不离开政治,选择一个除总统职务外比较合适的政治位置继续掌控大权,等待着经过一个或两个任期的过渡,修改了宪法后再回来继续掌权,这就是我所说的2008—2012年。

至于谁会是接班人的问题,当时我在文中提到了两个人,也是两个第一副总理——梅德韦杰夫和伊万诺夫,而且梅德韦杰夫的希望比较大。当时提出这样的设想是很冒险的,并且认为梅德韦杰夫上台后一定要做的一件事情就是修改宪法,使总统任期延长。这也不是无端猜测,普京早在2007年就讲俄罗斯总统的四年任期太短,这么大的国家上任后还没有视察完各个地区就又要开始选举了,这对政治家和国家的发展都不利。这是有一定道理的,俄罗斯太大了,普京认为应该七年左右合适。这早已显露苗头,由此预测未来总统上台之后必然会修改宪法,为普京的第三任、第四任做好准备。梅德韦杰夫后来把这件事做得非常精彩,上任后就修改了俄罗斯宪法,把总统任期由四年变为六年,与此相适应的议会任期由四年调到五年。在这之前俄罗斯议会选举和总统选举相距太近,老百姓选举容易产生疲劳,应该错开。现在,总统任期六年、议会任期五年,将来就不太会看到两次选举几乎同时出现的局面。所以,我对普京政治线路的判断基本是准确的,至少梅普组合这三个任期已经兑现。

2. 续解普京政治方程式

那这个政治方程式将会如何继续?这次选举之前有记者问普京,在第三任期后还继续第四任期吗?普京说自己没有考虑。对于普京的回答,他既没讲实话也不是特别虚假。作为一个政治家,他不可能把自己所想的东西全都说出来,政治是需要伪装和隐藏的,需要研究俄罗斯问题的专家来逐步还原破解。普京就提供了很多机会,他这样的政治家是非常成熟的。普京说没有想过此任之后的事,但是肯定有第四任,理论上普京做得好可以连任到2024年:第三任从现在到2018年,再6年就到了2024年,那时候普京将近72岁了。

至于普京之后是不是还是梅德韦杰夫,那是另一回事。最近梅德韦杰夫三次讲到:"我作为政治家还年轻,不能说我一定就不参加俄罗斯政治生活了,将来还有可能参加总统选举。"这些话都是政治家提供的信息,意味深长。当时我在文章中写道:"普京已经与后两者(梅德维杰夫和伊万诺夫)达成了高度的政治默契,三者最大限度地利用现有的政治资源和潜力,在俄罗斯宪法和法律所承载的现有空间内充分把握政治大局,将总统权力在三者手中循环控制三十年左右(从2000年算起)。如果这种可能是成立的,那么俄罗斯的战略走向大致是按照普京所设计的方案得以实现。如果这个可能预案真的在普京团队中得到认同和付诸实施的话,则普京是一个超级政治家,他所做的无疑是俄罗斯历史上最富有政治智慧的人事安排。"

总结得到:普京的政治方程式=第一任期(2000—2004年)+第二任期(2004—2008年)+梅普组合(2008—2012年)+第三任期(2012—2018年)+第四任期(2018—2024年)。这就意味着,俄罗斯完成了比较长时段的历史性安排:从2000年起未来20—30年的政权在普京和梅德韦杰夫之间交替进行。也就是说,俄罗斯总统任期路线设计是特别敏感、特别复杂、特别刚性的政治设计,权力超长时段运行的顶层设计,也是顶级设计。还没有哪个大国能够这么来设计国家权力的掌控,非常难得,但是普京已经做到了一半。就此得出结论:普京是掌控俄罗斯国家最高权力的超级高手和政治大家。

3. 梅普组合的特点

在2007年,普京为了使选举过程更加顺利,免去了弗拉德科夫的总理职位,让年龄较大的祖布科夫担任总理职务。但普京最终没有选择祖布科夫来承担政治过渡的角色,而是选择了梅德韦杰夫。在此情况下,普京选择梅德韦杰夫作为总统就是想向全世界释放一个信号:并不想让梅德韦杰夫担任总统的四年空度,而是要俩人作为"双核心"推动俄罗斯向前发展。普京的目的非常善良。

总结梅普组合的特点就是:战略目标的有机组合和政治契合,最高政治权力的有机组合和契合,普京团队的有机政治组合。其中战略目标组合是基础、最高权力组合是实质、普京团队组合是框架,这个框架今后还将继续进行。

普京确实是一个奇迹,还带来了一个奇迹。如果叶利钦算是比较实干的政治家,可还不算最实干的,最实干的当属普京。但叶利钦做了几件非常成功、非常到位的事情,其中选择普京是他对俄罗斯最大的历史贡献。

4. 普京走向政治巅峰的六个阶段

普京能走到今天着实不易。众所周知,普京属龙的,60岁了,今年正好龙年,俄罗斯也有这样的观点。所以普京在新年讲话中说到,他属龙,按照东方的年历今年是龙年,所以希望能给俄罗斯带来新的气象。受此启发,借用《易经》乾卦来剖析普京的政治生涯:

(1)"初九:潜龙勿用",普京的克格勃时期。普京当时真的是"潜龙",作为俄罗斯优秀的情报人员在东德潜伏过很长时间,这段时期很是不易。后来看到普京能开飞机、驾驶潜艇,特别是在2000年选举时亲自驾驶战斗机到车臣给战士们送军刀的场面震撼人心,这些技能非一蹴而就,都是此阶段积累的硕果。那时,在任总统末期的叶利钦,身患重病、说话都非常慢,与普京尤为年轻的状态确实形成了巨大反差。普京在这个阶段掌握了诸多本领,对他日后的发展大有裨益,回顾这段时期就显得尤为重要了。

(2)"九二:见龙在田,利见大人。"苏联剧变时,克格勃和军队都遭受铺天盖地的打击和漫骂,这时的普京失望地离开克格勃,回到了圣彼得堡。圣彼得堡是他的"田",是他的才华得以施展的地方,也是发展的源地。普京是彼得堡列宁格勒大学法律系毕业的学生,索布恰克曾是法律系的老师,梅德韦杰夫也毕业于这个法律系,这也是为何梅德韦杰夫和普京被亲切地称为"小梅老普",正因为他们还是系友,索布恰克是他俩的恩师。

索布恰克是一个法学家,讲演的能力非常强,出道很晚。苏联要么全封闭、要么一下都放开,1990年苏联人民代表大会向全世界直播,时任苏联最高苏维埃代表的索布恰克就在那次会议上脱颖而出、一举成名。他的讲演才能、辩论才能和严谨的法律知识不仅让苏联人民,也让世界人民坚定了信心,还解决了叶利钦一票落选的问题。在叶利钦差一票进最高苏维埃时,一位来自西伯利亚的代表举手表示愿放弃自己的代表资格,让叶利钦进入最高苏维埃。因为这个代表正好是最后一位,很有献身精神,戈尔巴乔夫就问法学家中谁能证明这事法律上的合法性。索布恰克解释得非常好,所以叶利钦就利用了这个难得的机会进入了最高苏维埃。后来索布恰克任圣彼得堡市长,普京就被任命为副市长,谢钦成为了普京的办公室主任。可谓普京上奉恩师索布恰克,下领学弟梅德韦杰夫。

(3)"九三:君子终日乾乾,夕惕若,厉,无咎。"那时普京在索布恰克手下工作起来,兢兢业业,可谓是"终日乾乾"。在那样一个慌乱而腐败盛行的年代,普京能够保持廉洁,真可谓是"夕惕若",结果自然是"无咎"。俄罗斯贪官多得很,作为主管外经贸的副市长若想捞取实惠非常容易,普京能走到今天看似风轻云淡,实际上如果把握不好就栽进去了。

(4)"九四:或跃在渊,无咎。"任何政治家都必须经受磨炼,**雅科夫列夫**打败索布恰克赢得圣彼得堡市的选举,这意味着索布恰克在政治上失势了。之后,普京前往莫斯科投奔了克里姆林宫。当时丘拜斯是叶利钦身边一个非常有权势的红人,把普京带到克里姆林宫在叶利钦总统身边工作。正因有这样的大背景,才能达到后来的层次。

(5)"九五:飞龙在天,利见大人。"普京这一跃便"飞龙在天",普京的"大人"就是叶利钦。叶利钦并没想着一直当总统,认为两届足以,而且身体也确实不好。他于1996年上任后就开始物色接班人,最先看中了涅姆佐夫,后来是基里延科。来自下诺夫哥罗德的基里延科,个子很小但说话很快,在议会讲演时曾有议员举手提醒他俄语说得太快了,以至于大家的思维都跟不上。他生于1962年,1998年就担任俄罗斯总理,但后来断送在1998年的金融危机中。

随后,叶利钦感觉当时的俄罗斯太乱,就改变思路,认为应该从强力部门,也就是军队或者安全部门中去选择接班人,以便控制大局。由此,博尔久扎被任命为总统办公厅主任,但他没有得势,现任独联体秘书长。1999年6月,叶利钦又任命当时的俄罗斯安全局局长斯捷帕申为总理,但他没能完成叶利钦交给的任务:一是没有处理好车臣闹事,更主要的是,他没有控制住普里马科夫和卢日科夫的联盟。普里马科夫曾任俄罗斯总理,而卢日科夫时任莫斯科市长、手握重权,两人刚组建成"祖国俄罗斯党"就要参加1999年底的大选,且呼声非常高。叶利钦为此感到了真正的威胁:因为在他看来,如果普里马科夫当上总统会翻旧账,叶利钦非常害怕苏联解体后很多家族、寡头的旧账被翻出来。而斯捷帕申在拆散普里马科夫和卢日科夫政治联盟上表现不力。最后,叶利钦选择了安全局局长普京做代总理。那时候的普京默默无闻,再加上克格勃的背景,俄罗斯民众都不太清楚他的背景。

当普京担任代总理后,颇有运气。其间他主要做成了两件事:打赢了车臣战争和组建了统一党(现在统俄党的前身)。当年普京10月份成立统一党,12月份就赢得杜马选举第二名,这是怎样的奇迹啊!1999年车臣战争爆发,我为此走访俄罗斯,当时电视上的两个场面我至今还记忆犹新。一位俄罗斯老大妈向普京提问道:"你现在是总理了,请告诉我将来你能否保证我们的安全,使得我们不至于在睡觉的时候稀里糊涂地就被恐怖分子把楼炸掉?"这么问是因为1998年时,莫斯科有两栋楼瞬间被炸掉,非常恐怖。普京的回答是这样的:"请你放心,我一定要做得很好。"随后他还补充了点匪话:"恐怖分子跑到哪儿我追到哪儿,他跑到厕所里我在马桶里把他溺死。"这句话第二天就成为俄罗斯各大媒体争相报道的头版大标题,普京受到俄罗斯老百姓的一致欢迎,这话老百姓听了很是受用。普京不说尽全力,而是用一句匪话来表现强力部门自身的力量。现在,过了10年后有记者再去采访普京,问他当时为什么那么说,他答道:"其实我不应该说那句话,显得挺没修养的,但我当时没考虑那么多,就是脱口而出,只是要表达我粉碎恐怖分子的决心。"所以,话语一定要让老百姓听得懂、听进心坎里,老百姓才会支持你、拥护你。

另一个印象深刻的镜头。当年11月份,普京接受记者采访时被问到:"如果进行杜马选举,你支持谁?"普京和往常一样不看镜头(据说这是俄罗斯情报部门所训练的一种特质,因为和人交流的眼神会传递信息)地说:"作为代总理我没有政治倾向,因为这是我的职责,但是如果是我个人去投票,肯定投统一俄罗斯党。"第二天起的民意调查中,统俄党的支持率直线攀升,而选举结果也与之相符。这说明普京个人的影响力确实非常大。

之所以说普京有运气成分,是因为如果要普京在两个月内改善俄罗斯经济状况,任何人都做不好。但作为强力情报部门出身的普京打一场反恐战争,那就是他的专业。他还吸取了美国打科索沃战争的经验,所以那次车臣战争和第一次完全不同。第一次车臣战争时,格拉乔夫向叶利钦信誓旦旦地保证在两个小时内就把格罗兹尼拿下,结果两年了都没打下来。而普京不仅把战场控制了、车臣稳定了,同时反对派谁也不敢批评普京的车臣战争了。那会儿亚布林斯基发表言论,表示不能进行车臣战争,战争伤亡惨重后,他的民调指数迅速下滑。这也意味着,谁反对普京打车臣战争谁的民意指数就下降。因为老百姓感到恐慌,车臣武装分子确实炸了很多楼,所以普京赢得了车臣战争,也赢得了总统大选,普京是靠实力取胜的。

即使普京初战告捷,叶利钦也不放心,后来采取了一项大举措。1999年12月31日,叶利钦提前半年辞职了,根据俄罗斯宪法普京由总理成为代总统,三个月后普京稳操胜券地被选为总统。叶利钦提前辞职是确保普京万无一失地坐上总统宝座的一个保险性措施。

叶利钦选中普京作为接班人的原因在他的自传里写了。第一,普京的默默无闻引起了叶利钦的注意。书中写道:"我和普京不大熟","这个人在我身边工作的时候,他每次给我送文件从来不正面看我","普京有这个特点,同时不主动和我说一句话。我问他什么,他就答什么,从来不跟我套近乎,这引起了我的注意"。这正是政治上的奥妙。第二,叶利钦认为普京是一个政治上十分忠诚的人。书中写道,叶利钦通过调查普京的背景发现他对索布恰克非常好,索布恰克对他也非常好。索布恰克政治上失势后,将其打败并担任市长的雅科夫列夫也看中了普京,建议他留下继续当副市长,普京毅然拒绝了,表示"恩师走了,我也一起走",而且普京没说过索布恰克一句坏话,也没有因为政治上的肮脏而投靠新主子,不仅如此,他还出资让索布恰克去德国看病。这点对叶利钦的影响特别深,因为他当时要找的恰恰就是如此忠诚可靠的人,他特别害怕失去总统之位后,新总统会翻老底算旧账。在这种情况下他认为忠诚最重要,是关键。政治上的忠诚是潜在的投资,叶利钦最后钦定普京并坚定地扫除障碍,使得普京在这时确确实实走到了人生的制高点,坐到了俄罗斯总统宝座上。那时的俄罗斯不是普通的情况,是百业待兴、七大寡头妄图控制的俄罗斯,七大寡头还想像控制叶利钦一样控制普京,但普京并没让他们得逞。普京对寡头实行了一系列的政策,该打击的打击,该撵出国的撵走,该丢进监狱的关进去,该当州长的当去。对此,普京采取理性政策,以便能从容地实施自己的治国战略。

(6)"上九:亢龙有悔。"当然,不希望普京会走到这步,他应该直接追求"群龙无首,吉"这个境界,这是个智慧型问题,祝愿普京能创造出行之有效的制度。

5. 普京的战略:"新七篇"

普京的总体战略是"强国富民",这次总统竞选前在各大媒体发表了七篇文章加以具体阐述,它们分别是:《俄罗斯致力于我们应该回应的挑战》(1月16日《消息报》);《俄罗斯:民族问题》(1月23日《独立报》);《关于我们的经济任务》(1月30日《新闻报》);《民主与国家的素质》(2月6日《生意人报》);《构建公正——俄罗斯的社会政策》(2月13日《共青团员真理报》);《变得强大:俄罗斯国家安全的保证》(2月20日《俄罗斯报》);《俄罗斯和变化中的世界》(2月27日《莫斯科新闻报》)。

6. 普京面临的挑战

普京还面临诸多挑战:西方唱衰普京的新任期,上文提到的反对派和"瓦尔代"国际会议传递出的信息。这些因素的作用使得挑战具有综合性。

政治方面。

第一,如何对待反对派。国际金融危机使得局势突变,削弱了普京的实力。同时,反对派不说是得势,至少是起势,普京该怎样与他们进行交流很重要。何况还是来自左和右的反对派,使得今后普京在政治上受到的挑战难度很大。

第二,如何构造一个有效的政治机制。当前的俄罗斯政治机制连普京自己都认为有问题。虽然统一俄罗斯党是普京建立的,但他非常不喜欢,可也没有办法,还经常批评。俄罗斯有很多奇怪的现象,比如,普京不是统俄党主席,却领导统俄党。这在俄罗斯既是事实,也是个问题。

第三,最高权力的制衡问题。普京也意识到,在俄罗斯权力过于集中,议会与立法、司法、行政权力不匹配。

第四,政党问题。在俄罗斯,除了俄共就再没有其他像样的党。目前,梅德韦杰夫起草了《政党法》的改革草案,把门槛降低到500人以上,只要提供的名单上有500人就可以成立一个政党,然而俄罗斯很多政治学家反对:如果那样俄罗斯成立政党的门槛太低了,什么党都可以被创建,但讨论政党改革问题确实有必要。

第五,腐败问题。俄罗斯的腐败已经到了无以复加的地步,普京都说"俄罗斯的腐败是系统性的腐败",腐败都已机制化。因为第三、第四体系的存在,俄罗斯有太多的潜规则。如果不解决腐败问题,既没人敢在俄罗斯投资,也没人能像样地工作。议会选举和普京这次竞选总统有所波折都和俄罗斯的严重腐败有很大关系。

第六,中央和地方的关系协调也是一项重大挑战。

经济方面。

国际金融危机是来自外部世界的挑战,从俄罗斯自身来看:如何摆脱"资源型国家"的困境？如何构建创新机制？如何改善市场经济环境？如何在全球化市场经济条件下实现俄罗斯经济的良性开放？加入WTO后俄罗斯必须规范化，逐步融入世界经济的大市场。

社会方面。

这方面的挑战很多：如何解决社会差别过大的问题；如何解决与寡头的关系问题；如何解决地区间经济差别过大的问题；如何实现持久的社会稳定问题；还有贫困问题，目前虽已较好地解决，但仍有10%以上的人口处于贫困线以下，这数字还很大；再一个如何维护中产阶级利益的问题，这一次反普京的主要是中产阶级，也就是俄罗斯白领，普京在莫斯科、圣彼得堡这些大城市的失票率主要来自这个阶层；还有就业问题，普京这次提出来给俄罗斯寻找2500万工作岗位挺不容易的，俄罗斯人口才不到1亿5000万。

安全方面。

俄罗斯最大的安全问题就是反恐问题。此外还有军事现代化问题、外部威胁问题和网络安全以及信息安全问题。

7. 最大的挑战来自普京团队的内部

个人认为最大的挑战是来自普京团队的内部。普京团队无人能撼，也无可替代，其他党根本没有什么纲领。说到这点久加诺夫一直感到十分委屈，因为统俄党的很多纲领都是俄共提出来，但有用的都被普京挑出来做了，做得还很好。

可梅普组合内部出现了团结性问题。通过几次参加瓦尔代会议，与他们的对话中就能看出，普京和梅德韦杰夫在某些问题上的观点还是有很大差异的，比如利比亚问题、叙利亚问题、现代化问题。

关于梅德韦杰夫今后的政治前途，他的高级顾问即俄罗斯现代社会发展研究所所长尤尔根斯最近提出一个新的设想：梅德韦杰夫不应该当总理，而应该当副总统，这才符合小梅的身份。不过有趣的是，俄罗斯历史上两位副总统的命运都很不堪：第一位是戈尔巴乔夫总统的副总统亚纳耶夫，他后来参加了八月政变；第二次叶利钦选鲁茨科伊为副总统，但鲁茨科伊参与了炮打白宫事件，有意思的是总统在外面、副

总统在里边。最后到了1993年,叶利钦干脆在新修改的俄罗斯宪法里不再设置副总统职位。因此,这个涉及修宪的设想有点超前。

还有库德林事件。2011年9月,梅德韦杰夫宣布普京为总统候选人后,普京就宣布要小梅当总理时,库德林就沉不住气了,当时还在美国访问期间就立即发表声明:"如果梅德韦杰夫将来担任总理,我决不在他手下做部长,做他的副手。"这令梅德韦杰夫很是生气,这不是向全世界公开叫板吗?后来开会时当面要他澄清在美国的声明,谈完之后,梅德韦杰夫最后表示:如果对总统如此不信任,那么请提交辞呈。库德林也明确表示:需要向普京总理辞职。因为他是副总理兼财长,结果普京同意他的辞职,这样库德林就出局了。库德林是一位出色的经济学家,他有两大功绩令普京十分欣赏:一是在石油价格高涨时提出要建立石油价格稳定基金,为石油价格走低时提供安全网保护,这使俄罗斯在金融危机暴发时受益匪浅;二是把俄罗斯的通货膨胀控制得很好。个人猜测:2011年5—6月份梅普之间出现很大问题时,库德林得到过某些暗示,这给了他希望,所以当他认为普京要提名他为总理时却得知真正被提名的是梅德韦杰夫,觉得自己没希望了才没忍住发火。尽管如此,我们一定要注意这个人物。

普京团队里还有苏尔科夫,叶利钦、普京和梅德韦杰夫的战略设计师,很多思想如"主权民主"等都是他提出来的;谢钦是普京从圣彼得堡带来的助手,已追随普京长达十年之久;伊万诺夫是普京的战友,也出自克格勃,现在又返回克里姆林宫担任总统办公室主任。因此,今后的人事安排问题也是普京的一大挑战。

小结:"给我20年,我还一个奇迹般的俄罗斯"

综上所述,需要强调的是,普京这次重返克里姆林宫,第一,不违反俄罗斯宪法;第二,不是为了满足个人对最高权力的私欲;第三,普京对俄罗斯的复兴和崛起有一种异乎寻常的,甚至可谓是执著的使命感。这在和普京进行交流时能强烈地感觉到,普京能连续三小时不间断地答问,每个提问都解答得特别详细,直言不讳、非常坦诚,尤其是数字记得特别清楚。而且很有精神,握手非常有力,这是一位十分勤奋的政治家。

我们期待普京在宪法所允许的时间内,率领俄罗斯民众继续创造奇迹。

三、俄罗斯外交战略选择

(一) 俄罗斯谋求崛起

1. 俄罗斯崛起问题

俄罗斯能否真正崛起,如何崛起?俄罗斯早晚要崛起,但是目前的崛起速度,作为俄罗斯问题专家无论是美国、中国还是欧洲的都认为是超乎大家想象的。

俄罗斯崛起的方式:传统帝国样式还是现代国家样式?国际上争论非常大,至今也没有清晰的答案。虽然普京讲建设现代化国家,但目前确实相当有俄罗斯特色。

俄罗斯崛起的途径:通过和平的方式还是通过占领的方式?

俄罗斯崛起的向度:内向还是外向?

俄罗斯崛起的条件具不具备?个人认为,俄罗斯的崛起不单指其国内,俄罗斯崛起看来就是乌克兰、白俄罗斯和哈萨克斯坦等独联体国家一定程度上的一体化。所谓真正的俄罗斯就是大俄罗斯,而大俄罗斯是俄罗斯、白俄罗斯、乌克兰三者的结合。

2. 俄罗斯崛起的主要条件

俄罗斯崛起条件里的刺激因素,现在看来是能源。还有历史性因素——曾经是超级大国;软因素——大国经验、民族性和智力水平,这不容忽视,俄罗斯确实有当大国的经验,即使在危机四伏时刻的外交依然在高位上捍卫着自己的各种国家利益,最大限度地捍卫自己的国家利益;硬因素——军事因素,美国认为最能够对美国提出挑战的还是俄罗斯。

(二)新型大国关系典范:中俄关系

"瓦尔代"会议上所传递的信息:中国的崛起对俄罗斯不是威胁,但具有绝对的挑战;中国的发展并无称霸的野心;而且中俄之间已经解决了所有的政治问题。由此可见:未来的中俄关系将继续超前发展,但会是艰难且务实的合作。

1. 中俄关系的性质

最近关于中俄结盟问题的争论,俄罗斯还是不主张结盟。中俄关系坚持"四不主义",即不结盟、不对抗、不意识形态化、不针对第三国,战略协作伙伴关系有待进一步深化与发展。

2. 中俄关系的最重要成绩

中俄关系中最主要的成绩有:彻底解决边界问题;签署了一系列条约;与中亚国家一起组建的上海合作组织是中俄关系的外延;在重大国际问题上相互倚重;双方在台湾问题和车臣问题上相互支持;合作的两个界面和三个层次;都主张世界多极化;元首之间建立了畅通的交流渠道。

3. 中俄关系中需要注意的几个问题

第一,普京的唯利外交,概括起来就是俄罗斯最大限度地捍卫自己的国家利益,这是普京与叶利钦时期和戈尔巴乔夫时期都不同的地方;

第二,中国"威胁"论在俄罗斯很有市场;

第三,俄罗斯还是对中国的发展表示担忧,未来的中国会发展到什么程度、对俄罗斯怎么样,俄罗斯正在做战略上的评估;

第四,内部因素就是俄罗斯国内有不同利益集团对中国政策的主张不太一样;

第五,外部因素的影响,例如美国不希望中俄走得太近。

4. 中俄关系应该把握的几个因素

第一,中俄两国是邻居关系,这是非常重要的因素。别的都可以选择,而邻居无法选择,所以只能选择和邻居不断发展关系。普京在"新七篇"中讲了三个非常重要的观点：(1)中国的崛起对俄罗斯来说绝对不是威胁,但是具有巨大潜在的挑战,所以俄罗斯要和中国进行合作以搭上中国迅速发展的风帆;(2)发展中的中国在国际事务中不会称霸,中国没有称霸世界的勇气;(3)俄罗斯和中国已经解决了所有政治问题包括边界问题。当然,普京也提到中俄关系还存在问题、小摩擦。比如在第三国的贸易不平等问题。这里的第三国,实际上指的是中亚地区,俄罗斯对中国渗入中亚非常不满。从总体上看,普京对中俄关系评价是很好的,预期中俄关系未来会继续向前发展。当然,和普京谈判不易,因为都很务实,都要求实质性成果。比如,2011年在瓦尔代会晤时普京谈及能源问题时说"在能源问题上中国也是非常难缠的伙伴"。

中俄关系存在一个问题：双方是不是对等的？在我看来,中俄关系是一种独特的、不针对第三国和对等的国家关系。俄罗斯提出成立欧亚联盟,实际上想把经济方面的事情都纳入其中,它不很重视上海合作组织框架内的经济合作。

第二,注意俄罗斯的民族性,国际交往必须了解其民族性格。我的体会是：俄罗斯是一个爱走极端的民族,善于从这个极端迅速跳到另一个极端。这点米哈乔夫也提过,别尔嘉耶夫说"俄罗斯就是对立的民族,既善良又自私";俄罗斯19世纪非常爱国的大哲学家恰达耶夫更为尖锐——"俄罗斯民族是非常不成熟的民族,俄罗斯民族不在人类历史文明之列,俄罗斯民族是专门为人类历史提供教训的民族",最后问道："俄罗斯民族怎么才能成熟起来？"他写完《哲学札记》就被俄国沙皇派人送往疯人院了。

需要特别注意的一点是：俄罗斯民族爱走极端,而我们中国人崇尚中庸之道。下面举些例子。苏联和美国对立那么长时间、打了一个时代冷战,戈尔巴乔夫1985—1989年执政短短四年就和老布什拍肩膀,冷战结束后美苏就共治和谐世界。这个跨越实在太大,别的民族不一定做得出来,但俄罗斯民族就能做到。再看休克疗法,这是很简单的事,叶利钦请西方人萨克斯设计的方案,十年后的2002年,普京上台后就发出那样强烈的反美声音。所以说俄罗斯这样的大起大落、大摇大摆、大进大出,是中国的俄罗斯问题专家很难以想象的。所以,俄罗斯什么奇迹都有可能发生。

第三,研究两国互知互信问题。

第四,中俄两国同时崛起的问题。

第五,要注意到,现在是我们有求于俄罗斯的地方要多于俄罗斯有求于我们的地方,包括油气供应。

5. 一个特别需要思考的问题

在欧亚大陆板块上,中国和俄罗斯同时在谋求发展和崛起,那么,两个大国在腾飞过程中所产生的相互影响是什么?是携手腾飞,是互相干扰,抑或各奔前程?

对此本人作为研究俄罗斯问题的专家,希望能与研究中国问题的专家一同探讨研究。

(三) 不断恶化的俄美关系

1. 普京时期的俄美关系——从顺美政策到逆美政策

俄罗斯在"9·11"事件之后大幅度地采取了顺美政策,旨在通过全力支持美国的反恐战争来换取美国对俄罗斯的全方位的战略支持和认可。

俄罗斯对美国的支持具有实质性意义,仅举两个例子就能够说明这个问题:一是俄罗斯有效的情报支持使得美国很快地打垮了塔利班政权;二是得到了俄罗斯的支持,中亚国家才能够主动邀请美国军队进驻。但俄罗斯实质性的支持并没有换来美国的相应回报,不仅如此,不久以后美国就对俄罗斯的国内问题指手画脚。这对俄罗斯来说是不可容忍的。

俄罗斯又一次感到失算了,对美国失去了希望,对美国的幻想破灭。于是俄罗斯变顺美政策为逆美政策,在伊拉克战争前开始有意识地与美国确定的所谓"邪恶国家"提升关系。俄罗斯逆美政策旨在全球范围内抓取与美国进行讨价还价的砝码。

2. 俄美关系一直存在矛盾和分歧

美俄两国曾经是争霸世界的两极力量。苏联解体后美国成为世界上的主导力量,并采取各种方式挤压俄罗斯,致使俄美力量对比出现失衡现象,俄美关系的矛盾实际上是结构性的矛盾,若根本消除矛盾和分歧就必须改变两国的力量结构,但这完全不现实。

两国存在比较深刻的战略分歧,即美国根本就不希望俄罗斯日益强大,苏联的解体和俄罗斯的削弱是美国独霸世界的前提条件。为维护自身的战略优势,美国竭力采取各种措施遏俄弱俄,防止其重新崛起;而俄罗斯不甘受辱,谋求东山再起。

3. 俄美关系间几个不可逾越的问题

第一,美国在东欧地区部署反导问题。这个问题是小布什提出的,奥巴马起初软化,现在又强硬了。俄罗斯认为美国的反导是针对它,而美国否认,坚称是针对伊朗和朝鲜的。俄罗斯提出强烈质疑:在欧洲布置反导系统怎么可能越过俄罗斯来针对朝鲜?更何况俄罗斯提出共同建立反导系统的建议被北约和美国坚定否决。于是俄罗斯又提出:靠近阿塞拜疆附近有几个雷达站为他们提供数据以加入反导系统,美国还是不同意。俄罗斯提了很多建设性意见,全部都被美国予以否定。以致现在连小梅这样一个比较温和的总统都发出强烈的声音。2011年11月,俄罗斯在加里宁格勒布设伊斯坎德尔导弹系统,是专门针对美国的反导系统。这已是十分激烈的反应,而且还会有其他措施。

这个炸弹的引爆点应该会在2012年5月的芝加哥北约峰会,届时美国、北约和俄罗斯要还谈不拢,很快俄罗斯就会采取战略性的防御措施。因为在2011年时俄罗斯就说:机会之窗就这么一点,如果美国建立起整个反导系统,以后会对俄罗斯形成战略上的遏制。近日,俄罗斯美国—加拿大研究所所长罗格夫发表了一篇相关文章,对此情况介绍得非常详细,同时捎上中国:"如果美国在全球建了反导系统,中国的反导系统将不堪一击"。这无非是说给中国人听的,反导不只是俄罗斯一家的事,中国将比俄罗斯的情况还要糟糕,实际上是从另一个角度

27

呼吁中国支持俄罗斯反导立场。

第二,价值观问题。美国一直不认为俄罗斯是民主国家,这是最令俄罗斯伤心的。因为苏联都已解体、苏共也已垮台,连休克疗法俄罗斯也是请美国人来帮忙制定的,也进行选举且还是全民选举,怎么就不是民主国家呢?为此俄罗斯很是受伤,也是普京最无法接受的。普京发出的最响亮声音不是现在,而是2008年慕尼黑安全会议上,普京非常清楚地表态:当今世界是俄罗斯不可接受的。2007年普京《国情咨文》里的"狼同志"就是美国,"国际上有个狼同志想吃谁就吃谁,还不听人劝",寓指的就是伊拉克问题和科索沃问题。俄罗斯坚决反对外部力量干涉一国主权,主张以国际法和联合国等多边机构为支柱来解决国际问题,在叙利亚问题上也是这个明确态度,而美国绕开各种法律准则进行干涉。

第三,俄罗斯要在独联体重整河山,实现地区一体化,这是美国所不能接受的。美国特别希望把俄罗斯往北冰洋方向推,一个弱、乱而不大的俄罗斯特别符合美国的利益,就连叶利钦也看透了美国的这一点。

4. 未来的俄美关系

俄美关系还将时好时坏,因为普京最主要的目标还是国家富裕,也不想和美国搞得太僵,因为资金、市场和人才资源都掌握在美国和西方手里。今年普京和奥巴马互相说反话,其中有选举的因素。四年之前他们玩了一个"重新启动"的游戏,计算机有"启动",他们玩的是热启动。希拉里和拉夫罗夫搞了一个键盘,然后大家同时按电钮,使俄美关系重新启动。他们说互相上台以后还要再来一次,普京已经实现了连任,而奥巴马还在为连任而苦战,未来俄美两个新任总统都上台之后到底会怎样还是未知,需要观察。

俄美关系将来还要缓和,但是缓和的余地不是很大,因为涉及种种战略性问题。俄罗斯人也出大哲学家,他们特别爱思考问题。俄罗斯到底是什么样的国家?是欧洲国家?还是亚洲国家?还是欧亚国家?俄罗斯现在(指苏联解体以后20年)依然面临着非常痛苦的选择,至今还未搞清楚:是该往欧洲走还是往亚洲走?近两次"瓦尔代"会议,全世界的俄罗斯问题专家为此从早到晚地激烈争辩。特别是2010年在列宁格勒州的一条河上"喀琅斯塔得"号内燃机船里举办的会议上争论得异常激烈。欧洲专家对俄罗斯学者和政治家循循善诱地劝告：应该往欧洲走，欧洲是你们的未来。而中国和日本专家的发言调子则认为：俄罗斯不止一种选择，你们还有很长一段身躯在亚洲呢。除非这段身躯都不要了。

对此再举两个例子。俄罗斯向往欧洲，梅德韦杰夫担任总统时竭力面向欧洲，甚至非常认真地提出《欧洲安全合作草案》，并用正式文本形式送交欧洲所有国家和美国，希望他们签署，但不大被接受，至今也没得到回应。关于建立一个大欧洲，普京总理后来提出"泛欧洲经济合作伙伴计划"：第一，从里斯本到符拉迪沃斯托克建立统一的经济战略空间；第二，俄罗斯和欧洲建立自由贸易区；第三，俄罗斯要和欧洲在战略行业上实行战略对接；第四，互免签证；第五，俄罗斯和欧洲共同挖掘基督文明和人文因素。但这也没有引起欧洲主流社会的关注。

反过来看俄罗斯对亚洲地区的意向。第一，关于建立统一空间问题俄罗斯从来不提。第二，建立自由贸易区。中国提在上海合作组织内建立自由贸易区，俄罗斯不回应。俄罗斯不接受可以理解，因为中国有13亿人口，自由贸易区其中有一个条款规定，除了资金、商品、技术，还包括人员的自由流动。大家可以想象，如果上海合作组织建立自由贸易区允许人员自由流动，中国有大约13亿人口，而俄罗斯只有1.5亿不到的人口。在这种情况下不仅俄罗斯不回应，中亚国家也不回应。但是俄罗斯主动和欧洲提出建立自由贸易区，可欧洲的态度就像俄罗斯对我们的态度一样，欧洲也特别不希望俄罗斯人向欧洲流动。所以就出现第三个问题，互免签证到现在也没谈下来，欧洲对俄罗斯的大门紧闭。第四，提到挖掘人文因素。俄罗斯特别想回归欧洲、回到欧洲的核心地区，可欧洲确实不接纳。欧洲人有个生动的比喻："俄罗斯太大了，欧洲太小了，如果俄罗斯加入了欧盟或者进入了欧洲就像一头大象在一个小澡盆里洗澡，澡没有洗成，澡盆子却碎了。"这的确是欧洲的真实想法,欧洲有自身的忧虑。因此,俄罗斯对进不去欧洲很是苦闷:自己明明是欧洲国家的成员,根在欧洲、思想在欧洲、地理位置也在欧洲,但怎么就不能成为欧洲的主流国家呢?所以,去年到今年俄罗斯有了变化,更加重视亚太,这对中国来说是一个机会。

于是,俄罗斯的判断是:第一,金融危机至少会影响欧洲十年,北约东扩、欧盟东扩暂时搁浅,俄罗斯会有比较良好的国际环境。也就是说,欧洲不能为俄罗斯的发展提供助力,俄罗斯应该向亚洲走,要借助中国发展的东风。第二,俄罗斯终于有机会、有能力、有条件来整理旧河山——独联体地区。

普京提出来要建立"欧亚联盟"是有非常长远的战略意图,意在实现独联体地区一体化。"瓦尔代"会议上提出的几个设想非常值得注意:第一,俄罗斯提出类似于中国开发东北老工业基地和西部大开发的西伯利亚开发计划;第二,为了发展远东和西伯利亚地区要实行移民,逐步东移,主要是俄罗斯西部地区和独联体其他国家;第三,把首都的部分职能调整到远东部分,可能是西伯利亚、新西伯利亚或海参崴,俄罗斯在思考这个大胆的计划,报纸上也有所体现;第四,俄罗斯欢迎中国、美国、日本、韩国等共同开发西伯利亚地区。由此可见,远东和西伯利亚地区可能是俄罗斯未来要开放的地区,同时要在亚太地方进行大规模战略布局。今年俄罗斯是APEC东道国,9月将在海参崴举行峰会,正在加紧进行基础设施建设,这也是俄罗斯亚太设想的一部分。俄罗斯批评我们中国忽略了2010年两国在《联合声明》中共同提的亚太合作的中俄联合倡议,但是那个倡议对中国和俄罗斯都是很重要的。由此可见,俄罗斯既想向东又想向西。

此外,俄罗斯在国际格局中追求世界多极化,不赞成美国单极化的战略布局,所以在叙利亚问题上坚持己见:第一,反对美国破坏世界和平的规则;第二,美国在中东的行为损害了俄罗斯利益,普京明确表示俄罗斯在伊拉克、利比亚的利益已经全部损失殆尽,俄罗斯不想再为美国埋单;第三,普京最担心的是阿拉伯之春变成俄罗斯之春,因此在战略上顽强抵抗。普京最近发表了题为《俄罗斯和不断变化的世界》的文章，专门详细地阐述了俄罗斯的未来布局。

美俄分歧不是一般意义上的枝节性的分歧，而是战略性分歧，而两国的战略分歧是很难加以克服的。美国的战略就是不再允许其他大国强大到足以挑战美国的程度，以图长久地独占世界霸主的地位。从这个视角看问题，我们就会得出结论，俄罗斯的重新崛起不可避免地与美国发生战略上的碰撞，尽管俄罗斯也不愿与美国碰撞，但历史规定了这种结局。

美国"遏俄弱俄"的战略是长期的，俄罗斯破解美国的战略也是长期的进程。

俄美独联体范围内明显增加了战略争夺，这是俄美战略利益碰撞的重点部位。美俄都不愿走向全面的对抗状态。在国际反恐和能源问题以及其他国际问题上美俄还需要合作。俄美关系很可能要沿着摩擦不断的曲线徐徐运行。

还要看到，俄美关系在俄罗斯外交政策中占有优先地位。在俄罗斯看来，俄美关系客观上决定着全球安全和战略稳定，因为美国在世界经济中占有重要地位，处理好俄美关系也是营造俄罗斯良好外部环境、解决俄罗斯社会经济发展问题的因素之一。

四、结论

第一，俄罗斯正处于变动期。普京在2000—2012年完成了从危机到全面复兴转变的任务，速度之快已经超出预期。普京下一至两个任期内要做的是使复兴的俄罗斯变成强大的俄罗斯。俄罗斯要在2020年以前超过德国、法国和意大利进入五大经济体，人均GDP要达到5万美元，人均寿命由60岁达到75岁等等。普京有具体的目标，更有强烈的使命感，也就是说，俄罗斯的强大是普京所追求的目标。

俄罗斯的强大对中国意味着什么？这个问题值得思考。普京已经说了："俄罗斯欢迎强大、繁荣、和平的中国，同时也希望中国迎接或者欢迎一个强大繁荣的俄罗斯。"他已经点题了,中俄之间在未来战略格局中如何定位是一个战略性问题。

第二,俄罗斯的战略重点还是反方向进行战略移动。实现独联体一体化是俄罗斯的核心利益,实现其核心利益的任何阻碍都可能成为俄罗斯外交上的争端。俄罗斯不希望美国、欧洲在独联体有更大作为,即便是中国与白俄罗斯和乌克兰关系比较好,得到一些军技产品,俄罗斯都很警惕,所以这是需要我们思考的问题。

第三,从整个世界格局来看,俄罗斯还是希望在俄美、俄中之间实现战略上的平衡而不是战略上的结盟。我国国内鉴于安全形势紧张或者压力提出来要和俄罗斯建立同盟的建议,在我看来俄罗斯并没有这个想法。

俄罗斯是我们伟大的朋友和伟大的邻居,但是我们中国对俄罗斯的研究还不是很够,俄罗斯研究中国的人数、水平,还有经验我觉得超过了我们对俄罗斯问题研究的水平、能力和经验,俄罗斯人说"培养一个汉学家需要10—15年,还不一定培养得出来。"同样,我们培养一个俄学家也需要相当长时间,所以希望广大青年朋友们多多关注俄罗斯,毕竟它是我们的邻居。如果中俄关系能够更好地发展,我们中国在世界崛起进程中能有一个战略上的依托,这对中国大有裨益。

现场答问

问题一:俄罗斯和中国这些年发展都非常迅速,中国在发展过程中出现了环境恶化、资源浪费、贫富差距拉大等问题,现在中国在调整GDP,请问俄罗斯在高速增长会不会出现环境问题?

邢广程:俄罗斯在环境方面做得比我们中国好。我们是资源缺乏的国家,人口压力大,而俄罗斯很多情况恰恰和我们相反,俄罗斯资源丰富、人口少。俄罗斯人可以非常自豪地说:"化学元素周期表里所有的元素俄罗斯都有。"较之,我们中国相对遗憾,资源不足、人口众多、在国外获取资源的能力也不大。但另一方面,俄罗斯有自己的问题。

他们贫富差距非常大：第一，大寡头和最贫困的人比起来的基尼系数0.404，这就说明俄罗斯的贫富分化非常严重。大寡头控制俄罗斯的能力还是非常强，老百姓赚钱的机会很少。第二，俄罗斯地区间的差别很大，特别是远东和西部地区之间，这也就解释了远东西伯利亚地区人口稀少的原因。第三，城市分工差距大，莫斯科是另外一个俄罗斯，非常现代，就发展水平而言其他城市还是比较落后。这三个问题是普京面临的最大难题，因此我认为普京的一个大难题是在发展经济的同时扩大中产阶级人群，他能不能做到我们还有待观察。

问题二：网上看到很多这样类似的言论，中华民国成立以后列宁曾经说过："苏联要把沙皇割走的中国100多万平方公里的土地还给中国。"但是后来列宁去世、斯大林执政后很多领导人把这个事给忘了。请问您关于中国和俄罗斯领土争端问题有什么看法？

邢广程：在这个问题上，我的态度非常明确。首先，维护两国政府签订的协议，从现在开始两国领土争端问题已经退到学术层面了。普京说得很清楚——"俄罗斯和中国的所有政治问题都解决了，包括边界问题"。关于边界问题，再讲讲邓小平同志的回答，特别是细节问题。1989年中苏克服了三大障碍，邓小平才见戈尔巴乔夫。《邓小平选集》第三卷中"结束历史，开拓未来"的内容不长，但他当面和戈尔巴乔夫说的观点非常深刻。邓小平同志讲，在中国历史上给中国带来最大伤害的有两个国家：一个是俄罗斯，一个是日本。日本给中国带来很大伤害，但它几乎没有拿走中国的土地，而沙皇俄国拿走了我们150多万平方公里的土地。苏联时期也拿走了我们的一些领土。邓小平说：这些事情中国人今天要和你谈的，因为这是历史，我们中国人不应该忘，你们苏联人也不应该忘。但他也讲道：也因为这是历史，我们现在开始结束历史，说说就行了，我们并不是想把这150多万平方公里拿回来。我们要开拓未来，中国应该向前看。邓小平是这样解决问题的。从这个角度看，中俄边界问题应该不成障碍，现在双方已经解决了。但国际上还是有很多人提出这个问题，俄罗斯人也非常担心，而且俄罗斯越弱的时候越担心。作为俄罗斯问题专家,与俄罗斯学者交流时会有人问我:"邢教授,你们中国解决了香港问题,也解决了澳门问题,将来肯定要解决台湾问题,你们解决了台湾问题之后还要解决哪里呢?"这不是笑话,俄罗斯人也有所担忧。同时俄罗斯也有中国"威胁"论,比如中国移民、中国要蚕食俄罗斯这样的想法。2010年在索契举行的"瓦尔代"会议上有一个法国女学者向普京提出有关"中国威胁论"的问题,结果普京很不高兴,因为在这之前他已经表达了自己的相关意见。普京直接回答:"你们西方学者为什么老提中国威胁论、中国移民、中国要改变疆域?我作为总理可以负责任地告诉你,我知道中国有多少人来俄罗斯,你们不要在这个问题上挑拨"……"中俄之间有痛苦的岁月,但是我们要面向未来"。普京这么讲是有他的战略考虑,中俄边界问题可以作为学术问题提出,但现在中俄战略伙伴关系非常好,中俄两国政府已经在政治和外交层面完全解决了边界问题。

苏联解体后,中国和俄罗斯两个这么大的国家不仅最终彻底解决了边界问题,还增强了信任,成立了上海合作组织,这是最大的收益。因此,从这个角度来看,最好不要有太多的民族主义成分,事实上俄罗斯人非常关注我们网络的舆论,俄罗斯外交官和学者与我们谈话时也经常谈这些问题,我也说:"你们俄罗斯报纸上还有那么多反华文章",俄罗斯有一些对华不友好的势力,他们就说:"邢教授,你最好不要看那些文章"。中俄历史不寻常,俄罗斯作为中国的邻国,在历史上有欺负我们的地方,同时也要看到上个世纪50年代中国最困难的时候还是苏联老大哥伸出援助之手,东北老工业基地都是苏联援建的。甚至中国的第一个五年计划也是苏联专家帮我们规划出来的,所以我们要看到俄罗斯民族对我们的帮助,也要看到苏联作为社会主义国家对我国的帮助和支持。

问题三:以您对俄罗斯的了解还有对国际形势的了解,您认为俄罗斯需要一个什么样的总统?

邢广程:我认为现在俄罗斯已经作出了回答,60%多的人选择普京,普京应该就是多数人选择的理想对象。

问题四:俄罗斯的国民素质和中国的国民素质相比,您认为哪一个国家好?请谈谈他们和我们之间的区别。

邢广程:以我长期宏观和微观的了解,感觉俄罗斯整个国民素质是比较高的。中国可能近代化进程比较漫长,文盲还很多。俄罗斯最自豪的是国民受高等教育率排名世界第三,仅次于日本、加拿大,普京希望俄罗斯将来要达到75%。我观察到在俄罗斯各类历史博物馆和艺术博物馆中经常能够看到成群的可爱的小孩子在老师的领导下进行参观,而在中国就很少看到,其实人的文化素养要从小培养。再去他们的大剧院看芭蕾舞也会发现,俄罗斯公民国民素质非常高,大家穿戴整齐、很有礼貌、演出期间观众很少走动,这些都能体现良好的国民素质。俄罗斯在商品极度缺乏时民众都有序排队。还有,俄罗斯人排队基本上都是拍着前者的肩膀说"这个位置是我的",非常有素养。再比如,俄罗斯人横穿马路的情况非常少。我1989年第一次去莫斯科真的非常惊讶,看到地铁里几乎多数人在看书,这反映了俄罗斯的国民素质。我觉得国民素质具体地体现在很多细节方面。因此,感觉我们中国人在最基本的方面还是缺乏,所以胡总书记才提出了"八荣八耻"。此外,我感觉他们很爱国,俄罗斯到处都有纪念碑,苏联解体快20年了,还能看到很多新婚夫妇去无名烈士纪念碑献花,这个传统就是爱国主义的最佳表现。再看看我们,抗日战争时期的很多纪念碑由于多种原因被毁掉了,这就是差别!这个差别可能就关系到一个国家能不能强盛,它的文化基因能不能培育起来。

问题五:讲座中说到俄罗斯对2008年由次贷危机引发的金融危机的判断失误,俄罗斯专家对本国应该很有研究,但为什么没有能够预测成功?是他们没有能预测成功还是他们预测成功了而俄罗斯决策层却没有采纳,阻止危机发生?俄罗斯希望通过外资的助力帮助本国经济发展但是停留在政策层面上,一直在执行层面有很多困难,所以也造成了俄罗斯外资并不太活跃,经济的发展过于依靠原材料出口这个情况。请问您对这个问题的看法。

邢广程:分两部分,一是俄罗斯轻视了美国的次贷危机的蝴蝶效应,当时研究后误判次贷危机不会进入俄罗斯,还想利用西方的挫折快速发展自己,准备在莫斯科建世界金融中心。俄罗斯政府考虑问题的一个很大缺陷,就是没想到这个危机使全球能源的需求减少,导致石油价格下跌。刚才我提到,俄罗斯战略研究中心曾经出版过一个报告专门讲石油危机,石油价格在什么情况下会影响俄罗斯。一个条件是国际原油降到25元/桶时,第二个条件是本国政府毫无作为,即使是这种极端条件下俄罗斯也不会发生类似于1998年的金融危机,这是在2006年根据一个模式作出的预测。但是现在的问题是什么呢?就是这石油危机来得太猛、价格暴跌,8月还147美元/桶,11月就仅剩43美元/桶。俄罗斯年初做的预算不是这样的,有很多短期性,这样就没有更多的反应时间。还有,俄罗斯对此问题的误判产生了一系列问题,因此出现了经济衰退的大问题。2009年的经济发展情况,俄罗斯GDP下降将近8%,中国经济增幅9%,一增一减差别很大。俄罗斯做出那样的预测很是奇特。再举个小例子,1998年金融危机那么严重,所有专家包括俄罗斯专家都认为俄罗斯没有十年八年缓不过来,可是没曾想1999—2000年俄罗斯经济就复苏了。这是由于卢布贬值的效应,卢布贬值抑制了进口、刺激了出口,以致俄罗斯本土企业发展很快,带动了俄罗斯复兴。这个因素别人都没考虑到,所以普京很幸运,俄罗斯有它自身很多反规律的特别之处,看着是这样但实际不是这样。还有关于俄罗斯经济发展的未来趋势,我觉得俄罗斯要想持续发展还应该避免能源依赖,它不是荷兰,它不是伊拉克,如此庞大的国家一定要有自己的核心产业创新带动,俄罗斯现在的关键问题就在于宏观环境即投资环境非常差,刚刚说到的腐败问题不仅仅是中国人,即便是其他国家也不愿意在俄罗斯投资。俄罗斯人在思路上跟我们有个不一样的地方:希望你来我这里办公,你挣大钱我赚小钱,我能从你这儿学技术,我就业率上涨,这就够了,这就是中国人;俄罗斯人就不一样,你没有足够的投资金额俄罗斯不干,俄罗斯要赚大头。所以,我认为俄罗斯投资环境需要改善,俄罗斯创新不太多主要是体制问题,还有一个因素就是人才流失,外资出逃现象出现了一个新的高峰,这个值得我们注意。

李义虎 | Li Yihu

〔演讲者小传〕

李义虎,1963年生,北京人,北京大学国际关系学院博士。现任北京大学台湾研究院院长,北京大学国际关系学院教授、博士生导师,北京大学东西方文化研究中心执行主任,全国高校国际政治研究会常务副会长,方夏文化交流协会副会长,国防大学、中国政法大学和中央财经大学兼职教授,外交部党校教授,国务院台办和国务院新闻办专家组成员,海峡两岸关系研究中心首批兼职研究员,中国亚非发展交流协会常务理事,中国和平统一促进会理事,全国台湾研究会理事,中国高等教育学会理事,香港《中国评论》学术顾问,美国《亚洲政治与政策》(APP)特约编委。

全国人大代表,全国人大外事委员会委员,全国人大中国与亚非27国友好小组副主席。

"两会"视角下的社会热点及两岸问题

我们今天的讲座,主要谈刚刚闭幕的"两会",通过"两会"的视角了解一些社会热点问题,还会谈到对台政策及两岸关系。这样讲可能跨度比较大,但"两会"本来关注的就是全国各个方面的重大问题。应该说,每年三月份召开的"两会"是这个年度国家政治生活中最重要的事情,除非有意外的、更大的事情发生。所以,每到这个时候,全国上下都高度关注,国际上也很关心。而且,有一个现象值得注意,就是每年三月份,在我国政治生活中会形成一个特定的政治语境,大家对国家大事和国际问题的关注度骤然上升,这个时候说话、提建议、表达政治情绪比较管用,能起到平时起不到的作用,大家既关注人大代表和政协委员提什么议案、提案或建议,也自己思索和提出一些问题,例如给报刊或者网上写一些东西,大胆发表意见。大家最关心的包括经济发展、社会民生、民主与法制、对外政策、国际地位以及两岸关系等方面的问题。

今天,我们就从"两会"视角看一看大家关注的社会热点,同时结合我本身的专业,谈一下对台政策和两岸关系。

每年"两会"前,媒体都会对当年的热点做民意调查和舆情分析。作为全国人大代表,每年这个时候我手上都会得到一本人民网编辑的很精致的小册子,叫《十问代表委员》,实际上就是一种民意调查,从中可以看出该年度全国多数人在想什么问题、关注什么问题,最希望代表委员解决什么问题。在"两会"期间,这个小册子就放在人民大会堂大厅,代表委员可以自取以便参考。这是人民网根据网民投票排列出的全国人民最关注的十大热点,这个《十问》和其他一些民意调查会对代表委员在会议期间提出建议、提出议案或提案有很大帮助。2012年的十大问题是这样的:第一位是社会保障,第二位是收入分配,第三位是社会管理,以后依次是教育公平、三农问题、医疗改革、反腐倡廉、房价调控、食品安全及物价问题。

按照人民网的民调,去年,也就是2011年《十问》的排列是这样的:社会保障、司法公正、个人收入、反腐倡廉、环境污染、房价调控、医疗改革、物价调控、食品安全及教育改革。其中,反腐倡廉、司法公正是大家一直关注的问题,贫富差距、房价调控与医疗改革跟大家的日常生活、民生改善有很大关系。2010年网民对非法拆迁、养老保险、就业问题和教育公平很关注,都跟当年的情况有关。应该说,人民网做的民调还是比较权威的,大体能够反映出当年人们关注的热点、焦点是什么,希望解决的问题是什么。每年的民调可能与当年发生的一些令人瞩目的事件有关,同时,每年的民调也会产生一些大家最关注的关键词。

当然,在十大问题之外,还有另外一些人们关注的问题,虽然网上投票没有前十位的那么高,但也是人们关注的大问题,是社会上确实存在的、需要政府认真解决的问题。例如,2011年人们关注度比较高的问题增加到18个,说明大家关注的问题多了,也说明社会上出现的问题、存在的问题也多了起来;例如个税、户籍问题的受关注程度也是很高的。除了国内问题,这几年人们比较关注的问题还有国际地位和对外政策。为什么人们关注中国的国际地位呢?因为我们已超过日本成为世界第二大经济体,国际影响力确实发生了很大的变化,也就是国际地位真的变化了,国际上既有说中国崛起的,也有借机鼓噪"中国威胁论"的。中国发生的变化,确实导致我们和周围一些国家关系的紧张,周边国家有一些不适应感。网民们也很关注这一类问题。

在2012年,除了前十大热点问题外,还有"三公"经费问题,在前不久的《新闻联播》中我们可以看到一些报道，说明它确实是大家很关心的问题。公开"三公"经费意味着我们采取了新的做法，主要是增加透明度、对社会公示并接受监督。此外还有公众对社会道德的关注热度一度上升，这是受到小悦悦事件以及北大某教授出言不逊等的影响。还有对扶植小微企业的关心，跟我们国家经济这一段时间发生的问题有关联。前不久，台湾《旺报》做了一个民调，结果显示大陆多数人对经济问题仍较为关心。《旺报》是台湾第一份面向大陆的报纸，专门登大陆新闻和两岸新闻，免费赠阅本人，本人不胜荣幸。《旺报》做的民调显示，大陆不少人在注意防止实体经济空心化的问题。温家宝讲话要加强实体经济，实现经济软着陆。再一个就是缓解小微企业的困境。这跟我们目前面临的现实有关系，也与现在的政策有关系。还有用工荒的问题，尤其是沿海地区这个问题比较突出。应该说，《旺报》的民调是个小民调，从某些侧面反映了需要注意的情况。

刚才介绍的人民网的《十问》，这个民意调查中有一个很有趣的现象，也是值得我们思考和分析的问题，就是《十问》关注的基本上是国内经济改革和社会发展等方面的问题，没有对台政策问题，或者说两岸关系问题。也就是说，这几年民意关注热点的前十位没有台湾问题，台湾问题在十大问题之外。在2004、2005年时，台海局势、两岸关系和对台政策是举国上下非常关注的问题，肯定能进"十大"，有两年它还是人们最关注的前两、三位的问题，包括零点民调公司做的一些民调，我们都能从中看到台湾问题是大家非常关注的事项。因为那个时候，两岸关系确实非常紧张。2007年陈水扁大力推动"法理台独"，提出在台湾搞"入联公投"，引起两岸关系高度紧张，处于危机状态。当年夏天，胡锦涛和美国总统小布什在悉尼会晤，提出了"高危期"的概念。当时，两岸就要走到战与和的选择边缘，所以那时两岸关系引起全国上下高度关注，是热点中的"热点"。在民意调查中，它肯定排在前列。如果时间再往前推，2005年，人们也很关注两岸关系，因为那一年有连战和宋楚瑜的大陆行，国民党、亲民党与中国共产党的党际交流平台建立起来了，两岸关系出现大幅度改善。"连爷爷"来了，宋楚瑜来了，李敖来了，都是当时轰动一时的重要事件，也都是新闻热点，所以大家的关注度极大。加上陈水扁在推动"法理台独"、"去中国化"等，所以在那时候，台海局势、两岸关系肯定是列入"十大"的。但是这几年，从2008年以后，台海局势、两岸关系就在各种民调中排在"十大"之外，这并不是坏事，而是好事，因为这意味着台海局势缓解了，两岸关系有了大发展。到2008年3月台湾举行选举，国民党候选人马英九以200多万张票的优势当选台湾领导人，5月20日马就职后，台湾当局承认"九二共识"、反对"台独"，两岸关系出现重大的积极的变化，经过双方的努力，两岸关系有了重大改善，例如全面直接"三通"的实现，ECFA的签署，两岸政治互信的建立，两岸关系多年来的紧张局面不仅大幅度缓解，而且还取得历史性突破。这样，台海局势、两岸关系就从"十大"中出来了。刚才说过，台海问题没有被列入"十大"，应该是好事。进了"十大"，说明两岸关系是有问题的，从"十大"里出来了，说明两岸关系有缓解、有好转，虽然两岸关系中还存在不少问题。

当然，在一些网络民意调查中，2008年台湾选举排在第13或第14位，因为那年台湾举行领导人选举，而且选情很激烈，当时我们也很揪心，不知道谢长廷和马英九的竞选对决会是什么样的结果。因为在2008年，对大陆来讲有一个不好处理的问题：我们是3月3日召开全国政协会议，3月5日进入全国人民代表大会会期，也就是说在台湾选举日之前我们就已经开"两会"了，而且开"两会"要开差不多半个月时间。说到两会的时间，这里跟大家补充一下情况：今年人代会开了九天半，政协大概十天。开会时间大为压缩，从原来开18天，到开15天，再到12天，今年则开9天半。干吗要压缩时间？这是为了节约开会的经济和社会成本，说白一点要省钱，人民的钱是不能随便花的，花一些钱是要替人民办事的。同时，开会也要讲低碳，开会有那么多文件、材料，需要大量纸张，这些纸张事后都要处理。这可能会造成浪费，也可能会污染环境。还有代表委员从住地到人民大会堂开会，北京市区有些地方要实行一定时间内的交通管制。为了让代表委员顺利通行，途径的机动车、自行车、人员要让道，如果时间长了一些，就是一种扰民，就要付出一定的社会成本。因此,开会要尽量减少扰民,办法之一是会期短一些。今年人大会就开了9天半。如果开18天的会,大概是世界上最长的会了。

再说2008年,开了14天的会。这里就会遇到一个问题,3月5日开人代会,18日闭幕。按照惯例,闭幕时温家宝总理要举行记者会,在会上答各方记者问。其中,必然被境外的,特别是台湾的记者问到对台政策。人家问,你就得回答,不可能回避。那一年,台湾选举的投票日是3月22日。因此,是大陆的"两会"在前,温家宝的记者会在前,台湾的选举在后。当时的选情非常激烈,马英九与谢长廷的竞争十分较劲。这与今年台湾选举的情况有所不同,今年的选举是"二合一"选举,即"总统"选举和"立委"选举合并到1月14日一块举行。1月14日台湾选举在前,3月5日大陆开"两会"在后。也就是说,早在"两会"前挺长一段时间,台湾选举的结果已经有了,台湾内部的局势已经明朗化了,所以到了3月下旬的时候就比较好说话了。而在2008年3月,情况比较较劲。那时候,马英九与谢长廷正在惨烈竞争,答记者问如果稍有不慎,绿营选民会受讲话影响,中间选民也可能受一些影响,这样是不是会导致马英九的票有一些流失?如果那样的话,就跟我们的期待不相一致。所以,这个时候温家宝的讲话就要非常谨慎。好在那次温家宝总理对场面的应付还是游刃有余,在回答台湾问题提问时讲了大陆方面的原则立场和政策,也背诵了一些诗句(大笑)。最早我们有建议,总理答记者问最好直接引用台湾诗人的诗。温家宝最早一次引用的是于右任的诗,台湾很多年轻人不知道谁是于右任,而且那种诗有为了统一、表达统一志向的意思,岛内人士听起来效果并不太好。实际上,要想取得好的效果,最好找台湾本土的诗人。后来,温家宝用了丘逢甲的诗,效果就比较好。在2008年的时候,我们讲了一些策略。今年就比较好,台湾1月14日选完了,我们3月在表态时事态已经很明确了,我们对某些问题表态、提出政策可以很自信。

以上我先说了一下两会的基本情况和两会的热点问题。那么从个人来讲,作为全国人大代表参加人大会,我讲一下个人比较关注的问题,并且和大家做个分析。

　　今年九天半的会期还是非常紧张的。重头戏是在第一次大会上听取国务院总理的政府工作报告。这是"两会"期间最重要的一个报告。这个报告要总结回顾头一年工作,部署下一年工作。涉及经济、文化、教育、军事、外交、对台、港澳等各个方面。当然,在政府报告之外,还有全国人大常委会委员长的工作报告,还有"两高"的报告,也就是最高人民法院院长和最高人民检察院检察长的报告。除此以外,还有两个重要报告,即国家发改委提出的关于国民经济执行情况的报告和财政部关于国家预算的报告。大家很关心国民经济怎么发展、运行,也很关心预算情况是怎样的。当然,今年还有一个很重要的议程是修法,对刑事诉讼法的修订。刑诉法有"小宪法"之称,这次是大修,不是小修,所以全国很关注。因为30年以来国家有了很大的发展,经济社会关系有了很大变化。在此基础上,相关的法律关系需要调整。由于问题积累了很久,所以在这次进行了大修。在之前的全国人大常委会上对刑诉法也做了讨论和审议,我列席常委会时,印象很深的是,在发给我们的文件中,有关刑诉法的材料是极为细致的。关于这个法的修订,发给我们一厚本资料,并且列了一个很清楚的表,把旧的条款和要修改的条款,统统列了一个对照表,用粗体字标出了修改之处。如果你浏览一下,就会发现这次修法确实是大修。有的条款是长达几行的文字修改。刑诉法修订是这次全国人代会的一个重要议程,这次真是大动作修改。

　　还有表决关于第十二届全国人民代表大会代表名额和选举问题的决定草案。这是关于国家选举制度的一个重要改革,因为新的一届全国人大代表名额分配有了结构性变化,按照"城乡同比"、"城乡同权"来选举产生新一届人大代表。这是1949年新中国成立以来很大的一个变化,应该是选举制度的一个巨大进步。也就是说,按照完全平等的原则,按照城乡1:1的比例来选举产生新一届全国人大代表。过去全国人大代表的选举,农村比较吃亏,虽然农村人口数量多,但是产生全国人大代表的比例较小,这次进行了修改,真正实现了城乡1:1同比。

在此之前,要修改选举法,这个问题是有争议的,比如有人提出,能不能先缓和一下,步子不要迈得那么快,先按照城乡2:1的比例选举全国人大代表。但这次是中央下了决心,要一步到位,不搞什么缓和、渐进,而是从明年开始就按这个比例选举产生下一届的全国人大代表。因此,这意味着明年的代表结构会有很大变化,工人、农民、知识分子的代表会大量增加,党政领导干部的代表比例要有所下降。

我虽然是北京人,但是由广东团选举出来的代表。以广东团为例,本是一个比较大的团,第十一届有167个代表。按新的办法选举产生代表,总人数将有所下降,估算一下可能有151或152个代表,少了十几位,影响不算太大。其他一些省可能也会减少一些名额。不过,解放军代表团的人数不变,有265个代表,是比较大的团。解放军很重要,对国家事务发表意见是很重要的,当然据说他们提出了比较强烈的要求,希望保持代表人数。

还有港澳特别行政区的代表名额,基本是维持现状。香港36个,澳门12个。所以会议有这样一些议程。

通过参会,我个人体会很深的是,我们审议《政府工作报告》的时候,大家的讨论很热烈,不断产生新的想法,提出新的建议。对《政府工作报告》,最令人关注的是经济增长率下调到7.5%,首次突破了"保八"的观念。在过去相当长的时间里,我们取得了快速发展、经济起飞,而在这个过程中,"保八"好像形成了一种观念,在朱镕基政府时特别强调,经济增长率必须是八。如果下滑到八以下,哪怕一点,就会出现很多问题。某些经济学家指出,GDP增长一个百分点,可能增加200—300万之间的就业岗位。如果下调,可能会有其他一些问题,包括就业问题。但这次是主动下调,正如温家宝强调的,我们这是自觉的、主动的下调。去年人代会,我们制定了《十二五规划纲要》。而《十二五规划纲要》提出的经济增长率就是7%。也就是说,我们今年提出的这个7.5%还是和这个保持一致的。在今后这五年中是7%,这五年中,可能有的年头高,有的年头低,总体上还得达到7%,但并不去刻意追求8%了。我印象很深的是,去年我们学校的厉以宁教授答记者问时强调,即便是7%,在世界上也是不低的增长率。在各个国家和地区,这应该还是比较高的增长率。所以7.5%应该说是一个比较高的增长率,并不是有些人想象中的比较低的增长率。而且,要问到问题的实质,这跟我们现在提出的转变发展方式的战略目标高度一致。现在我们强调的科学发展,是经济发展的重点在转方式、调结构、促升级。所以在看《政府工作报告》的时候,你们应该注意,现在提出GDP增长率的时候,会配合其他一些数据,比方说节能减排、环境保护等等,这些方面的数据也要同时公布。我现在拿的是2010年第十一届人代会三次会议时温家宝所做的报告,具有一定的说服力,因为政府在设定GDP增长率的时候,要说明前四年的单位GDP的能耗下降了多少,这里14.38%,还有化学吸氧量和二氧化碳排放量分别下降了9.66%和13.14%,所以不是孤立公布GDP,还要公布其他方面的数据和情况,表明发展方式在转变,结构在调整,而且在节能减排方面有新的进展。所以,我们在提出7.5%增长率目标的时候,要注意的是我们国家真的把工作重心放在转变方式上,而不再像过去那样是一个口号,因为过去,我们也同样讲调整结构、促进升级,但讲了近10年,并没有落到实处。后来,我们从提出促进经济增长方式转变,到贯彻落实科学发展观,提出促进经济发展方式的转变,实际上概念范围扩大了,行动也坐实了。与经济增长方式的概念相比,经济发展方式包含很多的含义,是一个更丰富的概念。总的来说,前面提经济增长方式转变提了好多年,但是并没有在真正落实上下功夫,在去年的《政府工作报告》和今年的《十二五规划纲要》中提出了很多硬性的指标和规定,这时候转变方式是玩真的。所以这次主动下调GDP增长率,下调到7.5%,这就说明我们确实是把重点放在了转变经济发展方式方面。

我们是教育界人士,自然很关注教育发展和教育改革的问题,在《政府工作报告》中另外一个重要数字是4%,我们也很注意。也就是,中央财政已经按照全国教育性支出占国内生产总值的4%编制预算,地方财政也要相应安排,确保实现这一目标,我们教育界很多代表委员也在热议这个问题。这个目标也是提了好几年,但是到今年才真正实现,编入国家预算。去年温家宝答记者问,他讲自己感觉到教育方面的问题还有欠账,就是欠这4%,地方财政安排一直没有落实,所以他公开说再欠账1年,今年补上,编入中央预算。所以中央财政没有问题,预算已经出来了,但是地方财政还没有相应做计划,做预算,我们很怕地方政府出于各种考虑,以各种变通的方式,在实现这个目标的时候打折扣,或者阳奉阴违,表面说我去落实,但实际上另搞一套,所以很多代表都说要盯着地方政府。在广东团,我们组里有几位市长,在地方上权力很大,教育界的代表在讨论时追问那些做市长的是不是要落实中央决定,让他们当场回答。无论如何,我们发展教育必须实现4%的目标,而这个数字实际上也是不够的,还是有所欠缺的。

还有温家宝提出改革的重点领域和关键环节,也就是在今后的一段时期,我们要重点做的改革。温家宝的报告基调是改革,改革这个词用了70次,用得比原来多。这里面提出改革的重点领域和关键环节,本人概括成要理顺五大关系。一是进一步转变政府职能,完善宏观调控体系;理顺政府与市场的关系,我们改革那么多年了,但是政府与市场的定位还要进一步理顺,发挥市场的基础性配置作用。二是改革财税体制,理顺中央与地方,以及地方各级政府之间的财税分配关系,更好地调动中央和地方的两个积极性。三是深化土地、户籍和公共服务改革,理顺城市与农村的关系,推进城市化、工业化和农村现代化的协调发展,就是城市和农村二元结构的关系,涉及土地、户籍这样的问题,有些地方已经开始户籍改革,有的还在进行探索。四是推进社会事业收入分配的改革,理顺经济与社会发展的关系,有效保证社会公平正义。经济和社会发展有不匹配的地方,社会发展有些滞后,还没有配套,要理顺它们之间的关系。五是推进依法行政和社会管理创新,理顺公民、政府与社会组织的关系,建设服务、责任、法制、廉洁的政府,社会管理的创新,NGO的存在和发展。以上可被概括为理顺五大关系,显示出中央政府进一步推进改革的决心,也显示出改革的方向是非常明确的,力度是非常大的。结合之前中央领导的讲话,想到邓小平当年视察讲话和改革开放方面的论述,我们在改革开放方面肯定要有进一步的动作。

下面,我将视角转换到两岸问题,我做这方面的专门研究,因此格外注意这方面的论述。温家宝在今年报告中对台政策的论述,总体上和胡锦涛的六点讲话精神一致,不过他主要是从政府领导人的角度论述对台政策的。国家领导人的角色是有分工的,国务院总理主要抓经济工作,总书记和国家主席是抓全面工作,很重要的是抓军事外交和对台工作。温家宝的报告中涉及这一方面,讲话基点与"胡六点"讲话一致,但也有一些新意,主要表现在三点:第一,"九二共识"首次进入《政府工作报告》,"九二共识"曾经在党的十七大报告中提出过,但在《政府工作报告》中是首提,去年只是提到和平发展主题。在政府报告中提出,是有针对性的,今年台湾选举的结果是马英九以80万张票战胜蔡英文,这场选举被视为是对"九二共识"的公投,是"九二共识"vs"台湾共识"。不仅国民党主张"九二共识",就是台湾工商界大佬也纷纷出来讲话,包括郭台铭、张荣发、王雪红等,主调是挺"九二共识"。所以在这场选举中,"九二共识"被认为是这场选举的总的阀门,它是一个分水岭,是检验选举过程和结果的重要指标。坚持"九二共识",马英九取胜了,而且得了80万张票;虽然跟上一次(2008年)比少了很多票,但是又比这次选前的预估高了很多,选前台湾的很多民调机构、地下赌盘,认为如果马英九胜选,也是低空掠过,好的话也就20万,差的话甚至几万。去年9月,我们北京大学台湾研究院,邀请了台湾著名智库亚太和平基金会的学者来座谈,在国关大楼专门就选举问题对话。其中一位学者是高雄中山大学政治学研究所前所长,是专门做选举民调研究,很权威,她提供的数据是50万,是最靠近80万张票数结果的。所以,80万张票比预估的又高了不少,至少是中高空掠过,可以为下一任期施政确立一个较好的民意基础。因此,温总理首次提出"九二共识"是基于这个背景,这是一个值得注意的地方。

第二是要注意一个措辞,代表一个新的政策导向。报告说:在新的一年,我们要继续坚持中央对台工作的大政方针,增强两岸关系发展的政治、经济、文化和民意基础,拓展两岸关系和平发展新局面。这里面最重要的一个词是"民意基础",特别强调这个新加进来的概念,提出这种概念也跟这段对台政策的调整有关系,我们更加注意岛内政治生态和民意结构的变化,岛内的民调往往显示台湾的多数民众想维持现状,不想马上统一,包括马英九上台以后做的民调,显示大部分人支持广义维持现状,并不想对两岸关系做剧烈的变动。广义维持现状,包括很多选项,如"维持现状,以后再说"、"维持现状,以后统一"、"维持现状,以后独立"以及"维持现状,永远维持现状"等等。也就是说,如果民调要细化的话,会派生出很多细化的种类,反映了比较复杂的民意取向。现在来讲,马上统一,包括和平统一还不太会得到岛内多数民众认同,因为台湾人有悲情意识,有长期受压的经历,所以统一可以,但是不能被统一,如果没有合适的统一模式,他们很不情愿这样做。但是经过民调交叉分析,可以看出,虽然对和平统一不马上认同,但是对和平发展还是很认同的,台湾多数民众支持和平发展,不想看到战争和灾难。和平发展有和平红利和发展成果,两岸关系发展了,三通实现了,交往成本下降等,台湾民众还是受益的。两岸已经签署17个协议,推动"三通"和ECFA签署,两岸经贸关系正常化和制度化实现了,这是重要的突破,形成了和平发展的新局面,所以台湾民众对和平发展是非常认同的,可以尽享和平红利。尽管受益过程可能比较缓慢,开始的时候是"无感",但随着时间的推移,和平发展的效果逐渐彰显,人们会提升对和平发展红利的享受程度。前不久,马英九做文宣广告,反对民进党对他本人和ECFA的攻击,原来他找企业老板出来说话,后来转向找果农来做广告,说自己的生意好了,就对南部民众有很多心理上的影响。所以综合各种民调,岛内民众虽不愿意马上统一,但是举双手赞同和平发展,这已经进一步延伸到他们对"九二共识"的态度。岛内民意在政治生活中起很重要的作用,我们需要关心台湾广大民众,倾听他们的心声,满足他们的利益。多数台湾民众认同两岸关系和平发展,是我们做好台湾民众的工作、增强两岸关系民意基础的重要条件。只要这个方针坚持下去,就会给两岸关系的发展前景带来良好预期。这次《政府工作报告》特别强调增强两岸发展的民意基础,是有很强的针对性的。我们要更加重视台湾各个阶层民众的实际感受,他们对两岸关系的态度和利益取向,能够做一些让台湾人民满意的事情。现在,中央提出对台工作"向南移,向下沉"的方针,即更加注重中南部民众的感受,了解他们的关切,照顾到这些民众的实际利益。前不久,国务院台办常务副主任、海协会常务副会长郑立中挺进中南部,以亲民的姿态走访中南部,接近台湾基层民众,跟农民和夜市小老板聊天。另一位国台办副主任叶克冬也走访台湾民间,深入群众,与民众亲密互动。他们的做法得到岛内各界的好评,产生了很好的效果,也给做好台湾民众工作提供了很好的样板。

再一个,我感觉温总理的这个报告,有一个亮点,就是要加快"海峡西岸经济区建设"。当然去年的报告里也提了这方面的内容,但今年的报告是站在更高的高度上予以强调。现在,海西是一片热土,海西的建设已经引起了全国的关注,也引起了海峡对岸的关注。现在,海西的建设在大幅度推进,要实现跨越发展的目标。福建省委和省政府下了很大决心、花了很大力气,在推进海西建设。应该说,海西建设在硬件方面讲是不会有问题的,如果一个省要"举全省之力"去推进当地的硬件环境建设,这都不成问题。我们有这个能力,有这个实力,有这个条件。但是海西建设从地理位置上讲,它靠近台湾,隔海峡相望,是大陆离台湾最近的一个区域。那么这个地方的发展,应该是有政治考虑的,而且有战略考虑。这个战略考虑,就是对台战略考虑。

同学们可以关注一下我们国内关于海西的新闻,特别是关于平潭的消息。当然,海西区的主体是福建省,另外还有浙江南部,广东东部,江西东部。从全国的经济区域布局来讲,海西区的设置,正好夹在长三角和珠三角之间。但我们知道,全国的经济布局,从大的方面讲,是三大经济圈。现在我们国家经济成长最好、发展前景最好的就是这三大经济圈,就是长三角、珠三角以及京津冀经济圈。这三大经济圈,三大经济成长地带,就全国范围来讲是一个很合理的布局。但是仔细想一想,它有一个问题,就是在长三角和珠三角之间有一个福建,而福建呢,长期以来经济发展还是相对滞后,跟周边两个紧挨着的长三角和珠三角地带相比,它的发展是比较落后的。当然,在过去相当长的时间里,有一些历史原因,因为两岸关系紧张,它作为前沿地带存在,发展可能比较滞后,受到很大的约束。原来福建是对台的前线,还有个福州军区,80年代后撤销了这个军区,现在归南京军区了;原来福建那儿的部队叫福建前线部队,就是因为两岸关系紧张,时刻得备战,准备解放台湾。1954、1955年台海危机,1958年金门炮战,福建作为前沿地带是很紧张的,所以就影响了它的发展。这是一个方面原因。但是在1979年以后,我们发表《告台湾同胞书》,两岸关系相对缓解,我们原来靠前沿部队也后撤了,但由于两岸关系没有发生根本性的改善,也没有可能让它获得发展的机会。

按照道理,在改革开放时期福建应该有发展的机会了,但是福建还是发展得相对滞后,这里面又有我们经济发展中的一个制约因素,就是它挨着长三角和珠三角,这两个地区是中国经济的高成长地带、改革开放的排头兵,发展得最好,如广东,GDP全国第一,是第一个超过台湾GDP的大陆省份,可以说改革开放成就斐然。长三角同样如此,江苏、浙江、上海都是发展得很好的地区,可以不用多说。可夹在中间的福建,就是海西这一块,发展相对落后。按照道理,周边发展快应该能把你带动起来,但其实经济发展规律并不是这样的。有一种"虹吸效应",经济学上叫"虹吸效应",它是什么呢?就是奥运会主办城市那种效应。2008年北京举办奥运会,它把很多的资源、要素都吸引到自己这儿了,因为我要办奥运会,全国支持,各地方要支援,周边地区也要支援;支援就是一种资源和优势的让与,或者对中心地区的供应。奥运会的一个效应,是会自然将优势资源、好的要素吸引过来,而夹在中间的地区、周边的地区并不见得会受益。北京市办奥运会获得了很快的发展,但是周边地区,比如河北,甚至天津,它们的发展还是受到制约,因为好的资源、好的要素都吸引到你那儿去了、都集中到你那儿去了,我反而发展不起来,我挨你近反而发展不起来。

在福建发展中也有一种"虹吸效应",好的资源、好的要素都被吸引到上海、广东了。但是,需要注意的是,现在全国的经济布局正在进行新一轮的调整,特别是在东部沿海地区,要形成新一轮的经济结构、经济布局的调整,那么福建省抓住时机设立海西经济区,可以赶上这一趟经济布局的调整。福建省不仅设立海西经济区,而且还设立了平潭综合实验区。那么,海西经济区和平潭综合实验区的设立,只会使全国的经济布局更加均匀,更加合理,推动经济要素和自然资源的合理流动和分布。当然,海西在发展自己的时候也要考虑你自己的优势在哪儿。按过去的逻辑来讲,或者按照过去的惯例来讲,你比不过你身边的长三角和珠三角,你的优势不太突出。但是,你又有一个你具备而长三角和珠三角都不具备的条件,或者说一个优势,就是你离台湾近。深圳挨着香港,珠海挨着澳门,不能说邓小平当时这样一个设计没有政治考虑,只是经济考虑,可以肯定地说,邓小平是有政治考虑的。因为邓小平是个战略家,他不是一般的经济领导人,他是有战略考虑的,要改革开放,同时要为以后解决港澳问题打下基础。设想如果他选另外一个地方搞特区,离香港比较远,那儿成了像今天深圳一样的地方,是一个经济特区,那你对香港的影响就没有现在对香港的影响这么直接、这么好。如果你从香港那边走过来,进入深圳,首先到罗湖,看看这边建设的发展、市政的发展,经济水平、市政建筑跟香港差不多,甚至有些还比它好,给人的观感确实是不同的,甚至还有些优越感。所以现在讲"粤港澳合作"、"粤港合作",重心在向广东、深圳这边转移了。现在粤港澳合作更多的是靠粤,因为我们发展起来了,广东全国GDP第一,经济实力是很强的;珠海也不用说了,挨着澳门,现在澳门人都到珠海买房子,到这边来住,采购东西都往这边跑。谁比谁强啊?所以,应该说邓小平当时是有政治考虑的。

那么离台湾最近的是哪儿?就是海西了。从地缘的优势来讲,就是你福建省具备,海西区具备。你有对台的区位优势,别的省份、别的地区没有。那么说到平潭,它是海西里面又一个特区,是特区中的特区。最近,平潭成立了综合实验区,这是我们国家成立的第一个以这样的名字命名的特区。深圳、珠海、汕头、厦门叫经济特区,这些特区都是"老特区"了。那么在这两年左右,又涌现出新一批特区,叫"新区",像上海"浦东新区"、天津"滨海新区"、重庆"两江新区";去年国务院又批复成立了一个叫"西咸新区",就是西安、咸阳新区,管7个县。这新一批的特区,浦东、滨海、两江、西咸,都是副省级的设置,西咸因为管7个县,所以是副省级设置。

那么,平潭这儿叫"综合实验区",显然它跟原来那些老特区是不一样的,老特区走的路数是"招商引资、企业圈地",无非就是为改革开放做个试验田,做些试验,深圳、厦门等发挥了这些功能,而且发挥得挺好。但作为新区,是有一些特殊使命的,在某些方面可能要做一些新的实验、新的探索,包括社会管理方面。社会管理的体制是不是要创新,可以先让这些新区去做尝试,在一些综合配套改革方面,要提供一些经验。但是,平潭是"综合实验区",显然它要承担的历史使命就更加重大,它承担的功能就更多一些。它的历史使命、重要功能是什么呢?主要就是集中在对台和两岸合作方面。现在,中央主要赋予它一个什么职能呢——就是在这个地方打造一个"五个共同"的两岸合作新模式,给两岸关系的发展注入新的动力,给两岸合作提供一个新的模式。

那么这"五个共同"是什么呢?就是"共同规划、共同开发、共同经营、共同管理、共同受益",这叫"五个共同"的模式。平潭综合实验区,它的"综合实验"最主要的就是要打造出这"五个共同"的模式。之前我碰上我们国台办的郑立中常务副主任,聊"五个共同",他说这个概念最早是他提出来的,他最早提出叫"六个共同",多一个"共同策划",后来共同策划干脆就归到共同规划里,变成了"五个共同"。然后,贾庆林同志一讲,这个概念就正式形成了,以中央文件的形式正式下发了,打造"五个共同"模式。那么恰恰是这"五个共同"使平潭现在成为大家关注的一个热点。

"五个共同"的提出现在引起了台湾方面的注意,台湾的学术界、企业界、大学对于福建方面提出这个设计,很有兴趣。星云大师也很有兴趣,提出要在平潭办学。台大的张亚中教授,就是提出那个"两岸统合论"的很有名的张亚中教授,他跟星云大师很熟,星云大师让他去那儿做些调研,跟福建省政府说一下,办学校可以,我来出钱,咱们一块儿在平潭办个大学,以"佛光大学"出面和福建教育厅合作。但是,这里边遇到一个问题,就是在"五个共同"贯彻的时候,可能还有一些体制的和政策的障碍,咱们的教育部不同意。星云大师跟我们关系很好,他在岛内公开反"台独"、主张统一,在台湾谁敢说统一,星云大师敢说,统一好啊。咱们胡主席说了"和谐社会",那星云大师就从佛理的角度阐述和谐社会好,跟胡主席的主张遥相呼应。他愿意来办学校,觉得这是好事,推动大陆的教育,推动平潭的教育,推动两岸合作办教育。但咱们教育部不同意,因为很简单,有一个政策障碍,因为星云大师的"佛光大学"是有宗教背景的大学,有宗教背景的大学是不能在大陆办学的。所以现在是世新大学、台中的一个大学和福建当地的一个大学在平潭合办"海峡学院"。当然,平潭建设已经引起了台湾方面的高度关注,教育界、企业界来考察了,很多著名的学者也纷纷登上这个岛,去考察一下,另外跟那儿建立一些联系。

现在开始有台湾的地方政府对平潭有一些兴趣,比如说离台湾最近的新竹市。说到这儿,我稍微介绍一下,平潭岛从地理位置上讲是我们大陆离台湾本岛最近的地方,当然厦门离金门就更近了,但是那个金门是外岛,它自己离台湾本岛还很远,而平潭与台湾本岛最近。平潭和新竹之间只有68海里,所以去年下半年,平潭开往台中市的"海峡号"航线已经开通,已经来往于两岸之间了。去年我们去那儿考察,登上了平潭岛,到澳前镇码头去参观,它的建设速度是非常之快的。我们去年是4月底去的,那个澳前镇码头就只打了个地基,当时副总指挥给我们介绍,说他们在8月底就要建成。这个建设速度是很快的。福建提出"跨越发展",能快则快,这是孙春兰说的。建设速度确实很快,好像是10月份,我们看到《新闻联播》在播这个消息,"海峡号"开通了,已经开过去了。"海峡号"是我们从澳大利亚购买的,是一种世界上最先进的高速便捷的客滚船,在海上航行非常舒适、稳定、安全,别管风浪有多大,它开得非常平稳。这个客滚船它能够装260辆小轿车,台湾方面出于安全考虑,是有忌讳的。它害怕,这个客滚船开通了,能装上260辆小轿车,如果换上坦克过去,解放军哗地一下子过去了,很平稳地过去了,是吧,这不得了。这让他们有些怕。这也是没根据的想象。不过,我要说的是，平潭建设速度是非常快的，让我们很惊讶。

现在提出来这个"五个共同"的模式，关键的争论点在哪儿呢？它不在其他三个共同，就是共同开发、共同规划、共同受益，这些都没有什么问题。共同开发，台湾企业来投资，台湾的学校来跟我们合办学校，这都可以。共同规划也没问题，现在平潭已经有了总体规划，在这之前要先做概念性规划，做概念性规划，平潭就选择了台湾中兴顾问公司的方案，也就是说在很多竞争者中只有它中标了。那么中兴顾问公司的方案要把平潭建成什么样呢，它的方案要把平潭建设成"生态岛、旅游岛、智慧岛、科技岛"，它这个发展定位是这样的。后来平潭总体规划基本采纳了这个方案里的主要内容，那就等于它参与你的共同规划了。所以这共同规划也没问题。那大家一块儿来开发、一块儿来建设平潭，最后大家共同受益，这个也没问题。我们甚至可以让更多的利给台湾同胞，让他们在这儿受更大的益，这个都没有问题。但是，现在问题在哪儿呢？是有另外两个"共同"，即共同经营，尤其是共同管理，你怎么来做，怎么落实？现在从平潭方面提出的方案来讲，它希望既然是两岸共同打造这个模式，那当然要有相当的台湾人口过来，以及台湾企业、社团、机构和学校的直接参与，也要有台湾很多人的参与。那么这种直接参与，要让人家在这儿做的不仅仅是建设者，而且是管理者，是主人，是平潭这儿的主人。所以，平潭管委会就发布招聘启事，招聘台湾有资质的人士，来担任平潭管委会的副主任。现在空出两个副主任的职务给台湾同胞来担任。厦门大学一位研究两岸经济的学者就提出来，你既然要真的落实"五个共同"中的共同管理，证明大陆有诚意，那么你就再拿出点魄力来，你干脆让台湾同胞来做平潭管委会主任，你原来让人家做副主任，现在让人家做主任，这不更证明是两岸在共同打造这个模式吗？你也可以搞个双首长制啊，在平潭这儿搞一个双首长制的尝试啊，你这个管委会的书记让大陆人做，主任让台湾人做。台湾很多学者说这个方案可以，很多台湾人经常来大陆，知道你们大陆是共产党领导的体制，这是不可撼动的，他们也很尊重这一点，所以书记你们大陆人做，台湾人去做主任，这个挺好，这个双首长制是比较合理的。但目前是先招聘两个副主任。我头年去的时候,平潭管委会的主要负责人向我们介绍,在头一年,他们就想招聘两个管委会副主任,发出招聘启事了,也有不少人来报名,后来经过一些审查,台湾报名的那些人资质都有些欠缺。但是工作又有需要,所以后来是招了四川的,还有哪儿的,反正是咱们大陆这边的做这个副主任。但这一次苏树林省长来北京了,在国务院新闻办的发布会上讲,他现在是空出两个副主任的位置给台湾人来担任。那么这个当然会对他们有一些吸引力,证明我们在真的搞"五个共同",我们将管委会的主要领导开放给台湾同胞担任,另外综合实验区下面的功能区管委会主任我们就更可以开放给他了。你只要说是资质上符合这个条件,我们完全可以让你来做。实验区的下一区叫功能区,那个你完全可以做。如果说台湾人口来这儿多的,形成一个台湾社区,台湾社区的头儿就是你们自己,你们可以实行你们那儿的自治。这些设想都很好,对台湾同胞产生了一些吸引力,证明我们在推进"五个共同"的建设。

当然,你看最近一段台湾的媒体也在热炒这个话题,包括台湾官方开始做出一点回应。因为福建省的常务副省长,就是管对台工作的那位常务副省长,曾经带团到台湾去做平潭的推介会,介绍了很多平潭的情况。现在台湾官方一看这个问题被炒热了,很多台湾内部的人在关注,台湾的企业、台湾的学校、台湾的学者都在关注这个问题,所以当局开始做出一点回应。开始是"陆委会"主委赖幸媛做了一些表示,前几天行政院机构负责陈冲在立法机构接受质询的时候,也做了一个表示。台湾方面界定平潭是"一国两制"实验区,在政治上需要有所防备;不过,陈冲的一些政策性表示值得注意,就是平潭这个事可以纳入ECFA框架之内来商讨。这话有双重性,有双重含义。我们的国台办主任王毅前几天也高调回应这个讲话,台湾的一些报纸甚至用了"王毅重话狠批台方的回应"这样的题目。王毅就讲了一句话,说不要搞什么"戒急用忍"了,平潭主要是经济项目,而非政治项目。这种讲话,当然是在目前的局势之下,是对于台湾回应的回应。

但是我感觉,这个平潭到底是经济属性多还是政治属性多,还得讨论。因为你这儿确实跟别的特区是不一样的特区。如果要定位的话，你与以深圳为代表的那些老的特区是不一样的，你跟浦东之后新的特区的定位也是不一样的，你确实是要打造一个新的"五个共同"的模式，这是你区别于其他特区的一个特点。那这"五个共同"呢，当然有经济建设的内容，这里面福建省提出来"平潭的建设是一天一个亿"、"三年一千亿"。省长苏树林这次在北京的发布会上讲，在这之后，还将投入2500亿，所以它硬件都没问题，它有经济建设的内容。而且在这一过程中也吸引台湾的企业和商人来参与。但是这个地方既然叫"综合实验区"，要进行综合实验，就不仅仅是经济方面的实验，肯定有社会管理体制方面的实验、有行政管理体制方面的实验。如果管委会的成员你也让台湾人来做，肯定在行政体制方面有变化了、有改革了，而且改革幅度可能还不小。到一定时候，就可能会涉及政治体制改革的问题。那么台湾方面也有一些表示，尤其是工商界有一些表示，说你这儿要搞的仅仅是经济项目，仅仅搞经济开发，我来这儿没什么意义，因为平潭很落后，平潭原来就是一个很落后的岛屿，虽然是中国第五大岛，但过去是海盗出没的地方，原来很贫穷，我来这儿没什么意义。因为现在的台商和台企从总体上讲有北上的趋势，原来是集中在长三角、珠三角，就是我刚才说的那个"虹吸效应"在起作用，它把台商都吸引到东莞、昆山、江浙、珠三角那一带。原来最早一批台商进军大陆是首先来福建的，因为闽台有所谓"五缘"的关系，就是"血缘、地缘、文缘、商缘、法缘"，特别是相互很近，所以开始的时候台商来福建投资的比较多。但随着经济发展，他们被吸引到北边，就是被长三角吸引走了，也被南边珠三角吸引走了。现在台商在大陆的投资和开发活动有北上的趋势，有被京津冀吸引走的可能，因为京津冀的发展前景更好，台商肯定跟着中国经济发展趋势走，那干吗来你平潭？所以，显而易见的是，平潭从经济角度对他们是缺乏吸引力的。另外，可能就是你这儿搞的东西跟别的地方不一样，而且跟我合作很有意义，他也可能愿意从这个角度说来这里。但这些都不是充分理由，能够吸引台湾企业和商人前来参与合作。有一些台湾学者提的很尖锐，说你这儿不是搞"综合实验区"吗,干吗不发挥这个特点呢?干吗不从非经济的角度吸引台湾人呢?台湾有一个叫邓文聪的董事长,就是那个幸福人寿的董事长,写了一篇七万字的文章,说既然你提出打造"五个共同",那干脆你这儿做一个民主实验区,你要政治上做文章,对台湾人有吸引力。你要走经济开发老路,反而吸引力不大,你要在政治上有创新、在社会管理方面有创新,很多台湾人是愿意来的。

所以现在不要完全定位它是经济项目,我觉得它是经济政治兼容,经济政治社会这几个方面都兼容的。你叫综合实验,不仅仅是进行经济实验,要进行经济之外的社会、行政、文化乃至于政治等方面的实验,你建立这个特区才有它的意义。在温家宝的报告里面,他特别强调了加强海西的建设,他没有直接提平潭,但是涵盖平潭。因为在去年的《十二五规划纲要》里面,海西和平潭都列了进去。因为我们知道《十二五规划》它有一个特点,就是跟前面的五年规划不一样,它把两岸关系专门开辟了一章来论述,在《政府工作报告》里是首次有一大段来论述。那一章里就有海西的建设和平潭的建设,那么这就意味着说海西和平潭的建设不是地方性的战略,而是国家的一个战略,是中央的战略,所以你必须要加以落实,必须从政治高度去理解。如果让我解读这次的《政府工作报告》,它在对台政策方面有一些新的阐述,我觉得就是这么三点:九二共识首次进入《政府工作报告》,强调要增强两岸关系发展的民意基础,再一个是强调加快海峡西岸经济区的建设。有这样三点新意,这些论述都是有针对性的,都是对目前形势的一种反应。尤其是平潭的建设、海西的建设,我希望大家关注。这不仅仅是我们国内的建设,它跟对台政策的创新有关系,跟两岸打造一个什么模式有关系。

实话说,台湾方面,包括台湾当局,包括台湾几乎大部分的政党,包括60%台湾的民众对我们"一国两制"的政策不太认同,当然他们有不了解的地方,但是我们现在如果在平潭打造一个具体的模式,一个已经进入实践的模式,我这个真实的东西给你看是怎么回事,你参与进来看看,感觉一下,它好不好,我觉得这个很有意义,可能会为对台政策做出新的理论贡献。

现场答问

问：问题是"九二共识"，当时是双方在新加坡达成的口头表述。所谓"九二共识"，就是海峡两岸都遵从一个中国的原则，谋求国家的统一，在日常的事务性商谈中不涉及一个中国的政治性含义。这个文件到了台湾后，"陆委会"副主委隔天在《中央日报》上做了回应，认为此议有统战嫌疑，以免落入统战陷阱，台湾方面不予接受。当时"陆委会"主委也没有提出其他的意见，接受了副主委所做的表述。当时台湾主管两岸事务的有三个主要负责人，这三个负责人是谁呢，现在听起来都非常有趣，当时的领导人是李登辉，"陆委会"主委是黄昆辉，当时副主委是现在的领导人马英九，也就是说当时马英九是具体回应了"九二共识"的。但这当中出现的一个问题是，"九二共识"在台湾和在大陆的解读明显不同，现在大陆的文件中都没有提到何为"九二共识"，而台湾方面比较模糊，只要选举过了就行，而大陆方面呢，只要纳入了政府工作报告之中，那么显然它是未来要执行，要推动的。那么，请问李老师的是怎么样来推动、落实"九二共识"？必须要知道如何定义，才知道如何落实。

答：这是咱们俩的共识，你提这个"九二共识"，这是这段大家所关注的焦点，一个是由台湾选举所引起的，另外一个也是由于"九二共识"本身所引起的。应该说，当时两岸都有关于讨论"一个中国"的需求。海基会提出"八案"，海协会提出"五案"。你刚刚说的海基会的表述，海协会也有一个表述，前面的意思都差不多，海协会后面的表述是在两岸的事务性谈判中暂不涉及一个中国的政治内涵，你们（台湾方面）是明确说了关于一个中国的政治内涵各有争议。海基会比海协会更加明确地说，关于一个中国的内涵两岸有不同解释。其实"九二共识"就是一个共识，而不是一个协议，它不是一个文字形式。说白一点，回顾当年的历史真相，那个时候由于联系起来不太方便，所以以函电的形式互相询问或答复。但对此,两岸的法律专家都有法律意义上的解读。马英九是"陆委会"特任副主委,实际上是正部级,说明李登辉当时对他很重视,马英九担任这个职务对"九二共识"的过程应该很清楚。两岸部分的法律专家如何解释呢?从法律的角度,它有换文的性质。陈水扁上任差一点承认"九二共识"。关于"九二共识"双方争执的重点,第一个是有没有的问题,民进党说是没有,大陆和台湾国民党、亲民党说是有;第二个分歧点是"九二共识"的内涵,大陆和国民党也有差异,从表述和措辞上看就有差异。大陆的标准表述是"体现一个中国原则的九二共识",台湾的标准表述是"九二共识,一中各表",尤其是说"一中各表"。说"体现一个中国原则的"要说完整是比较长的一段话,还是用"九二共识"比较简洁。但双方的一些差异意味着,"一个中国"的政治内涵双方是不一样的,"九二共识"的微妙之处在于模糊处理,关键之处也在于此。到现在大陆方面采取了比较灵活的形式,先不谈"一个中国"的问题,大陆关于这个问题形成了两个版本,一个是外交部版本,一个是两岸版本,以后留给有智慧的人去解决。大陆方面从来就没有承认过"一中各表"的说法,拿到国际上说"一中各表"容易产生"两国论",所以大陆不接受这个说法。

佟 新 | Tong Xin

〔演讲者小传〕

佟新,北京大学社会学系教授,博士生导师,北京大学中国工人与劳动研究中心主任。主要研究领域为经济社会学、劳动社会学、性别研究;劳动关系、企业社会责任、女性职业发展等。现任教育部社会学教学指导委员会委员、中国妇女理论研究会理事、中国民主促进会北京大学基层委员会副主任委员、中国民主促进会北京市妇女儿童委员会副主任、中国民主促进会中央委员会社会与法制委员会副主任等职。发表论文数十篇,主要著作有《人口社会学》《社会性别研究导论》《主流话语与妇女就业知识的建构》等,多次主持国家重大课题研究。曾获北京市"三八"红旗奖章、中国妇女研究会年会研讨会优秀论文奖、北京大学正大奖教金等多项荣誉。

工作世界的变迁和后现代主义反思①

今天我从社会学的视角来讨论工作世界的变迁。

社会学视角跟经济学、政府管理和法律视角是有差别的。经济学讲工作的变化一定会讨论劳动力市场的供求关系,法学则会讨论劳动合同法中的契约关系,而社会学关注社会结构的变化,特别是劳动关系的变迁,由此来理解工作世界的变化。

要想了解这个问题,首先得去做社会调查,这是社会学的研究方法。我可以在我身边做调查。以我五个硕士生的职业生涯为例,有两个是 2000 年毕业的硕士研究生,一个在一家部级研究所工作,11 年没有什么变化,工资不高,但很稳定,可以看到未来的退休生活。另一个是毕业后到一家杂志社工作,换过三四个工作,稳定在国家级的一家新闻社,曾驻美国记者站三年,已是资深记者,工作稳定,享受过带薪产假。但是她的感受是这两年工作量明显增加,工作时间由每天 8 小时增加到 10 小时以上,按照小时工资算,她的收入是下降的。

再看看我 2010 年毕业的学生,有三个硕士生毕业,到现在全部都换过工作,且目前没有一个有稳定工作。一个是进入一家著名民营企

---

① 作者正主持北京大学和香港理工大学合办的"中国社会工作与实务研究中心"项目"中国劳动用工制度和劳务派遣制度研究"(2010 年)。此演讲是其研究的一部分。

业,但不久被辞退了,按照《劳动合同法》给了他一个月的工资。另一个学生毕业后去了中央电视台,但她自己辞职了,说这个工作太没有挑战性,每天只是抄文案,连高中毕业生都可以干。还有一个学生,曾在新东方做英语老师,读了硕士,找不到工作,又回去当英语老师了。她和我说:"我转了一圈,人力资本增加了,怎么还是做原来的那份工作?"2011年,她又考上了博士,继续读书了。

那么,十年发生了什么变化?这变化不是你能不能找到一份工作,而是能不能保持一份工作的稳定,你能否在工作中看到自己的明天。这种变化是全球同步的变化,就是工作世界失去了稳定性,人们无法期待工作的未来,也没有办法想象退休的时候自己在做什么工作。工作世界充满了弹性、不确定性。

我一直做劳动和工作社会学的研究,最近在做与劳动合同法和劳动世界变化相关的一个课题——劳务派遣工作制度的研究。

就像我刚才谈到的,十年前的媒体界还是一份有固定劳动合同的稳定的工作。但中国今天的媒体界都在大量使用劳务派遣工或外包的或临时性的用工。人们很难跟电视台、报社等媒体签订长期劳动合同。随着媒体业的越来越市场化——出版业已经市场化了,现在延伸到报业——我们发现,弹性用工更加普遍。这真是市场供求关系变化的结果吗?

与此同时,一些变化更加触目惊心。前天在清华大学我们开了个有关学生工的研讨会,特别提到富士康。富士康出现几连跳后,郭台铭做了改变,把工作地点更加贴近劳动者,因此富士康大规模地西扩。一些老师和学生跟着富士康去了重庆进行调查。重庆是这样一个情形:工厂在建,建的过程中就招工,所招从事工作的人至少50%来自于正在读书的中专生和技校生。政府下文要求各职业学校跟富士康签合同,为富士康输送学生工;对学校来说这是学生重要的实习。这有两方面的意义:一是政府与资本的结合;二是劳动用工的低龄化,16岁、18岁的学生开始成为劳动力市场中的一部分,劳动力的市场结构发生变化,劳动后备军的蓄水池更加庞大。会上,有贵州的"惠州某职业学校"的四五个中专生与会,介绍了这个学校将实习与用工的结合状况。这个学校的招生政策是"勤工俭学",提出"不收学费让你到学校学习三年"的口号。2007年入学的学生只修过三个半月的课程,其他的时间都在打工,每个月能拿50—250块钱的零花钱,其他的收入被学校扣下,算做学费,被称为"勤工俭学"。有些学生非常不满,找到了教育部门,教育部门说:"是不是你们愿意的?如果是你们愿意的,我们不管。"

一方面,媒体大规模地讨论"劳(民)工荒",民工荒似乎预示着这样一个前景:由于劳动力供求关系的变化,劳工的劳动条件将得到改善。但事实却是如我们所看到的学生工的增加。劳动力蓄水池加大了,扩大到了学生。

《劳动合同法》的出台遇到了很多批评,但我觉得更值得讨论的是《劳动合同法》对劳务派遣工的规定。劳务派遣工为弹性用工制度开了一个口子。法律规定,只有一些季节工等特别工种才可以使用劳务派遣,但事实上许多行业大规模地使用劳务派遣工,成为用工企业减少劳动力成本的重要办法。对劳务派遣问题我将在后面详细分析。

我第一个想讨论的问题是,中国劳动用工制度的转型的基础是从计划经济体制向市场经济体制下的转型,这个过程是如何完成的?我们如何没有"反抗"地失去了"铁饭碗"?改革开放30多年,从计划经济体制转向了市场经济体制,劳动用工制发生了什么变化?在计划体制下,劳动用工制度基本上是依照城乡二元分割的体制来建设的,乡村供养城市,城乡间缺乏社会流动,并在此基础上形成了中国工业的重要积累。城市中计划经济形成了国家分配工作的机制,而一旦获得工作进入单位则是终身的,依附于个体所在的单位,即单位制。单位制基本延续到1995年的国有企业改革。例如,北大依然带有非常强的单位制色彩。

单位制是什么呢?首先,在单位制下,人们不仅仅隶属于工作,而是隶属于人们所在的组织。以首钢为例,计划经济时代的首钢不仅有幼儿园,还有自己的澡堂、食堂、中学,甚至有自己的火葬场。进到那里一辈子都不用愁了。这形成了一套所谓"忠诚与庇护关系"的体制,其重要的基础是国家垄断所有资源,人们除了在单位中获得资源外,没有其他办法可获得资源,人们的住房、孩子上学等都要通过单位来实现。一方面我们要从积极意义上看待庇护关系——它使每个在单位中的人获得了心理安全。即使是夫妻矛盾,一方不满便说"我找你们领导去";今天要夫妻打架,领导在那儿呢?又有谁会管夫妻矛盾?另一方面,资源垄断下的庇护体制要求人们提供所谓的忠诚,即承诺勤勤恳恳工作,并成为党和国家所需要的积极分子。这是一套有机的、再生产和有效的制度。

市场化转型下的用工制度是什么呢?劳动力市场使劳动力成为了商品,使一切都商品化。1987年,实行了厂长责任制,给厂长权力——厂长有权开除员工。1995年,朱镕基开展了强行的国有企业改制,其方针是"国有企业关、停、并、转"式的改制。经过这一改革,国有企业的员工从接近1.2个亿变为2000年前后的6000万,有近一半的国有企业员工要么转岗,要么下岗回家。五六千万名工人的变化,这个人数相当于一些国家的人口数,但怎么没有抵抗就悄然无声地完成了一场经济革命呢?

我的研究表明,关键词叫"下岗",与之相对应的是"择优上岗"。这是话语和话语权的重要建构过程,面对"择优上岗",下岗意味着"不够优秀"。我做过大量访谈,下岗的人常常会说"我老了、我没本事","他们现在用新技术了,我不懂","厂里还不错,不工作了还给我200块钱,给我300块钱,我至少能生存"等自我矮化。这样抵抗和不满就被消解掉了。同时,国家也给予了下岗员工很好的安置。在计划经济体制下的基本福利,即单位中的分房制度,使城市人口基本能够做到人人有房住。当出现巨大的市场变迁时,没有城市人口的流离失所和大规模的反抗。

市场化过程给劳动力带来的变化就是劳动力碎片化。我们曾经有一个团结的(单位制下)工人阶级,但今天我们难以寻找到完整的工人阶级。传统工人阶级被瓦解成两部分——优秀的上岗者;年龄大的、没有技术的下岗者。为此各单位曾成立有"下岗再就业服务中心",这些中心大概在2003年前后全部关闭,这意味着已经完成了国有企业改制。

在市场改革的过程中不是没有反抗的。我对反抗研究感兴趣是因为我们有必要寻找改革的其他可能性和不同的声音。我的研究表明,反抗依然延续单位制的路径,单位的差异既可能消解工人阶级的团结,但单位制也为反抗提供了自身的可能,当国有企业的改革涉及企业全体员工的利益时,以单位为基础的反抗就可能发生。我曾对郑州一家造纸厂进行过研究,这家国有企业被一家民营公司买断,该公司承诺开发生产,但后来员工们发现并非如此,公司只是想做房地产,把工厂再卖掉。工人们觉得自己受骗了,国有资产正面临变相的私有化,因此采取了集体行动,由副厂长、工会主席等带领开展了一场"爱厂护家园"运动,并成功地保护了国有资产。但更多情形是工人们以沉默、认同或退出来应对市场化的变革。

与此同时,计划体制之下的城乡分割出现了大量的农民工。改革开放后首先进入市场的是农民工,他们以低廉的劳动力价格进入市场,很少反抗。其重要原因是长期计划经济体制下农民过低的收入,与其收入比较的框架是与自己的过去比,与乡村收入比,工厂中的低收入是可以接受的。

2010年,《时代周刊》评论指出,中国GDP增长的动力和最大的贡献者是中国的农民工。事实上,农民工的劳动力再生产是被忽视的。按照马克思主义的理论讲,劳动分为两类劳动:一类是与生产产品的劳动相关的工作;另一类是劳动力自身的再生产,即包括劳动力再生产和养育儿女的劳动。第一代农民工的劳动力再生产基本上是由自身所承担;新生代农民工则不同,很多新生代农民工带着老婆和孩子来到城市,以一个家庭形式进入到城市的劳动力市场。

由一场权力主导的劳动用工制度的重建,市场化的、由分散的个体组成的劳动力市场得以形成。

第二个问题想讲一讲,我国劳动力市场的性质,其性质就是它的分割性。我国的劳动力市场至少分为三层：一是由受过高等教育的人形成的高级劳动力市场；二是由有城市户口的人形成的中层劳动力市场；三是底层劳动力市场，他们主要是由农民工组成。不同层次的劳动力在自身的市场中竞争。

我国的劳动力市场出现了新二元。新二元是什么呢？我把它叫做核心劳动力和边缘劳动力的二元结构，它建立在不同劳动合同的关系中。情形是：大量劳工都是边缘劳动力，只有极少数的人是核心劳动力。核心劳动力依靠自己的技能或关系获得长期劳动合同和相对稳定收入，可以预见到退休时的状况；他们成为各种组织中最重要的、难以被替代的劳动力。任何的岗位上都会有这样的一批人。我估计核心劳动力大约在社会中为30%左右，其他的为边缘劳动力，即是不稳定、很易于被替代的状况。之所以出现这样的分化，一是资本运作本身需要灵活的弹性工作来应对市场的灵活性；二是因为我国的体制改革远远没有完成，计划经济体制下的利益集团借助体制优势在寻租。对于边缘劳动力来说，有很多称谓，如劳务派遣工、相对于事业单位中的"在编人员"的"非在编人员"、非正规就业中的各种员工。

我调查的某石油公司，其海上钻井台上的工作至少有60%是劳务派遣工。刚刚开始调查时，我很吃惊，大型国企也在大量使用劳务派遣工！这其中最重要的原因是体制转变中边缘劳动力的被市场化，而核心劳动力存留体制优势。

看到有报道说，深圳要改革，公务员以后也两年一签约，以形成竞争机制。好了，以后公务员也不是核心劳动力了，年轻人已经无法找到一份稳定的工作了。第二代农民工的边缘化使受过良好教育的新的进城年轻人也看不到前景，却又再也回不到乡村。在这样的市场中，年轻人的前景在哪里？

那么我们要问，这样分割的市场状况的社会基础是什么？这是要谈的第三个问题。我认为，重要的社会基础是，我们如何定义经济发展、人的发展和如何治理社会。首先要讨论的问题是：反思人力资源管理模式。正是在人力资源管理模式不断强化的条件下，工会团结、民主参与和劳资谈判的工厂管理模式弱化和消解。由此,个体化的劳工面对强大的资本,劳工团结的问题转化为劳动者个体的工资增长问题或个体的心理问题,以人力的管理替代不同利益之间的民主谈判。

以富士康工厂工人的几连跳看,人们有不同的解释,其中一种解释认为,是新生代农民工精神比较脆弱,受不了艰苦的劳动。但我的看法是,这是新生代农民工的一种无奈的反抗,是拿自己的生命来反抗这种劳动规制的行动。这种反抗充满了愤怒。因为他们看不到自己与这个社会和他人的内在联系。更重要的一个事件——南海本田工人的罢工,这个罢工引发了全球反响。这次罢工工人提出的要求很简单——提高工资,我想这是劳工们共同的愿望。它成功了,其成功的基础不是老板愿意提高工资,而是工人的团结的集体行动。

在这一事件中,有学者参与,中国人民大学的常凯老师参与其中做协调工作,他被请去作为劳方的顾问。他在日本工作过,懂日文,谈判进行得很顺利,最后资方承诺满足工人的要求。罢工不是目的,只是手段,其目标是改善劳动条件和劳动待遇,但手段却又是不可缺少的。资方的让步是与工人的集体行动紧密连接在一起的。

反思人力资源管理模式不是反对将人看成一种资源,而是反对这种管理模式,它本质上是反工人团结、反工会的。我们的知识界,有多少人在学 MBA,在传授人力资源管理模式,有多少企业在花钱、在找企业咨询公司,在做自己的人力资源管理方案?我们听没听过反对的声音?我们想过没想过,这些钱花在工人身上好不好?工人有没有权利参与到管理的过程中?

事实上,人力资源管理模式在美国也才是上个世纪 80 年代才开始发展出来的。它不是资本主义国家最成熟的管理制度。这而在我国的转型过程中,是资本方选择的管理模式。我们可以选择学习德国的管理模式,我国的《劳动法》、《职工代表条例》等借鉴了许多德国经验,是涉及劳动者参与管理的模式。人力资源管理模式是什么?是讲究人与人竞争和效率优先的管理模式。至少还有一整套知识,并不是只讲竞争的。竞争能够带来效率,但合作同样可以,还可能是更美好的全面发展的管理方式。

当我们引用市场概念时,是这样讨论的:市场是一只狼,它使所有的羊都奔跑起来。这样,很多企业实施"末位淘汰制",并当经验推广。如果大家都在努力工作,我们淘汰谁去?但在淘汰的逻辑下,无论你怎么努力工作,一定还有最后一个,那他就应该被淘汰吗?这样竞争的结果一定是人吃人的。

三十多年以来我们强调管理、竞争、市场、搞活,完全是一套"狼"的逻辑。可是我们是人呀!我们有着"柔弱"的心,但却行着"狼"的规则。其结果,我们的社会从一个集体主义的社会、有人与人之间关怀的社会迈向了一个个体主义的、鼓励人吃人的社会。

知识是需要传承的,在话语竞争下,"团结"的知识、"合作"的知识被掩盖。我做IT业研究,三五年前的三角地(传统的北京大学三角地已经没有了)有人贴帖子,说今年我们学计算机的同学去寻找工作,要达成一个联盟,我们要价,不到5000元不干。团结很快被打破,有人给2000元就去。今天IT业的职业流动率非常高。我问从业的年轻人,如果你被"开"你会怎么办,你会团结几个人和老板谈判吗?年轻人给我的答复几乎是一致的:"老板让你走,说明你没本事,走呗。你有本事找别的地方去。"再问你们知道工会吗?他们觉得工会、职代会都跟他们没关系。竞争的逻辑导致了一届比一届的大学生更难找工作。我特别难过,我们的学生学了那么多知识,难道不知道拳头只有攥起来力量最大吗?一个人的考试成绩再好、能力再强,你面对的是一个资本的联合,怎么能够强过它呢?

竞争的结果是劳动力的碎片化,散沙的、原子化的个人在市场里面东一头西一头地撞,撞上什么算什么。我们是有工会的,工会还是有一定作用的。很多人是不是认为工会就是吹拉弹唱,至少我们的调查显示,企业有工会和没有工会,员工的劳动条件是不同的,有工会的企业比没有工会的企业劳动条件要好些。

2009年我去德国,考察了一家叫Dear的公司,是全球生产拖拉机的最大企业。按照德国的法律,职工代表大会的主席是董事会成员,参与董事会的各种活动。职代会主席讲:从2007年金融危机开始到2009年,他们的利润水平明显下降,基本下降到了2004年的水平,如果这样下去,一定是要解雇一部分员工的,因为企业承担不了。结果是劳资协商,协商的结果是三年内或者说直到企业经营好转(也许是五年),工人是三年不涨工资,资方是不解雇员工、不使用劳务派遣工(外包)。这就是集体的力量。我们后来和工人一起吃饭,感受到社会福利和工人内心的稳定感,这也是社会稳定发展的重要基础。从整体看,在整个金融危机中,德国是所有国家中受到各方面威胁最低的,是失业率最低的国家。

社会主义应当意味着很多的社会保障。1995年,朱镕基开始的国有企业改制,解决了国有企业的问题,但糟糕的是,国有企业的问题变成了社会问题,企业负担降低了,但是社会负担增加了,失业问题、养老问题、大病问题得不到解决。工作带给我们的不仅仅是一份收入,更重要的是建立社会关系,建立自己的社会地位,建立我们与这个社会的联系。

有人曾经让我去讲什么是中国特色社会主义,我觉得我国有一种文化是西方没有的,那就是家庭。如果说在中国还是有些集体主义倾向的话,那么这种集体主义的合作倾向不是在单位、组织里面,而是在家庭里面,这个家庭我把它叫做"想象的家园"。为什么是想象的?举一个例子,为什么每年春节所有的人都要回家?回家待三五天,最多两星期,过了十五就又进入城市和工厂。这个想象的家在他心里面支撑着他忍受种种困难。这就是我来解答为什么我国没有反抗的一个重要原因,因为我们在为我们的家而奋斗。

但同时,我们的家已经被这个市场破坏得四分五裂。我在深圳做过研究,问一个四五十岁的园丁是怎么来深圳的?他说是找老婆来的,他老婆在一个很有钱的人家做保姆。他有三个孩子,孩子还很小的时候他老婆就来深圳了,他说找老婆来了,可能因为没有什么工作的能力,就做了园丁,拿最基本工资,大约比最低工资多一百多块的样子。他在大学城做园丁,但他老婆住在有钱人家里。不久,他们的大儿子也来深圳了,初中毕业后在深圳的一家网吧工作,住在网吧。现在,二儿子也念叨着要来深圳;小儿子还在上小学,也惦记着到深圳找父母。问他最多一次的消费是什么?是全家人聚在一起去了一趟深圳的世界之窗,一天消费1100元,他的月工资大概950块钱。一家人,有三人在深圳却也无法住在一起,心理上的支撑是,我要去找老婆、去找爹妈。家庭的概念成为我国到今天还没有到崩溃境地或者它还可能产生资本积累的一个重要原因。

但是,我们的家已经非常脆弱,我国需要支持家庭。我们的社会政策都在利用家庭,所有的政策是建立在家庭基础之上的,包括房地产。但是重要的是,家庭本身特别需要支持。

有点扯远了。但是我想强调,在没有合作的、竞争的劳动关系中,我们的社会基础在遭受破坏。

第四个问题,谈一谈反思和批判。

一是反思我们的发展模式,正是发展模式和相关的意识形态使我们的工作世界充满不确定性。一切为了经济增长和一切为了经济效率,是不是我们唯一的追求?人类的普世价值、人的尊严以及人类美好的生活到底是什么?我们应当思考人类发展的其他可能性。

二是反思工作世界与消费社会的连接。工作世界的状况成为消费社会的一部分。什么是消费社会?消费是对应着生产社会而言的。资本主义的早期发源于工业,到了二战前一直是工业社会,或叫做生产社会。社会转型是什么呢?就是生产的极大丰富,就像我们穿的衣服一样,衣服是为了保暖的,我们有5件、10件就足够了。需求是有极限的,那么生产就缺少了动力;此时消费社会出来了。

消费社会最典型的特点就是符号消费,我们消费的不仅是这件衬衫,而是其背后的意义,它所代表的身份和地位。Lady Gaga型的牛仔裤,破了几道口子的,很破,却比正常的牛仔裤更值钱。因为穿一条破牛仔裤表达了你是一个很"潮"的人,是有消费能力和有风格的人。消费社会意味着生产是消费性的、符号性的生产,生产社会是生产什么你消费什么。消费社会是你想要什么,就有什么生产出来。人们消费的不仅仅是物品,而且是那个物品所蕴含的符号意义。而符号意义是人为创造的,有阶级的、城乡的、性别的寓意。消费社会巨大的诱惑人的力量正在于产品不断地被符号化,只要能创造出某种符号来,我们的欲望就会追逐那符号。曾经是一年一次的时装发布会变为一季度一次或一月一次,它在引导大众成为一个时尚的人。

消费社会的基础是个体化。毛泽东时代是集体的、革命的时代,那时候人们的穿着无非就是蓝白灰三种颜色,它是群体性的,没人敢特殊。因此,铁凝的小说《街上流行红裙子》获得广泛关注和喜欢,就是因为穿一条红裙子就能表达你是谁了。消费社会中的工作世界同样充满个体性;但互联网从另一层面补偿了人们对于群体生活的需求。互联网上我们有各种各样的群体,一起玩游戏、不同的爱好群体。互联网最重要的意义是它在一定程度上弥补了工作世界里面消失了的群体身份,在虚拟和现实之间再次让个体之间建立了联系。年轻人告诉我透过消费和互联网他们是有社会关系的,这是消费社会新型的社会关系;而有关集体行动、工人团结的经验,在1989年之后就慢慢消失了。

三是理解历史,历史是由经验积累起来的,同时它也是生成性的。"80后"、"90后"的成长经验不同于他们的父辈,他们是在市场竞争条件下成长的,人力资源管理模式已经意识形态化。他们认同和看重一个有能力的自我。如何显现这个有能力的自我呢?这就是消费社会中的符号消费了,房子、车子和孩子成为自我能力的象征。但同时,这样的消费也消磨了年轻人的反抗意识,因为作为房奴、车奴,害怕失去工作,只能忍受不断的加班和努力的工作。这需要意识形态上的观念转型。

四是理解社会结构固化带来的风险。理解工作世界就要理解我国社会的本质特征——两极分化,它反映在工作世界里就是年轻人为自己成为核心劳动力而努力,而且这种努力都是使用个体化的方式,而没有质疑这个结构本身。

从结构上看,不少人梦想通过自己的努力成为核心劳动力。但却不知道我国的社会结构正在固化。一般来说,成为核心劳动力要靠三种资源:政治资本、人力资本和社会资本。人力资本或者人力资源是指通过学习所获得的教育文凭以及通过劳动所获得的经验。另一种是社会资本或社会资源,它与人们拥有的政治资本和经济资本相关联。社会资本主要是人脉,也就是社会关系资源,拥有社会资本同样可以节约交易费用。想成为核心成员就要为自己积累下这些。但是,社会资本在今天的社会结构中拥有了越来越重要的位置,它的固化意味着一些拥有技术、文凭的人也难以成为核心劳动力,因为拥有资源的人在结构上为自身利益排斥他者。那么边缘劳动力就难以改变身份。巨大的社会分化、社会不公,潜伏着巨大的危机。

五是反思资本主义本身。这里稍微讲一点理论。随着苏联的解体、冷战的结束,有人认为,马克思主义破产了。但应当看到,反抗和反思全球化的力量,在1997年,特别是1999年在西雅图的反世贸的集体行动,依然秉承马克思主义的理论。反思资本主义,特别是垄断资本主义的全球化时代,看到的是资本借助技术的力量产生的更高更快的资本积累和垄断,以及全球范围内的资本联合。而劳工呢?劳工被固定在土地上,不能自由流动,以至于形成资本灵活地在寻找最廉价的劳动力,以带来更高的回报。资本和劳动的不匹配形成了全球化下两极分化的普遍状况。我们要反思和呼吁的是:今天的劳工如何形成全球的联合?新的劳工的联合会在什么样的条件下产生?像国际歌唱的,实现全球性的劳工团结。

消费者运动是反抗的力量。以苹果为例,我们要问的是在生产、设计、销售的诸多环节上,劳动者占有多少?透过消费者对苹果产品的抵抗,才有可能改变中国富士康工人的加班状况。我们要质疑的是利润分配的结构,要使全球消费者认识到在每一款苹果产品的背后,劳工的工作情形。马克思主义所倡导的对利润的质疑依然是要回应的问题,它可以成为学术界的和社会行动的重要理论资源。

另一种反抗的路径来自于波兰尼在《大转型》一书中倡导的"保护社会",即在将一切商品的历史进程中的"反向运动",透过公民运动来重建社会的努力。与马克思主义的阶级团结和斗争不同,波兰尼强调公民权思想,每个人有其自身权利,人们有权获得工作、养老的权利,劳动保护的权利,不受工作条件伤害的权利,免除工伤的权利。如何能形成一个公民社会,他讲求的是各种各样力量的联合,是建立人与人之间相互的关联和庇护。从公民权意义上来讨论工会或农会,就可以理解利益组织对自身的保护作用。单一的个体应对强大的、资本的市场是非常渺小的。但如果有利益组织就会很不一样,可以形成利益间的谈判。

面对工作世界的变化,工作的弹性、劳动时间的加长和被忽略的家庭,只有组织的力量是一条可行的选择,在团结和利益的互动中,工作时间、工资和家庭福利都可以谈判。所谓的弱势群体是不存在的,存在的是没有被组织起来的、受损的群体利益。弱势群体的存在一定是制度性的,是制度使受损者的利益无法被表达。

我就讲这些,谢谢大家。

现场答问

提问:老师好,我向您请教两个问题。社会主义的中国怎么样从根本上保障劳动者的权益,这是第一个。第二个问题是中国究竟向何处去?

佟新:在最原教旨意义上,社会主义应该叫劳动者共和国。

简单假设资本主义是资本联合,保护的是私人产权。那么,社会主义的特征就应当是劳动者共和国,保护人们的劳动权。

中国向何处去?这个题目太大,我没有办法回答。这是见仁见智的问题。社会学看问题的方式是,思考社会是如何被组织起来的,不同的组织利益是如何被表达的。中国社会有自身的文化逻辑,这个逻辑我以为也带有非常强的封建文化的宿命色彩。我们系的杨善华老师在做"中国百年苦难史研究"。百年巨大的社会变迁,辛亥革命、抗日战争、国内战争、"文革"、改革开放,其背后掩藏了多少老百姓的苦难?而国人又以自己的哲学和智慧来缓解苦难。杨老师谈到他们的研究,在乡村遇到的一个故事,夫妻俩都出去打工,把不到3岁的小孙子留给爷爷。有一次小孩子玩的时候不小心喝了农药,死掉了。以我们今天独生子女的文化看,我们会想这人还能活吗?人们如何来承受这样的苦难?当时爷爷也是不想活了。我们想想,人们是如何来劝慰老人的?(停)几乎所有的人都说,那是孩子的命,走了或许比活着好。正是依靠着这样的民间文化和信仰来渡过各式各样的苦难。中国人民真的很伟大。

但另一方面,这也成为社会如此两极分化还依然在运作的原因。从社会学的角度讲,基尼系数超过0.4就是巨大的社会不平等,这个社会一定是不稳定的,一定是充满了各种各样冲突、矛盾甚至是暴力的。但我国的数据达到了0.43,有研究表明已经达到了0.46甚至是0.5,是绝对的不平等的社会。封建的文化漠视或合法化这种分化。

想想我国社会改变的动力在哪里?随着商品经济发展,应当是会产生出一批富人、民营企业家或中产阶级精英,这些经济成为社会主流的话,是会要有一个民主政体的。但结果却是糟糕的:政治、经济和知识精英的强大联合,底层分化并没有孕育出精英分化,而是三类精英的相互转化和重合,教授转身为政府官员、政府官员转身为企业家、企业家转身为教授,三类精英的利益捆绑成共同体。对新兴的资产阶级来说,它的政治弱势和资本强势会导致"花钱"买权力,以至于腐败不绝。

我乐观地看到中国变化的一种可能性是在网络上,网络为政治动员提供了重要空间。虽然有各式各样的限制,但可能会形成压力,迫使体制改变。

问:刚才您讲到现在的国有企业用工制度有50%是劳务派遣,这在某种程度上是为了减少用工支出。那这种制度在法律层面是否合法,能不能用司法手段来维权?

佟新:《劳动合同法》规定,对季节工、短期工是可以使用劳务派遣的,劳务派遣公司应当为劳动者提供基本的劳动保障。但问题是,没有人监督劳务派遣公司,出现了劳务派遣工作的扩大化,所以不合法的用工是存在的。它需要政府部门的监管。

我们的《劳动合同法》有许多要修改的。比如,现在我国大概有3000万家政工,这些员工多数没有合同,因为《劳动合同法》不包括家政工,因为法律规定的是"用人单位",个人和家庭不是"单位",家政工与雇主的关系是劳务关系而不是劳动关系。

香港法律规定,只要给任何一个人哪怕工作一个小时也是有劳动关系的,在这1个小时里发生的任何纠纷、事故都能够找到责任人和相关法规。这是个大的问题,法律要不断修改。

问:作为一个即将毕业的大学生,我对于就业体制内和体制外的问题有些真切的感受。我觉得可能大部分大学生毕业之后都有一个问题,就是您说的进入一个中产阶级这样的生活方式也是大部分大学生所期望的生活。对消费社会,我看一个美国电影里说:"广告诱惑我们买车子、买衣服,于是拼命工作买不需要的东西,我们是被历史遗忘的一代,没有目的、没有地位、没有世界大战、没有经济大恐慌,我们拼命工作只是我们的心灵恐慌,我们恐慌只是我们的生活。我们从小看电视,相信有一天成为富翁、明星、摇滚巨星,但是我们不会,我们逐渐面对现实,所以我们非常愤怒。"老师怎样看?

佟新:谢谢。我再补充讲一点。叫"反思现代性",因为年轻一代人有反思能力。大家需要想一个问题:那就是什么是更好的生活?是不是有车、有房就是更好的生活?在消费社会的逻辑下消费是没有止境的。今天你有一居室,明天就想两居室,后天想应该有个别墅。欲望是没有止境的,而它像一个噩梦赶着我们去追求所谓更高的消费和更好的生活。

因此,我提倡树立批判意识,不断地问:那是我想要的吗?我到底要什么?会不会被这个消费社会所剥夺、控制和左右?因为它剥夺了我们其他的梦想和可能的生活。我更期待有群体性的觉悟。

今天就到这儿,谢谢大家!

苏 剑 | Su Jian

〔演讲者小传〕

苏剑,男,出生于1966年,1987年毕业于陕西工学院机械系,获工学学士学位;1995年毕业于北京大学经济学院,获经济学硕士学位;2004年毕业于美国布兰迪斯大学国际商学院,获经济学博士学位。现为北京大学经济学院经济学系副主任、副教授,北京市新世纪人文社科理论百人工程学者,北京大学外国经济学说研究中心副主任。主要研究方向为宏观经济学和中国经济。在国内外杂志上发表了多篇学术论文。

当前中国的房价问题

主持人：

各位同学，大家晚上好！非常感谢大家来到由校团委主办的系列讲座的现场，今天我们非常荣幸地请到了苏剑老师为我们作一个题为"当代中国的房价问题"的讲座。

苏剑老师是美国布兰迪斯大学国际经济学与金融学博士、北京市新世纪人文社科理论百人工程学者，也是我们北京大学经济学院经济学系副主任、北京大学外国经济学说研究中心副主任、《中国经济》杂志执行主编。

他的主要研究和教学领域为宏观经济学以及中国经济，苏老师今天将会对"中国为什么会产生高房价现象"以及"高房价现象的出路在哪里"进行详细的解答，下面让我们以热烈的掌声欢迎苏剑老师演讲。

苏剑：

谢谢大家！欢迎大家来到这个教室，今天我们讨论的问题是现在的热点问题——房价问题。

这两三年如果有什么会影响到中国经济可持续发展的话，那就是房价问题。为什么这样说呢？我们从房价波动的宏观经济背景谈起。宏观经济背景最关键的因素就是我们采取了长达30多年的出口导向型的增长方式。大家都知道，在上个世纪80年代初的时候，中国开始了改革开放的历程。对外开放从经济层面上来看，包括两方面的内容：第一方面就是用出口来带动经济的发展,这就是所谓出口导向型的增长方式;第二方面就是引进外资,引进外资大家都很清楚,这曾经是中国各个地方政府的一项非常重要的任务,也是发展本地经济最重要的手段之一。

出口导向型的增长方式对于经济来说,尤其是对于现代经济来说,促进作用确实非常大,从最近这30多年的高速增长来看,大家已经明显地感觉到了这一点。实际上中国并不是第一个采取出口导向型增长方式的国家,在中国之前还有好多国家和地区,但是这些国家和地区在使用出口导向型的增长方式二三十年之后,一般情况下都会以一场金融危机收场。所以,我刚才为什么说,如果今后几年中国经济面临什么严重问题的话,房价问题就是最重要的问题。因为当出口导向型的增长方式最终走向以金融危机收场的时候,房价扮演了非常重要的一个角色,可以说,没有房价的涨和落,就没有最后这一场金融危机。

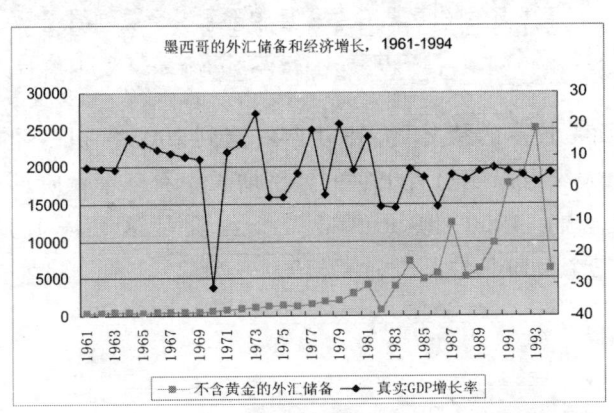

为什么出口导向型的增长方式最终会导向金融危机呢?先给大家看几个例子,这个图给出来的是墨西哥从1961年一直到1994年的经济中的两个重要的指标。一个指标是它的经济增长率,用一条蓝线表示,这要看右边轴线上的数字。红线是墨西哥不含黄金的外汇储备的总规模,这要看左边轴线上的数字。从这个图大家可以明显地看出来,墨西哥外汇储备的规模增长非常快,经济增长率刚开始的时候差不多平均在10%左右,曾经增长率也是非常高的,问题是到了1981年墨西哥经历了第一次金融危机,从此之后墨西哥的经济增长率就下了一个台阶,随后它慢慢恢复过来,增长率虽然下了一个台阶,但基本上还能维持平均4%、5%的增长,但是到了1994年又一次金融危机爆发了。

看巴西的这个图,巴西的情况,与墨西哥一模一样。

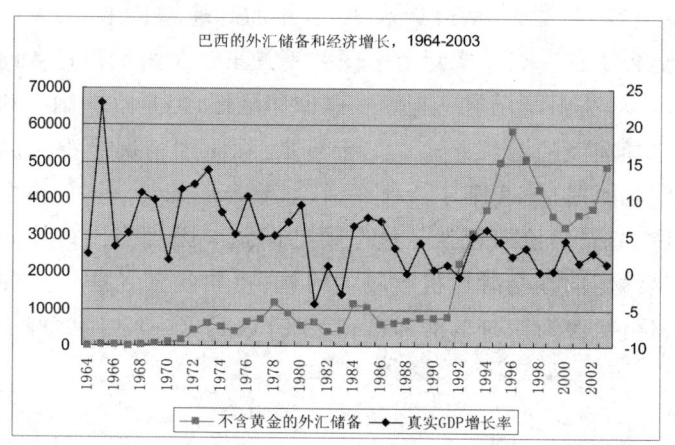

这下面是日本的情况,从1961年一直到2003年,日本的情况是非常典型的,大家可以明显看出它的经济增长率有三个台阶:第一个台阶是这一段时期(1960—1973);第二个台阶是这一段时期(1976—1991);第三个台阶是这一段时期(1991—2002)。

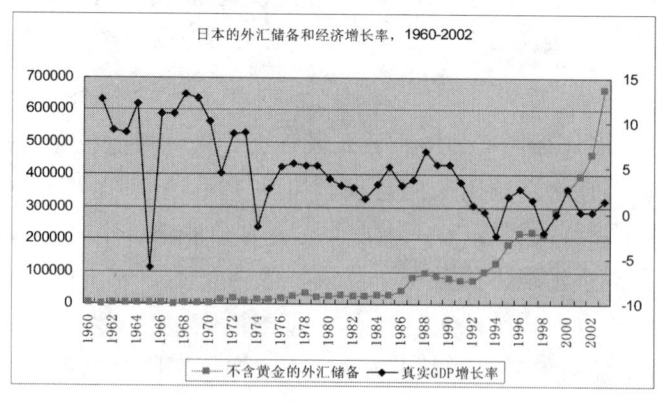

80

从上个世纪90年代初到现在长达20多年的时间里面,日本经济的平均增长率基本上是0,有的年份高一点、有的年份低一点,但是平均来说基本上是停滞状态。

为什么出口导向型增长最终会以一场金融危机收场?虽然到现在为止大家不认为日本陷入了金融危机,但实际上它的实体经济确确实实出现了长达20年的停滞。和我国香港、韩国这些经济体相比,有好多人认为它还不如经历一场金融危机呢!毕竟1997年的亚洲金融危机过后,虽然在当年那些亚洲经济体遭受了比较大幅度的经济下滑,之后几年的增长率也有所下滑,但毕竟摔了一跤之后它站起来继续往前走了,而日本虽然没摔一跤,却永远躺在那儿不动了,就是这样的情况。

原因是什么?就在于出口导向型经济最大的特点是巨额的贸易顺差,这个贸易顺差的出现就导致外汇储备的大规模增加,而外汇储备大规模增加同时伴随着的就是本国货币的大量发行。为什么呢?你想一想,如果你是一个企业家,你卖了十万美元的货给了美国人,美国人给了你十万美元的钞票,这十万美元的钞票对你来说在中国你能用来买东西、能用来给工人发工资吗?工人拿美元在中国能用吗?在中国它是不能流通的,所以你就必须把这十万美元换成人民币,当然你可以找任何一家商业银行去换,商业银行拿到这个外汇之后,对它来说基本上也没啥用,于是他就拿到中央银行,要求中央银行把这十万美元的现金兑换成人民币,这一兑换就相当于中央银行往经济中投入了等值的人民币,这就是中央银行往经济中注入货币的一种方式。

当然,中央银行往经济中注入货币的方式有好多种。无论如何,当年中国没有对外开放的时候,经济中也是有货币的,这个"货币"是怎么出来的?中央银行往经济中注入货币的方式一般情况下有两种:第一种是中央银行给商业银行发放贷款,然后商业银行把钱再贷给企业,企业再用它给工人发工资,最后到老百姓手里;第二种就是中央银行买入各种各样的资产,买什么都行。刚才我们说了,买入外汇也是一条途径,只要它买,它就是在往经济中注入货币,它可以买任何东西,黄金也罢、国库券也罢、外汇也罢,甚至哪怕他买鸡蛋也行,当然现在没有哪个中央银行真的疯狂到去买鸡蛋。道理上是一样的,只要你买东西,不管买什么东西,就是往经济中注入货币。当然我说买鸡蛋现在听起来有些荒唐,但实际上当年中国在计划经济阶段往经济中注入货币的途径之一就是买这种东西,中央银行通过买入各种农产品、工业品往经济中注入货币,当然现在肯定不会这样做了。

结果是什么呢?对于出口导向型的经济来说,一方面贸易顺差在积累,这就意味着中央银行得往经济中注入大量的货币,同时对外开放还有另外一个方面的内容,就是引进外资,引进外资的结果是外汇一样往里流。不管你用什么方式、是什么原因造成的外汇流入,最终结果只有一个,就是中央银行往经济中注入的货币规模越来越大,当然跟它相伴随的一个结果,就是中国的外汇储备的规模也在大规模增加。

现在大家都已经注意到的现象就是中国的外汇储备规模非常大,已经3.2万亿了,我来问大家一个问题,到现在这个时点上,中国人民银行往经济中投放的货币总量里面通过买入外汇投放的比例是多少?我们说过有好几条途径,这一条途径是人民币投放总量的多大比例?

台下:60%。

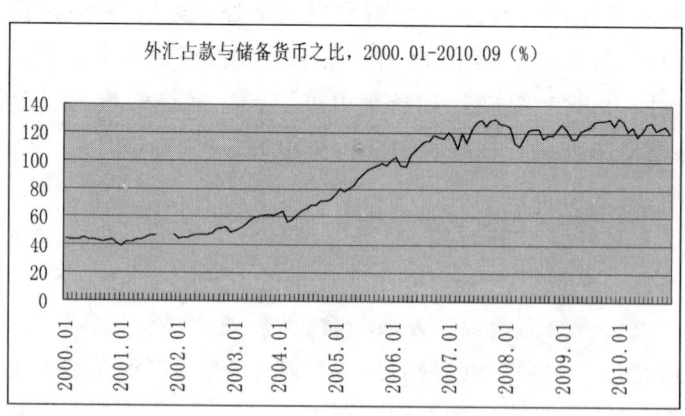

苏剑:还有没有别的猜测?你们猜不出来,你们看这张图,我国的外汇占款与基础货币之比,基础货币就是中国人民银行发行的货币,外汇占款就是中国人民银行通过买入外汇所投放的货币总量,这个比例在2000年初的时候是43%左右,在2006年初这个比例超过100%,2007年的时候最高曾经高达129%,现在这个比例大概是115%左右。这说明了什么问题?说明现在中国境内流通的所有人民币都是通过买入外汇发行出去的,不仅如此,中央银行还得通过其他途径回收因为买入外汇所投放的部分货币。现在我们就明白了,中国的货币超发是怎么来的?就是这么来的。那么大规模的外汇储备,不是老百姓无偿地交给中央银行的,中央银行要买这些外汇,它必须给老百姓等值的人民币,否则老百姓也不至于傻到白给他,对不对?

当我们看到外汇储备规模那么大的时候,我们就该想到其实经济中的货币规模也是非常大的,结果是什么呢?人民币投放量增加了,物价肯定会上涨,当然这个物价就不仅仅是日用品的价格了,所有物价都会涨。物价在上涨过程中并不是所有的物价都同时开始上涨的,也不是说所有的物价上涨幅度也都一模一样。物价上涨,在我看来分五个波:

第一个波次就是人民币要升值。为什么人民币要升值?这是一个很重要的问题,也是难度很大的问题,当然我们今天不讨论这个问题。我只给大家两个数字,我们就知道人民币该不该升值。1978年的时候中国外汇储备的规模是1.6亿美元,现在是3.2万亿美元,是那时候的2万倍,1978年的时候中国外汇储备的规模是当年GDP的百分之零点零几,现在这个比例是55%左右。大家都知道什么东西多了就该贬值,价格就会跌,现在中国的外汇供给规模这么大,你说它不贬值可能吗?它贬值相对来说就是人民币升值。

第二个波次是股票价格,人民币升值的预期大概是在2003年、2004年形成的,那时候美国、日本、欧洲都在逼人民币升值,后来人民币升值的预期形成了。2005年的7月份中国启动了汇率形成机制的改革,于是人民币就开始升值。2005年春天,上证指数最低的时候还不到1000点,到2007年10月份的时候,上证指数已经飙升到了6100多点,当时的情况是什么呢?2005年春天的时候,你只要进入中国的股市,你也不要考虑这个股票是什么股票,也不要考虑它是生产什么的,也不要考虑它的管理层素质怎么样,赢还是亏,随便抓一只股票买了放两年,到2007年10月份的时候你赚个五倍、六倍的收益没什么问题,非常正常,十倍、二十倍也不罕见,这就是当时股市的情况。

到2007年中期的时候,中央政府认识到了股市泡沫的危害和它出现的可能性,于是就开始打压,这一打压就把股市从6100点打到了最低时的1600点,现在大概是2400点左右。当然我在这里说五个波次的时候,是说它们开始上涨的时间,是按这个来分的,并不是说第一个涨完了第二个才开始,我只是说开始的时间。

第三个波次就是房价,这大家都很清楚了,从2005年到现在中国的房价上涨幅度有多大大家心里有数,当然这也是我们今天要谈的问题。

第四个波次就是普通商品的价格,普通商品的价格也就是我们经常说的CPI。它为什么会上涨?原因当然有好多个,我们这里说的货币超发是原因之一,但是为什么它是排在第四波呢?原因就在于现在中国还面临另外一个问题,就是产能过剩。也就是说,对于企业,生产出来的东西如果卖不出去或者不能全部卖出去,那么老百姓想买东西的时候你还敢涨价吗?你恨不得打折卖,所以刚开始的时候就算是货币超发,企业也不敢涨价,所以CPI上涨对于中国来说从时间上排在第四波,同时由于产能过剩的压制,它的上涨幅度也远远低于房价、股价的上涨幅度,这就是它的特征。

第五个波次是劳动力的价格,也就是工资,当然工资最近这几年上涨也比较快,这是没有办法的事情,你想一想房价涨了、日用品价格也涨了,工资不涨老百姓怎么活?所以,在一个出口导向型的经济里面,它会经历这么五波次的物价上涨,只不过一般情况下许多经济体到第三波就完蛋了,还轮不到第五波。中国已经到第五波了,说来已经不容易了。

今天我们主要说的是房价,现在中国经济中面临几个比较重要的问题:第一个是通货膨胀问题;第二个是房价问题;第三个是人民币升值的问题。你从这个角度去理解的话,往前追,追到最后都是人民币汇率问题,如果现在人民币不升值,那么贸易顺差还将继续维持下去,其结果就是中国外汇储备的规模将越来越大,货币超发现象也将越来越严重,结果就是房价的泡沫也将越来越严重,这就是现实。

所以,人民币升值到现在,不管是外国人压也罢、不压也罢,已经成为中国经济内在的需要了,只不过我一直觉得中国在汇率问题上其实是上了美国人的当。为什么说是上了美国人的当呢?人民币本身就应该升值的时候,美国偏偏就跳出来压你升值。美国人很清楚,中国人民和政府对美国有一种反感情绪,它说什么中国人就不干什么,它说什么就是对着干。就像毛主席曾经说过,"敌人反对的事是好事,不是坏事,凡是敌人反对的,我们都要赞成,凡是敌人赞成的,我们都要反对"。结果当中国需要人民币升值,以化解中国的经济风险的时候,美国人就跳出来压你升值。结果不管是中国政府还是中国的老百姓,一方面看到了升值可能对出口造成压力,另一方面也看到了当年日元升值带来的恶果,同时美国也在这里压,于是就这样顶着,死活不升值。结果从2005年到现在,中国积聚的问题越来越严重。如果2003年人民币升值的预期刚刚形成的时候,中国就开始主动升值,每年升一点,现在有这么大的问题吗?没有。

2007年的时候我曾经写过一篇文章,就是关于中国为什么会出现流动性过剩?流动性过剩是经济学界的一个术语,说白了就是货币超发。当时,关于流动性过剩,不同的人给出的原因都不一样,当时我就看了一下中国人民银行的资产负债表,就看到了这个数据,你把这个数据往这里一放,一切都明明白白。2007年的时候,通过买入外汇投放的货币已经是总的货币投放量的129%了,你想这些货币是从哪儿来的?所有的其他理由可能都起作用,但绝对不是主要理由,这就是当时流动性过剩的根源。

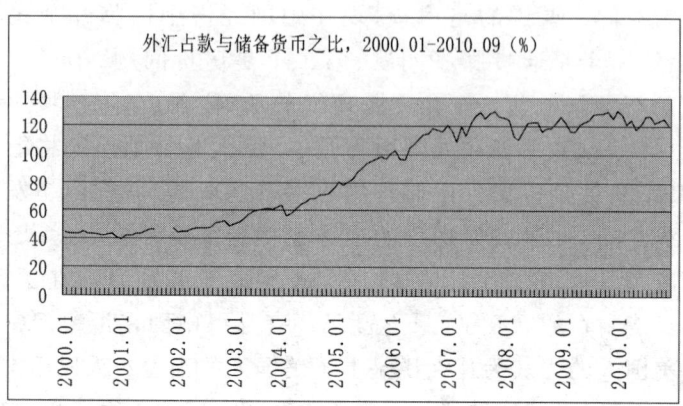

所以，当时我就写了一篇文章，其实是政策建议。我说中国流动性过剩的根源就是外汇流入过多。你要解决这个问题，包括房价的问题、包括通货膨胀的问题，你必须把这个根断了。怎么断？我提出几个政策建议：第一，人民币加速升值。第二，实行人民币管制，不要让热钱流进中国。当年我们曾经采取过外汇管制，你想买外汇没那么容易，这回我给你反过来，买外汇很容易，买人民币没那回事。第三，鼓励对外投资。当时那篇文章我刚写出来的时候，记得有的朋友笑着跟我聊天：苏剑，你是不是美国间谍啊？我说我是站在中国人的立场上说话的，我是一个中国人。至于我的意见恰好和美国人的意见一样，我认为我们的立场不一样。人家是虚则实之，我是实则实之，人家是不想让咱们升值，所以让咱们升值，我是真的想让人民币升值。

在那个时候，你要是建议人民币升值，好多人都会骂你，直到现在尤其是普通老百姓都还不理解为什么人民币必须升值。他们一听到人民币升值的建议，就自然不自然地有一种抵触情绪。

今年年初，中国人民银行的副行长易纲发表了一些言论。他谈到了外汇流入对中国货币供给量的影响，跟我2007年说的话几乎一模一样。当然你想一想，易纲在2007年就没认识到这个问题吗？他肯定认识到了。易纲非常聪明，但是他当时为什么不说呢？因为他是政府官员，他知道他也不能随便说，但是我可以说。当然我说的话不管用，而他说的话管用,所以他不能随便说,问题的区别在这里。

下一步要解决的问题就是人民币必须加速升值。结果当中国政府刚刚要加速人民币升值的时候,美国参议院突然给你来了一个法案,要逼人民币升值,于是一下子把中国人民的情绪又给挑动起来了。然后美国政府又在G20峰会上向胡锦涛总书记提出了让人民币升值的建议,结果被胡锦涛总书记坚决地拒绝了。所以到现在为止,我一直认为在汇率问题上美国人其实是醉翁之意不在酒,他是不想让你升值,所以故意让你升值。

2005年的时候是另外一回事了。今年中国政府已经做好准备让人民币加速升值了,它为什么还要推出那么一个法案?这是很明白的事情。所以,我觉得关于人民币汇率的问题,对于中国政府来说,就不要在乎美国人做了什么、是什么态度。对于我们来说,我们需要升值就升值,跟你美国没关系,那是我们自己的需要。我不升值是我自己的事,我升值也是我自己的事,你爱怎么说那是你自己的事。当然,这跟今天谈的房价问题相对来说有点远了,但是不管怎么说,在我看来房价的问题最关键的根源之一就是汇率问题。

出口导向型的增长方式最终会导致非常严重的资产价格的泡沫,其中最主要的就是房价泡沫。货币超发可能会导致股市的泡沫,也有可能导致房价的泡沫。但是对中国人来说,股市的泡沫对宏观经济影响不是很大,哪怕股市的泡沫涨得再高、跌得再惨,对宏观经济影响不大,因为它基本上局限在股市范围内,它只能影响那些炒股人的财富。但是房价不一样,房价涨上去了、跌下来了,结果影响的不仅仅是买房的人,还有银行,问题可就大了。

所以,你看世界各国往往出现问题的时候,虽然可能各种资产泡沫都有,但房地产价格的泡沫是把经济拖入金融危机最关键的那个东西。美国也是一样。美国次贷危机也是房地产市场危机,日本、我国香港、韩国也一样,最后基本上都有一个传播机制,传播的环节之一就是房价。

日本当年房价疯狂到什么程度了呢?据说在房地产价格泡沫最严

重的时候,光是日本皇宫所占的那一块地的地价就已经抵得上美国GDP的六分之一了,你想一想有多严重?

据说有人在今年的年初算过一笔账,把整个北京和上海的地价加起来就已经抵得上除了中国以外的前四位经济大国的GDP的总和了,当然这对不对我不知道,反正我没算过,这是当时网上报道了,你想想这个问题有多严重?房地产价格上去了,总有一天那些炒房的人就会发现,房价再往上涨好像不大可能了,对于这些人来说炒房就是为了投机,但是当他发现炒房无利可图的时候,他就会找其他更有利可图的东西,去卖房买别的。这一卖房,房价泡沫破灭,金融危机就爆发了。这就是出口导向型增长方式的宿命,最后都以一场金融危机收场。而且在这个过程中,房价的泡沫从形成到破灭就是一个至关重要的环节,中国现在正经历着这样一个泡沫形成和破灭的过程。

当然,如果容忍这个泡沫自然形成、自己破灭的话,中国免不了一场金融危机。好在中国政府早就认识到了这一点,最近的两三年一直在设法抑制房价的泡沫,把房价调下来。到目前为止房价据说是降了,可能也真的降了。反正对我们普通老百姓来说,看到那些报道不知道大家怎么想的,反正我是先打个问号再说。只要不是我自己亲身感受到的,我一般情况下都要打一个问号,一方面是政府有引导舆论的意图,另一方面有些记者本身经济方面的知识水平也有限,所以往往你看到的那些东西跟实际情况不一样。比如说他给你报道房价跌了,从每平方米3万块钱跌到2万块钱,你可千万不要随便信。他说的是新房的价格,结果去年的新房可能在三环,今年的新房它可能去大兴了,你说这能比吗?所以你肯定得打一个问号,先慢慢想着,弄清楚再说。

对于我来说,比较房价涨和跌最好是看二手房,不要看新房。因为新房它所处的地段不一样,它里面的设施可能不一样,它的开发商可能不一样,建筑的质量也可能不一样。你看二手房是看什么呢?你就看同一个小区、同一个户型、同样的大小、同样的朝向这样的房子,它都是可比的,你才能真正比较出来房价是涨还是跌了。所以大家看新闻报道的时候,心里一定要想清楚到底可信不可信。

房价上涨有好多方面的原因,第一个原因就是货币超发,这我们刚才已经说过了。第二个原因就是产业政策。最近这十多年,许多地方都把房地产业当做一个支柱产业,为了把它当做支柱产业,就采取了各种措施,房价就被这些政策一步步推着上涨。另外就是土地财政。我们在经济分析里面分析价格问题的时候,一般是从需求和供给两个方面来分析。需求方面我们刚才说了,因为货币超发,所以房价要涨,那土地财政为什么会影响房价上涨呢?土地财政是从供给方面来影响房价。你想一想,政府为了得到卖地的收入,必然要推高地价,要推高地价必须要推高房价,否则就无法实现自己的利益最大化,所以就从供给方面推动了房价的上涨。第三个原因是住房本身作为商品的特点。住房是必需品,也是奢侈品,什么意思呢?每一个人都得有地方住,至少每一个人都得有一个小窝,所以房子是必需品;但大房子是大家的梦想,所以它是奢侈品。因此住房既是必需品,也是奢侈品。像黄金、珠宝这些东西都是奢侈品,但它不是必需品。奢侈品是什么意思呢?就是说这个东西有也罢,没有也罢,不影响你的生活。但是房子不行,你没有房子住生活质量马上就下降了,甚至你能不能活得下去都是个问题。毕竟这个世界上并不是所有人都希望当流浪汉、都希望每天晚上睡大街,所以住房是必需品。同时它也是奢侈品,随着你收入的增加,你对住房的需求也就越来越多。

住房既是一种生活必需品、消费品,同时它也是一种资产。资产是个什么东西呢?其实在经济学里到现在为止对资产都没有统一的定义。在我看来,什么是资产?资产就是能够把你的财富带到未来去的任何东西。比如房子,很显然你现在买了房子,你的财富就可以一直给你带到20年甚至30年之后,那个时候你需要钱的时候把它卖掉。当然,鸡蛋也是一种商品,鸡蛋是不是资产?你要说它是资产也没错,至少它可以把你的财富带上两三个月,也就是说,任何一种资产它都有一个存续期限,有的存续期限长一点,有的存续期限短一点。所以严格来说,任何一种商品都可以做资产来用,只不过是期限长短而已。不过住房它可以作为一个长期资产,它可以持有一天、两天,但是一般情况不大可能一天、两天，它可以持有几个月、也可以持有几十年，它是这种资产。

它既然是一种资产，就可以利用来投资，也可以利用来投机。结果作为一种资产它要是被炒起来的话，价格可能炒得很高。作为存续期限特别短的那些商品，比如说鸡蛋、最近这几年价格被人炒得非常高的大蒜、生姜这些东西，这些东西"炒"的话不可持续。为什么不可持续呢？它容易变坏，你存放不了多久，总有一天你得把它扔掉。而且这个东西的生产周期比较短，你今天的价格炒高了，下一个季度没准农民就大面积地生产，结果再下一个季度价格就会掉下来。如果他炒这些东西的话，一般情况下不太能够持续，炒一段它就该回落了。

但是住房不一样，它是一个长期的资产。房价可以被炒得不断地往上涨，就跟最近这几年的房价一样，而且它偏偏是一个必需品，你没有还不行。你比较一下黄金和房子，黄金现在的价格大概是1700美元一盎司，你把它炒到17000美元一盎司的话，对我们普通老百姓的生活有影响吗？它贵了我不要不就完了吗，又不会死人。只要鸡蛋的价格还正常、猪肉的价格还正常、面粉的价格还正常就没事。关键是房子的价格被炒得老高的时候就麻烦了，你得有地方住，这是必需品。你可以租房子，但是当房价被炒得很高的时候，房租也开始涨了，这两块的走向差不多是一致的。如果有朝一日这两个的走向不一致，也就意味着房地产价格的泡沫该破了。

最近这一段时期中国的房价开始猛涨时，房租也开始上涨了。刚开始的时候房租涨得比较慢一点，这两三年房租开始也涨得很凶了。原因很简单，对于出租房屋的那些房主来说，当初买房子的时候可以便宜一点，现在在买房子贵了，他得把月供收回来，结果他只好提高房租。

下面我们来谈一下第三个问题：房价上涨的危害。第一，它改变了收入分配的格局。什么意思呢？比如说你和他每人手中有30万元人民币的财富，刚开始你们两个财富分配是平均的，结果有一天你突然高兴了，买了一套房子，他却把钱存到银行里面。结果两年以后你的财富已经价值100万了，他的财富只是31万，于是你们的财富分配的差距马上就拉大。也就是说房价上涨的过程,同时也是一个财富再分配的过程。而在财富再分配的过程中,起作用的往往不是人们的辛勤劳动,而是投机。

第二是它扭曲了激励结构。你想一想,当你预期到你这辈子通过劳动收入都赚不到一套房子的时候,你会怎么想?一个正常的想法就是自己也得想办法投机,需要买房子或者买股票。于是大家的想法、思想、精力和时间都投放到了如何投机取巧,而不再是如何努力地劳动,如何努力地搞各种发明创造。于是整个经济的激励结构也扭曲了,经济增长自然会受到限制。

第三是它导致了剥削行为。说实在的,在我们当年学习政治经济学的时候,提到"剥削"的时候,真的没概念。人家给我们介绍"剥削",我们就说"剥削"是什么样,还真不懂什么叫剥削。现在你看到这个现象你就知道什么叫剥削了。房价上涨了,有产者剥削无产者。有房子的人财富一个劲地往上涨,没房子的人最后就变得越来越贫穷,相对贫困就出现了。所以就是有产者剥削无产者,老年人剥削年轻人。因为老年人一般情况下是有产者,年轻人一般情况下刚开始进入劳动力市场的时候,还没有钱。

假定有两个人,一个人今年努力工作了一年,大概创造了价格10万块钱的财富,人家也给他10万块钱的报酬。另外一个人他什么也没干,房价涨了10万,因此他的收入是10万,你的收入也是10万。但是整个经济中创造出来的产品只有价值10万元,于是他什么也没干,就从你的手里分走了你的劳动产品的一半,你说这是不是剥削?这是房价上涨的危害、高房价的危害。房价如果太高,会造成什么危害?首先是影响社会和谐。在任何一个经济中都应该有一个合理的、正常的、人口垂直流动的机制。人口垂直流动是什么意思?就是人们的社会地位和经济地位的变化。任何一个社会都该有这么一个机制,对于一个人来说,人往高处走,水往低处流很正常,人们都希望自己的社会地位和经济地位能够得到提高。因此任何一个社会就该让一个人能够通过自己的劳动、自己的努力,用一种合法的途径实现自己的社会地位和经济地位的提高。如果没有这样一条途径，就会出现各种社会问题。试想一下孙悟空的故事。孙悟空是个草根精英，但是他却没有一个能够施展自己才华的机遇，同时他的社会地位也无法通过自己正常的途径来提高，结果后来他就大闹天宫了，闹完之后他的要求是什么？他的要求就是承认他的名号"齐天大圣"，我就要一个和你老天爷平起平坐的社会地位。当然这是神话故事，但是说的道理却是相通的。

再想一想现在中东和北非的情况。事情已经出现一年多了。出现这样的事情，原因是什么？就是突尼斯的一个大学毕业生毕业了没工作，还有一个妹妹要养活，于是就在街上摆了一个水果摊卖水果，结果有一天他的水果摊还让城管给掀翻了，于是受不了自焚了。这一自焚不仅点燃了自己，也把整个中东和北非都给点燃了。先是突尼斯完蛋，然后一直传播，到现在传播到叙利亚来了。卡扎菲刚刚被打死，另外一个领导人，也是中东和北非的一个强势领导人被关在笼子里面受审。为什么？因为那里的年轻人已经绝望了。你看人家美国，虽然说这句话的时候，总免不了有崇洋媚外之嫌，但是你看一看，你就发现人家那个国家真的是有一个很好的机制，最明显的例子就是奥巴马。奥巴马出生的时候大概就是上个世纪的50年代或者60年代，那个时候美国社会对黑人还非常歧视，所以说奥巴马在当时的美国是草根中的草根，他比普通的贫穷的白人家庭的孩子社会地位还要低、经济地位还要低。人家就通过自己的努力当上美国总统了，这样的途径我们有吗？所以现在人口的垂直流动是非常重要的问题。以前中国在人口的垂直流动方面限制非常大，那些事情当然和我们今天的讲座没关系，我们就不说了，我们就说高房价。

高房价实际上巩固了现有社会地位和经济地位高的人的地位。要想达到这个地位，你这辈子都别想了。现在北京的房价高到什么程度？北大周边的房价一平方米3万—4万，就按3.5万来算，你要想买一套100平方米的房子需要350万元。假定你一个月的收入平均是1万块钱，你不吃不喝正好需要工作30年，30年差不多就是一个人的工作寿命，你想想一个人一辈子能工作多少年？也就是30年，从你20岁开始工作,到60岁退休是40年。如果你上完博士,30岁开始到退休正好30年。而1万块钱的收入现在在北京不算低,北京2010年的城镇居民家庭的人均可支配收入是29000块钱,如果是三口之家的话大概是不到9万。如果你一个月能赚1万块钱,那在北京已经算是高收入家庭了。就这样的家庭不吃不喝干上30年就混了一套房子,那么你说让其他人怎么办？一个月还赚不到1万块钱的人怎么办？

现在的大学生一毕业就面临着高房价这样一个非常高的门槛,这个门槛可能就会让他们多奋斗好几年甚至十几年。所以它就阻碍了人口的垂直流动,导致了一个社会阶层的固化。这是一个非常严重的问题,弄不好就是一场社会危机。

它的第二个危害就是失去梦想的一代,当你发觉自己再怎么努力也没用的时候,干脆不努力了,玩去了。反正就这样了,反正房子也买不起了,干脆不考虑买房了,于是也不用努力了,结果梦想就失去了。

最后一个问题,我们来谈一下如何调控房价,首先我来对目前的房地产调控政策做一个简单的评价。

第一个政策是提高首付。能抑制房价吗？理论上来说是可以的,但是我不赞成这个政策。为什么？因为这个政策它是属于一刀切的工具,往往伤害最深的恰恰是那些最需要房子的人。像一个穷人好不容易攒够首付了,能买房子了,但是人家突然把首付提高了,于是就买不了了。对那些富人,你首付要求20%的时候,人家本来就打算用50%的首付来买房子的,你提高到40%对人家没影响,所以说打击的往往是那些最需要房子的穷人。

因此第二个政策——提高利息也是一样,虽然房价可能被降下来了,但是你的月供却提高了,实际上来说你付的总额支出并不一定减少了多少。

第三个是限购。限购能不能抑制房价？限购这个政策要是用到极端的话,当然能够抑制房价,而且效果非常好,只不过这个政策受到的批评也很多。主要是人们都认为这不是一个符合市场经济原则的手段,但是对我来说我认为这个政策是可以采取的,尤其是对哪些人限购。对一些外地的人到本地来买房子要限购,为什么呢?比如说某个地方的煤老板到北京来买房子,你说该不该让他买?这么多人都到北京来买房子,北京的房价炒得老高,结果北京人都活不下去了,而他们都活得挺滋润。他们对北京的经济有贡献吗?他们为北京政府交过一分钱的税吗?没有,但是他们却把北京的房价炒高了,让那些为北京经济做出过贡献的人买不起房子,生活质量下降。应该对哪些人限制呢?就是这些人,不让他们买。对于那些真正为北京经济做出过贡献的人,当然人家有资格买房子,所以北京市这方面的限制我觉得是有道理的。每家只能买两套房子的限制,我觉得也不是没有道理。一套房子你可以作为自己住,一套房子可以作为投资,也可以理解。当然这样的限购政策其实也是为了保护现在的既得利益者。已经有好多套房子的人难道你要逼着他去把房子卖掉?不可能的事情,所以他就限制新购住房。

第四个是增加保障房的供应,这肯定也有效,但是这个东西一时半会儿用不上。因为保障房从开始设计一直到生产出来推向市场没有个一两年就不行,而且量要大到一定的程度才会起作用。

第五个是物业税。物业税在上海和重庆已经推出了,当然推出的好像适用范围也不是很大。但是物业税对抑制房价有没有用?有的人说它是抬高房价的,有的人说它是抑制房价的。为什么说它抬高房价呢?他们说你征物业税,于是那些人卖房子的时候或者买房子的时候就要求把税加进去,房价就要涨了。有人说有物业税了,以前你买了房子放在这,没有什么费用,大不了交一点物业管理费,现在要交房产税、物业税了,于是他就不买房子了。于是需求下降,结果房价可能会跌下来。那么到底房价是涨还是跌呢?我感觉还是跌的可能性更大一点。现在大家都在讨论这个问题,我还是建议物业税应该在全国范围内推开,为什么呢?原因待一会儿说。

关于调控房价,我的政策建议是:第一是紧缩货币。刚才我们说了,中国的所有物价上涨问题,包括房价和日用品价格上涨,根源都在于货币超发。要紧缩货币,政策还是我以前提出的三个政策建议:一是加速人民币升值;二是阻止热钱流入,实行人民币管制;三是鼓励对外投资。鼓励对外投资的意思就是外汇流到中国来了,你想办法再把它投到外国去就没事了。当然现在有好多人提出了另外一条思路,就是人民币国际化。人民币国际化是什么意思呢?中国境内人民币不是投放太多吗?我们把它用到外国去,那在中国境内流通的人民币不就少了吗?这个政策建议从理论上来说也是可以采取的,效果应该也是有的,但问题在于人民币国际化它需要一个长期的过程,不是一时半会儿就能实现的。人民币国际化这不仅仅是一个经济问题,它更重要的是一个国际政治问题,没那么简单,所以不要指望在短期内它能起作用,它起不了作用。过上个十年、二十年人民币国际化可能能有一点进展,一两年之内你想都别想。

第二是打击投机,思路就是去除房地产的投机功能,仅保留居住和投资功能——房子不就是用来住的嘛?!当然作为一个劳动者或者作为任何一个人,总有老的一天。所以你希望在你挣钱的时候能够把自己的财富带到未来去,等你退休了再用,这很正常。但是你希望把你的财富带到未来去,你希望的当然不是等到了未来你的资产贬值,你希望的是它升值,至少不贬值,所以到你老的时候,你还会有一个可靠的财源来为你养老,这很正常。

所以房价涨本身我觉得没有问题,关键是你不要涨得太多,你涨得太多就意味着资产性收入和劳动性收入之间的比价不合理了。所以房价应该涨,但同时它不应该涨得过快。

在这里,我说打击投机就是把房地产的投机功能拿掉,投机功能是什么呢?就是"炒",等房价涨了把它卖掉,买了再卖赚钱。投资功能是什么呢?就是像我刚才说的,你年轻的时候买了一套房子,拿到手里20年,等到你老了你可以把它卖掉,作为你退休以后的生活费用,持有房子20年这就是一种投资。投机往往是短期行为,而投资是长期行为,所以我的政策建议就是向韩国和香港特别行政区学习。韩国曾经采取过这样的政策,它不仅征收了房地产的利得税——就是你炒房地产赚了钱,你赚的那一部分该按正常的法律交个人所得税,除此之外还有一个法律规定,比如说在五年之内如果你卖房子的话,要再加征一定比例的所得税。

香港现在就已经采取了这样的政策。前几天我跟香港的一个法律班的人讲课,就谈到了房价的问题,他们说香港现在的房价也涨得非常厉害,香港现在出台了一个政策就是征收房地产交易的特别印花税。这个政策是这样的:如果你买了房子以后,两年以内卖出去的话,加征15%的利得税,也就是特别印花税。通过这个手段就是要把你炒房的收益全部或部分拿掉,让你最后发觉炒房不值得,于是这个房子最终就只剩下了两个功能:第一个是居住,第二个是投资。如果你拥有这个房子两年以上,那就无所谓了,你就被认定是投资行为了,就不征收那15%的特别印花税了。但在内地你可不要考虑两年——我觉得在内地你要采取这样的政策的话,应该规定两年以内你的利得税征收的比例(比香港)更高,比如说百分之五六十;两年到五年给你降低一个档次,比如说征收百分之三四十;十年以后就不征了。我觉得应该采取这样的政策。

还有一个配套的措施就是征收物业税。征收物业税是什么意思呢?也就是说,利得税和像香港那样的特别印花税是抑制炒房的,但总有一些人想投资买房——把买房作为一种投资。征收物业税就是逼着这些人拥有了房子之后必须把它租出去,这样就会降低房租、抑制房租。如果你不征收物业税,那么他买了房子以后,他就放在那里,他也不往外出租,然后他就等着20年以后升值,卖出去就完了。所以征收物业税就是把住房逼到租房市场上去,消灭空置房,抑制房租。这样通过利得税和特别印花税抑制投机取巧,把房价降下来;然后通过物业税把房租也降下来。

第三是抑制土地财政,这就要进行税收体制改革。在现行的中国政治体制下,地方政府总希望自己有一定的税收来源,以发展经济,因为地方政府被赋予了发展经济的任务,而像美国这样的地方政府它没有发展经济的任务,所以它就没有这个冲动。中国的地方政府必须发展经济,地方政府官员绩效考评的重要指标之一就是经济增长情况,所以他们就需要财源。这样的话就需要进行税收体制改革,物业税和房地产的利得税对于地方政府来说是替代土地财政收入的一条途径。

实际上在国外,尤其在美国,那些地方政府的主要财源就是物业税。

第二个可能是土地的产权也需要明晰化,尤其是现在农村的土地。按照中国宪法的规定,农村的土地属农民集体所有。虽然宪法这样规定着,但是一旦土地真的值钱了的话,你就会发现它和农民没关系了——地方政府通过种种手段会把它先变成国有土地,然后自己成为所有者把它卖出去赚钱。

目前由于土地是集体所有的,所以往往村民是做不了主的,而那些村长就直接做主了,结果农民的权益就得不到保障。所以,我觉得土地就应该私有化,让土地升值的收益该是谁的就是谁的,你想一想中国政府从农民那里征税多少年了?等终于有一天发现农民的某一些财产还值点钱的时候,突然发现那也不是农民的了,那也是政府的了,你想这公平不公平?是农民的财产你就要给人家,所以我觉得土地应该尽快地私有化。

第三个是要消除地方政府对土地的双重垄断。实际上,在土地市场方面现在政府就是统购统销。那土地财政收入是怎么来的呢——一方面低价从农民手里买地,然后再高价卖给开发商。这一部分收入本来是农民的,地方政府就通过统购的手段硬把农民的收入给拿走。你想一想如果说没有中国的地方政府插一杠子,让开发商和农民直接谈的话,可能就没有这一部分收入了,开发商购买地的成本可能不一定就那么高,房价也不会涨得那么凶。所以就要消除地方政府对土地的双重垄断,土地私有化也是主要措施之一。

我就讲这么多,大家如果有问题的话我们可以一起交流。

现场答问

主持人:非常感谢苏老师精彩的演讲!刚才他帮我们分析了一下

房价上涨的原因以及解决的措施,下面是提问环节。

提问:您预测一下中国房价最近几年的走势,尤其是北京这边的限购政策还会执行多久?

苏剑:首先,今后这一两年我觉得房价会跌,因为温总理马上就要退下来了。在温总理任职的差不多十年期间,到目前最失败的一个领域就是房价调控——在前几年他每一次都说要抑制房价,结果都是房价快速上涨。那么你想一想在温总理卸任前的这一段时期,是不是该把这一笔写好?所以我觉得从这个意义上说,这一两年房价肯定要降下来,降不下来温总理在他任职的这两届期间就没有一个很好的收官之作。

提问:苏教授,你好!你谈得很精彩!现在100万在北京是买不了房子的,但是到美国纽约可以买房子。纽约开车一个小时往新泽西走,再另外花几万块钱就可以买房子,加起来也就是100万,200万是绝对达不到的。这样的话我们就可以移民到美国去买房子,这样就可以把问题更好地解决。

苏剑:这是一条思路。实际上我们也鼓励对外投资。对外投资往往不仅仅指的是去办实业、开工厂,只要是持有国外的资产都算是对外投资——买房子也一样、买股票也一样、买债券也是。当然,我们一般情况下所说的对外投资指的是对外直接投资,就是指买矿山、办企业这些东西。你说得有道理。

提问:那我可以去买吗?

苏剑:这我绝对批准(笑)。

提问:苏老师,你好!我想问两个问题:你刚刚提到问题的根源是贸易顺差,你提出的解决方案是让人民币升值,但是让人民币升值是解决贸易顺差的唯一方法吗?比如说能不能通过提高国内劳动力价格去增加成本,然后去减少贸易顺差?

第二个问题：您刚刚说到为北京经济做贡献的人应该有权利拥有北京的房子，您认为为北京经济做贡献和有北京户口这两点是否有区别？如果有区别的话，那么现有的政策是否能实现这种区别？

苏剑：我说到为北京经济做贡献的时候，其实就已经把北京户口放到一边了。其实有好多人没有北京户口，但是对北京经济做的贡献也很大，所以我觉得他们应该有资格买房子。

第一个问题理论上可以，但是为什么我不喜欢通过国内涨价呢？因为国内的涨价往往是不平衡的。一方面各种物价上涨的幅度不一样、开始的时间也不一样，这是第一个不平衡；第二个不平衡就是各种商品或者资产在人与人之间的分布不平衡。结果它就会导致整个国内财富分配格局的全面变化，这个变化很快，所以我认为不应该让国内的物价调节来适应它，而是直接从源头就给它卡断，不要影响国内的相对价格体系，这是我的目标。

现在中国面临的问题是什么呢？人民币要么对外升值、要么对内贬值，这两者你必须选择。当然你也可以选择二者之间的一个组合——升值一部分、贬值一部分，都可以，但是你必须这样做，跑不了。

提问：三个月之前我对您的观点还是比较赞同的，但是很遗憾现在我发现您的观点有很大的问题。

您每天是在您的办公室工作吗？比如说您去过超市吗？因为我中学也是在中关村就读的，所以我一直以为全北京应该都像中关村这样，而直到我读了研究生，我去了玉泉路之后才了解到这并不是一个真实的北京。您知道北京的房租的价格吗？北京的房租实际上非常的便宜：在石景山的万达广场，周围大概3500块钱可以租一套八九十平的房子。我想表达的观点是什么呢？大部分的写字楼都是大量的空置，比如说石景山的万达广场，大部分的写字楼都几乎没有公司介入，而且好多的写字楼都是贴着一副春联，底下铺着地毯，放一双鞋，当成住宅在使用。

而且还有几个重要的观点——您了解去年北京土地出让的面积大

概是多少？您都是从宏观经济去讨论房价的。大白菜的价格现在跌到一两分块钱,这是不是由于供需的关系引起的？

苏剑：这就是我刚才说的,农产品的供给量是很容易调节的。

提问：你要知道2009年我们卖了多少地、2008年我们卖了多少地。

苏剑：房价现在是全局性的问题,不管你卖多少地,全国的房价都在涨,哪怕小县城的房价都在涨。

提问：现在的空置率非常高,我们太多的土地已经盖成了房子,包括有的媒体说北京的房子现在可以消化十年。

苏剑：那是媒体说的,都是假的,你知道为什么我不信吗？因为那些人不会算账,经济账你算的时候不能光是在现有价格下算账,你要考虑价格是在波动的,住宅价格也是一样。住宅价格波动的时候它的消化速度是不一样的,在现在的价格下一个人可能卖出了20套,价格降低10%之后没准一个人就卖了100套了。没那回事,价格一调整,马上消化速度就不一样了,报纸上那些人报道的就是这样算账的。

提问：他们是按照2010年的销售速度来计算的,不是按照2011年的销售计算的,您有没有关注过房地产企业的一些报道？包括恒大这个企业,它按照2010年的土地储备除以2010年的土地销售大概是12.7。

苏剑：你觉得房价为什么这么高？

提问：房价高是因为炒作,我个人认为是货币因素造成的。

苏剑：我说的也是这个意思。货币因素是它上涨的原因,但是等到它下跌的时候（就不是了）。比如说大白菜的炒作是货币因素,但它真正下跌是在供给量达到一定程度的时候。一个大企业它的土地储备除以它的销售面积竟然达到12年。目前中国房地产的负债率非常高,而且这个负债率是以你目前购买时候的土地作为你的资产,以目前房价的房子来计算你的负债率,而当房价稍微下跌一部分,比如说急速下降10%,你的负债率就会上涨10%。

提问：苏老师,我问一个问题。刚刚您讲到出口型导向的经济就会产生外汇储备的增加、货币超发以及物价上涨。这个关系如果要是这么想是没有问题的,但是出口型的经济导向一定会导致这种问题吗?

苏剑:一般情况下都是。我是看了一些出口导向型国家的经济史,基本上都是这样的,除非它走走就失败了,那是另外一回事。也就是说出口导向型战略作为一个落后国家快速发展的战略确实非常有效。所以我们国家最近这30年高速发展,我是非常欣赏出口导向型战略,但是这个战略长期采取的话,确实会有严重的影响,所以这需要我们及时地调节发展方式,把这个问题避免掉。

提问:比如说,你积累了很多外汇,我们每人发一万美元好了,马上就没了。

苏剑:那不行,为什么不行呢?发外汇相当于发人民币。

提问:可以发美元,不发人民币。

苏剑:我把美元给你,你拿美元干吗?

提问:去美国玩一圈。

苏剑:你去美国了,并不是所有人都会去美国,多数人还是在中国待着,拿着美元干吗呢?又换成人民币了,又跑到中央银行手里去了,因此相当于又发了一批人民币。

提问:我不换人民币。

苏剑:你不换也可以,你不换的结果就是人民币升得一塌糊涂,美元贬得一塌糊涂,就是这么简单。

提问:但是国内的货币没有超发。

苏剑:货币是没超发,你不就是不想让人民币升值太快吗?你不换了,那人民币不就升值得一塌糊涂?那不就有违你的初衷吗?

提问:苏教授,您好!刚才您的政策建议很精彩,特别是有针对性地限制投机这种行为。但是我有一个好奇:政策建议需要变成政策,然后再达到落实才能产生效果,那您现在这些从建议到落实之间的通道是不是畅通?如果不畅通的话,您再做哪些努力能使它真正影响这个市场?

苏剑:谢谢你对我如此大的期望,实际上这些政策我们作为学者只能说一说,人家采取不采取我们真的不知道。但是我觉得说也许真有效果,你不说肯定没效果。比如说今年的正月初二我写过一篇文章,就是《中国的房价为什么越调越涨》。在那文章里面我就说了中国房价越调越涨的原因:第一个就是货币超发;第二个是土地财政;第三个根源还在中央政府自己,就是调控当局自己,因为调控当局当时设定的目标是抑制房价的过快增长,你这个目标就错了。你想一想,抑制房价的过快增长,意思只不过是房价增长太快,而不是房价增长了,你只要让房价的增长速度降下来就行了,这是当时政府的目标。所以政府的目标其实就是越调越涨,只不过你希望的是越调越小涨。但问题是房价本身是老百姓和调控当局之间的一个博弈,你希望越调越小涨,但是老百姓一想:"房价不是还要涨吗?既然要涨,那我还不赶紧买房子?"于是就抢购,这一抢购房价就快涨了。就算它以抑制房价过快增长为目标,最终实现的还是房价过快增长,也就是说它的政策目标根本就实现不了。最后那篇文章就写出来了,我放在我的博客上了,被搜狐推到了首页,点击量达到15万次左右。

结果我发现很碰巧,以这个时间为分界点,此前政府的操控目标是抑制房价的过快增长,此后就慢慢不提了,然后先是变成稳定房价,现在变成降低房价。所以我觉得那篇文章可能真的有点作用。

所以我们还是要说,至于人家是不是采取,那真的不是我们这些人管得了的事。

提问:苏老师,您好!我有两个问题:第一个问题——我们现在建廉租房或者是比较便宜的房子,这样的话存在一个问题:建的地段或者面对的对象有没有可能像美国那样,建成一种黑人聚集区或者贫民窟?会不会导致这种隐患?

第二个问题就是我们把卖地的权力从地方政府那边收回,地方政府肯定不愿意——如果它把卖地变成收税,这样的话赚钱的手段就隔了很大一层,它的很大一块蛋糕就被中央政府或者其他部门拿走了,它肯定会心不甘的。所以地方政府和中央政府这种博弈您会怎么看？到底中央政府能不能真正把这个权利收过来？

苏剑：中央政府和地方政府之间的博弈这是很复杂的问题，我觉得这个问题我解决不了。

第一个问题是关于廉租房和保障房的。有的时候有的话说得非常难听，但是道理是对的。我记得茅于轼曾经说过一句话："保障房、廉租房里面就不该建厕所。"他提过这样的政策建议，在网上被人骂得一塌糊涂。其实他这个建议我也不赞同，但是我认为他的思路是对的，为什么呢？像这些保障房就不能建得太好，建得太好了就到不了那些目标人群手里了，早让人瓜分完了。比如说一个保障房也建成100多平方米，里面什么设施都好好的，社区环境也非常好，你想能给那些需要保障的人吗？他拿不到手——中国这样的人情社会、到处弄虚作假的社会，房子能到那些人手里吗？你需要什么条件那些富人都能做出来、那些当权的人都能给你做出来，最终到那些人手里了，到不了需要它的人手里。所以说你这个保障房要建，建到什么程度呢？只有让这些人觉得不值得花这个心思去要它，才能最终落到一些目标人群的手里。所以保障房就不能建得太好，面积不能太大，周围的设施也不能太好。

当然这些话很难听，那些需要保障的人就不该享受高质量的生活吗？我也觉得大家都该享受，但是你要看到在中国目前的社会环境和政治环境下你能不能实现这个目标？实现不了。

也不一定保障房最终真的会变成贫民窟。我的意思是说你的房子面积不一定很大，小到那些有权有势的人不愿意要的地步；但是社区环境可以好一点，给孩子的教育环境也可以好一点。

提问：我有一个问题，刚才说温总理届满之前一定要把房价打压下去，但是另外有一个问题，就是说2008年的时候中央搞了4万亿的投资，然后地方政府马上又配套，可能达到10万亿。比如说北京拿了1000多亿去做土地储备，这些钱大部分是从银行贷款或者是以地方的平台来融资，依靠未来的土地收入。现在这种限购的情况下，现在北京的地很难卖出去,这样的话地方政府每天产生的利息就很大,这样的话各个地方政府已经很难支撑下去,这种情况下是不是一个矛盾呢?

苏剑:是的,所以说最近这段时间中央政府不是批准几个地方政府发行债券了吗?像上海、浙江被批准发行地方债券,这的确是一个问题,它们需要一个新的税收来源,所以我是建议征收物业税的。土地财政那是不可持续的,总有一天会被用完的,但是物业税它是源源不竭的,就是今天房子在这里,明天房子还在这里,只要你有房子,每年都得交,不像土地财政地卖完了就没了。所以我觉得物业税的征收那是迟早的事情,地方政府需要这笔钱。我曾经简单地算过一笔账,就是北京的物业税如果征收的话,对于北京市政府来说如果按照1%的比例征税,每年就可以征收大概3000亿元以上的收入,和现在的卖地收入相比虽然不够,但是也相当于很大一部分了,是一个弥补。

提问:我对私有化有一个疑问,因为我是农村来的,所以就特别了解:如果说有一天把农村的土地归个人所有的时候,农村人也是有投资欲望的,而不是说没有投资欲望;他是没有条件,不像城市我可以挣一点钱然后去投资,在农村农民保障生活最基本的就是土地。如果有一天土地私有化了,那么可能出现另外一个状况——有一些人去农村投资农村的土地,因为他也是有利益可图的,因为农村还是拥有着广大的土地面积的。但是存在着一个问题,如果农村的土地被用于商业化以后,或者是走进房地产市场、或者是别的一些商业化土地市场的时候,那么用什么来保证人们的粮食?这是一个很重要的问题,因为粮食我们每天都在吃,土地私有化以后会不会影响到我们的粮食生产?

苏剑:这个问题提得很好,其实中国政府早就考虑到这一点了。土地要改变用途在中国是非常难的,必须经过政府批准,这个管制我觉得不应该因为私有化就放松。私有化不是说你想干什么就干什么,你是农地还是农地,是建设用地还是建设用地,你要想改变用途还需要政府批准,政府对土地市场的管制还是需要的。

提问：我是学法律的。今年《婚姻法》提出了一个引起争议的问题，就是买房的问题——结婚的双方如果是父母一方在你们结婚之前买房的话，最后女方不拥有这个房子。当时引起了广大的社会争议，但是大家也看到了一个好的地方，即希望通过这种方式扭转观念——大家不要为了结婚然后一定要去买一套房子去刺激房市，另外大家也不要过分地在乎钱的事情，这是想要调整观念的问题。从法律的导向来说，政府是希望通过法律来调整人们对消费的影响，尤其是这种家庭关系中对一些消费的影响。你认为我们的法律跟我们经济之间搭建联系的过程为什么会有那么长的距离？因为房市不是头一年在涨，但是对于观念的调节是一个很长的过程。

苏剑：法律从来都是滞后的，只有出了事才会有法律，不出事的时候什么事都没有，也就是没有法律的出现。其实，我觉得在关于《婚姻法》的解释之后，中国还应当出台另外一个法律，就是《反性别歧视法》，尤其是就业市场上。以前的婚姻之所以有这样一个安排，就是妇女往往在就业市场上是受歧视的，所以在这方面她能够得到一些补偿——就是她在家务劳动方面付出的多一些，她可以得到一点补偿。现在你把这一点补偿拿掉了，那么下一步我觉得应当在就业市场上消除歧视，让夫妻具有更平等的地位。尤其像现在找工作的时候，那些招聘单位一个个明目张胆地不要女生，写得明明白白，这要是放在美国的话，马上拿出《反歧视法》，你赔款吧！在中国就没有这回事，所以我觉得应该再出台这样一个法律。

提问：苏老师，我想问一下关于目前中国福利房回潮的问题，像北大、清华的教师买房学校就给了大量的补贴。现在很多人都报考公务员或者进政府单位，回归体制内，很大的原因也都是因为住房，如果你在体制内有比较好的位置的话，在买房的问题上有很大的特权。这对于未来整个社会住房的市场有多大的影响？一个房子卖给不同的人是不同的价格。

苏剑：我理解你的意思，我也觉得这个不好，我觉得住房就应该货

105

币化,不应该是不同的人面对不同的房价。福利房虽然说对本单位的职工价格可能会低一点,但是在本单位内部也会造成不公,因为并不是所有的人都能够分到房子,最后分房子往往不一定是按他的真实贡献来分的。比如说一个单位分房子的时候,他可能正好有这一批房子,结果有一个年轻人刚刚毕业就进去了,于是他白得一套房子。如果按短期收入算的话,没准这一年按市场价格房子就上百万了,所以这是很不公平的一件事情,所以我觉得住房还是要货币化。

但是现在的福利分房回潮我觉得可以理解——房价太高了,单位留不住人了。前一段时间出现了逃离"北上广"的现象——房价太高了,那帮人都待不住了。当然逃回去之后他们又逃回来了,因为那边的工作环境更难受。高房价造成的社会问题太多,所以我觉得最好的办法还是把房价打下来。

刚才有一个同学提出了一个问题就是能不能通过提高工资解决这个问题?对我们发展经济来说,提高工资那是我们发展经济的目标之一,我们不就是为了提高大家的生活水平吗?要不然发展经济干吗?因此提高工资是发展经济的应有之意,但是怎么提高?应该是因为劳动生产率的提高而提高工资,而不是因为房价或者日用品价格上涨提高工资,这个原因要弄清楚。主要劳动生产率提高了,工资提多少我都没意见;但如果是因为房价涨了,日用品价格涨了,在那种情况下对于中国产品在国际市场上的竞争优势来说,你的价格优势已经被削弱了,你要是再提高工资那削弱得更厉害。我觉得提高工资这一块应该慎重。

提问:苏老师,您好!我有一个问题,您刚刚说到控制房价很重要的一点就是加速人民币升值。假如说人民币升值10%的话,出口的产品在国际市场的美元价格应该相应就会上升10%,这样的话相当于对出口企业有一个不利的冲击。而众所周知出口占我们GDP的百分之三四十,这样对出口企业的打击有可能产生一些就业的问题或者其他的问题,您觉得这种影响会有多大?我们的业绩怎么办?

苏剑：我刚才说了我的观点——不管是升值也罢、不升值也罢，中国产品在国际市场上的价格优势最终都没了，什么意思呢？你想一想如果升值当时就没了；如果不升值中国内部就有一个物价上涨过程，也就是说物价上涨了，企业的生产成本就会上升，生产成本上升了，你在国际市场上卖的价格就会提高，否则你也赚回不了本。也就是说国内物价上涨10%和人民币升值10%对中国产品在国际市场上的价格优势影响是一样的，就算是你没升值，你本身的生产成本上升10%，你在国际市场上不也要提高价格10%吗？也就是说不管怎么样价格优势都会消失，只不过是迟和早的问题，只不过是是否要经历一个国内物价上涨的问题。我为什么一直强调要人民币升值呢？就是要把这个问题御敌于国门之外，就是不要把它的问题惹到中国经济内部来，不然整个相对价格体系就全变了，整个财富分配格局就变了，社会问题就出来了。人民币升值了，虽然说出口企业可能会受到一些影响，但是在国内它没有这么一大摊子事。当然你可以针对那些出口企业考虑人民币升值的时候速度稍微掌控一点——我说的是加速人民币升值，我没说一下子到位——就是在企业承受能力许可的情况下越快越好；同时你要加快扩大内需，把它补偿回来，这是要考虑的。

提问：苏教授您好！刚才您也说了近期咱们的房价肯定会跌的，我想知道房价是从500万跌到400万吗？还是跌到普通民众能够接受、能够买得起的范围？

苏剑：这我就不好说了，今天下午我正好写了一篇文章，题目就是《房价多高才算合理？》。前两天温总理发表谈话，说要把房价降到合理的水平上，那么合理房价到底是多少呢？

我就算了一笔账，比如说北京合理房价应该是多少？按照重庆市市长黄奇帆的说法，应该是双职工6—7年的收入可以买一套房子，这是他的观点。但是他没说要买的房子是什么房子，是100平方米的房子还是50平方米的房子？这里面隐含的房价是不一样的。

今天下午我就写的这一篇文章，就是讨论这个问题。比如说一个人21岁开始工作,到60岁退休,中间有39年时间。如果说一个人一辈子支出的三分之一用于买房,那他应该用13年的收入买一套房子;如果是一个双职工家庭,正好是6—7年,跟黄奇帆市长的说法正好一致。所以我推测黄奇帆市长也是这样推算的。

如果说这是有道理的,那下一步房价到底应该是多少?因为这个说法并没有回答合理房价该是多少这个问题。那么,合理房价到底该是多少呢?我是这样想的:因为人的收入有高有低,房子的大小也是有大有小,北京大房子有200多平方米的,小房子有30平方米的,我们就取一个北京的中等收入家庭买一个中等大小的房子,然后计算一下这样一个房子的房价。一个北京中等收入的家庭它的年收入大概不到9万,北京2010年的人均可支配收入是29000多块钱,如果按9万算的话,七年就是63万,假设他买一个100平方米的房子,平均1平方米就是6000块钱,当然现在6000块钱的房子对于北京人来说是一个梦了。

另外一个问题就是中国人或多或少都有一些灰色收入,所以北京市政府公布的人均可支配收入往往低估了,所以往往翻一倍,房价也差不多就是1万多块钱,所以如果说按照这个方法来推算的话,北京的房价应该是1万块钱。但是这个均价1万多块钱是北京市城中心的这几个区的均价还是所有北京区县都考虑进来之后的均价?这就是一个问题了,这就看北京市公布这个数字的时候它包括没包括区县的城镇居民。如果包括了,我猜测合理的均价大概就是五环以外那个均价。但是你不要以为五环以外的均价现在就低了,我住的地方在北五环以外三公里的地方,那个地方的房价已经22000了,所以就算是那个地方的房价均价是12000,房价要回归正常合理值也得降百分之四五十。

也就是说这样一个房价水平是普通老百姓能买得起的,但是要真降到这个份儿上,难度好像比较大。从我个人来看温总理在卸任之前只要把房价调下来就行了,有一个好的收官就行了,不一定非要调到那个份儿上。

提问:你说房价肯定要降的,降的话就意味着开发商的收入少了,开发商的收入少了就会影响到银行的收入,因为开发商大部分的钱都是贷的。大家都知道,我们国家大部分的银行都是国家控制的,是不是最后都归到国家了?

苏剑:中国的银行已经是股份制商业银行了,理论上说首先他们内部消化,如果内部消化不了,最终可能真得国家救援,因为现在不光是中国,就连美国一些大银行也出了问题,政府都不得不救援。

提问:明年是2012年,也是被很多人称为有可能是世界末日的一年。目前欧债的危机也比较严重,明年欧债如果有稍微小幅的危机或者一些新闻的爆发,就会出现投资者恐慌的情况,会不会影响大宗商品的价格暴跌?

苏剑:说实在的,2012年可能还真有点末日的味道。什么意思呢?欧洲债务危机是去年爆发的,但是欧洲债务危机最严重的一年是明年,为什么?因为明年欧洲各个国家都到了还债高峰,包括意大利、西班牙、法国,这些国家明年需要还债券的数额最高的是今年的一倍以上。和这几个国家相比,希腊就是小不点了,所以明年真有可能出大问题。

另外美国经济现在我看不到希望,尽管今天早上我看到的新闻是它的失业率又一次降低一点点,但是说实在的,我不看好它。

再后面还有日本,日本的国债占GDP的比重已经到了220%左右了,比希腊爆发债务危机前还高了将近100个百分点。希腊爆发债务危机的时候,它的债务危机与GDP的比例也才130%。问题是日本的国债基本上是日本人自己持有的,而希腊的国债是外国人持有的,所以希腊出问题了,日本现在还没有,如果日本明年也出问题了怎么办?

中国的房价如果控制不好,2012年可能真的会有一个经济的硬着陆。所以美、欧、日、中国四个世界上最大的经济体如果同时出了问题,2012年真的有一点世界末日的味道。在这个情况下,大宗商品的价格一般情况下是免不了要降的。在经济危机中,石油、原材料需求量肯定要下降,因为不生产了,不生产了对能源的需求肯定会下降,结果这些东西的价格肯定会降下来,这一般是一个自然趋势。

提问:那就很简单,大宗商品价格下降,为什么房价特殊呢?

苏剑:那就是以后的事情了。

提问:调控房价很重要的就是打击投机,现在很多人在北京买房,一买就是三十几套。有没有这种可能,除了两套房子以外,剩下的十几套、二十几套房子我们给他征收高额的税,比如说他一个人的房产面积是100平方米,一个三口之家总房产超过300平方米以上按照平方米征税。有没有这种可能作为调控的一种方法?

苏剑:这就是我们建议的物业税的一种形式。物业税不一定是只要你有房就征,涉及一个起征点。比如人均30平方米以内不征税,人均超过30平方米的就开始征税了,这是完全可以的。实际上我们建议征收物业税一般情况下都会这样说的,不会说是全部都打击了,只打击一部分超标的人,一般都是这样。

提问:苏老师,您好!您刚才说房价可能会下降,比如说北京的房价可以从3万降到2万,但是其实这样子大部分的民众还是买不起房的,而要能让大部分民众都接受房价也不太可能达到。那怎么样才能让大部分的百姓能够买得到房呢?

苏剑:现在要让大部分的老百姓能够买得起房子有两个办法:第一个办法就是政府成功地把房价打下来了;第二个办法就是金融危机。好多人都害怕金融危机,其实在我看来金融危机是一件好事,不仅仅因为它能够把房价打下来。金融危机它为什么会爆发?就是因为经济中存在的问题太严重了,只有一场金融危机才能解决这个问题,没有金融危机你通过别的手段都解决不了。比如现在政府调房价,往下打的时候很多人都受不了——企业在反对,地方政府在反对,拥有很多房子的人也在反对,在这种情况下你要想把它调下来难度很大。但如果是一场金融危机呢?在这面前谁都无话可说。就跟咱们的拆迁一样,你要拆迁,马上有很多人反对,当然中国的拆迁补偿不够这也是原因之一;

但是如果是一场水灾或者是地震过来了,全部震倒了,一切都没有了,这个时候政府给他一点救援,他高高兴兴的。所以金融危机来的时候一切问题都解决了,这个时候政府给他一点点的施舍,那些开发商、那些地方政府一个个高高兴兴地接受了。所以说金融危机是个好事,它是对经济中的问题一个自然的反应。我们普通老百姓不要怕,在金融危机中就像马克思所说的,无产者你没有什么可损失的,你损失完了还是一个劳动力,你还是用双手在挣钱。害怕的人是谁呢?是那些有钱的人,不是我们。

提问:苏教授,您预测一下近八年会不会有金融危机来到?

苏剑:我觉得我们国家遇到金融危机的可能性比较小,因为我们有党的领导。我们党的领导很有力量,它要做什么事情的时候一般总能做到。也就是说,别的国家的政府是没有办法通过行政命令的方式来解决问题,但是对于中国政府来说,宏观调控方面行政命令的手段绝对是最有效、最直接、政府最拿手的一个手段。在国外,它必须通过经济手段或者其他手段来解决问题,但是在中国有一个强势的政府,用政府这只手强制地给扭过来。

主持人:由于时间的关系今天的讲座到此结束,请大家以热烈的掌声感谢苏剑老师给咱们做的精彩讲座。

(2011 年 12 月 18 日)

张亚光 | Zhang Yaguang

〔演讲者小传〕

张亚光，男，出生于1978年。1996年至2003年就读于福州大学，获学士、硕士学位；2004年至2008年就读于北京大学，获经济学博士学位。

现为北京大学经济学院讲师。兼任北京大学市场经济研究中心主任助理，北京大学中国信用研究中心研究员，中国经济思想史学会副秘书长。研究方向为中国经济思想史，研究领域包括：中国古代货币理论、中国金融政策理论史、近现代经济发展思想、传统文化与经济管理。

在 European Financial Review、China & World Economy、《经济学动态》等国内外期刊发表多篇文章。主持国家社会科学基金青年项目"中国近代金融危机的理论与政策研究"。合作出版《中国民营企业启示录》（北京大学出版社，2005年）、《构建富有亲和力的营销模式》（北京大学出版社，2007年）等著作。获中国经济思想史学会第六届优秀成果一等奖。

从经济大国向经济强国转变
——盛世的历史反思

各位同学,晚上好:

上周五我看到面食部门口的横幅上挂出了苏剑老师的演讲通告,讲的是当前中国房价问题。据说最近上海房价掉得厉害,许多人已经hold不住了。所以我现在特别害怕接到一个上海同学的电话,他是2009年买的房子,一个月还9000块钱的房贷。每次见面他都非常紧张地问我两个问题:张老师,你研究经济的,房价会跌么?中国经济这两年会崩溃么?有的同学可能会说:关心房价是因为关系到自己的切身利益。这哥们儿关心中国经济的未来,是不是有点太操心了呢?其实不是的,我这位同学在外企工作,国内国际经济形势的任何风吹草动,都能直接反映在他的个人收入上。一旦经济崩溃,一个月9000元的房贷是无法继续承受的。房价会不会跌,相信苏剑老师已经给大家做出了精彩的分析和预测,我个人的回答是不会。另一个更重要的问题在于,中国的经济会崩溃么?

林毅夫教授曾经对中国未来经济增长前景做过研究,①他认为:

---

① 林毅夫:《展望新千年的中国经济》,引自张卓元主编:《21世纪中国经济问题专家谈》,河南人民出版社1999年版。

中国经济可以再维持30年左右的8%—10%的快速增长。这个增长率和美国3%的水准比较,在21世纪中叶前中国经济完全有可能超过美国成为全世界最大、最有实力的经济体。这篇文章发表是在1999年底,到20世纪中叶,那个时候同学们正是社会栋梁,但是中国经济会不会如愿地像林毅夫老师预测的那样成为全世界最大、最有实力的经济呢?

还有一些学者得出了类似的结论。中国工程院院士、社科院学部委员李京文教授利用系统动力学、投入产出、经济计量三者集合模型对2000—2050年51年的经济增长情况进行了预测,[①]得出了一个基本结论:第一阶段——2000—2010年,经济增长保持平均8%的高速度;第二阶段2010—2030年,经济增长保持平均6%的水平(2010年实际增长10.4%,2011年前三季度同比增长9.4%);第三阶段2030—2050年,经济增长维持在平均4%—5%的水平上,届时中国经济规模和实力迈入世界前列。另外一位学者计算的结果是:如果美国经济增长率一直保持在3%,中国经济增长率一直保持8%,中国将在2050年左右赶超美国。

一切都看起来很美。但是对我来说,这些预测存在许多的疑问。

首先,我是研究经济思想史的,想举一个历史上的案例。根据美国学者T. G. Rawsiky的计算,[②]在民国后一直到抗战之前,中国的GDP年增长率在1.8%—2.0%之间,而代表现代经济发展方向的工业产品的年增长率达到8.1%。后来甚至出现了一个被称为"黄金十年"的高速增长时期。同时期,日本比较高是3.4%左右,印度是0.79%。西方主要发达国家在1%至3%之间。如果按照当时的增长速度计算,中国虽然追赶得慢一些,却也极有可能在不到一百年的时间内跻身于世界发达国家。但是战争改变了所有人的期望和梦想。经济学的理论预测是

---

① 李京文:《21世纪中国经济发展预测与分析(2000—2050)》,引自张卓元主编:《21世纪中国经济问题专家谈》,河南人民出版社1999年版。

② 〔美〕托马斯·罗斯基:《战前中国经济的增长》,浙江大学出版社2009年版。

一回事,历史的偶然和命运是另外一回事。经济学家在这个方面所犯的自以为是的愚蠢错误已经足够多了。所以,林毅夫老师在刚刚结束的"北京论坛"上加了这么一句话:"当然要把这些潜在的技术可能性转化成经济的现实增长率,要靠改革开放来克服当前经济中存在的问题,要靠保持政治稳定、社会和谐,要靠提高教育、产业水平,要靠不断吸收外来的技术、管理,并逐渐加强自主研发。只有做到这些,前述的预期才能够实现。"①也就是说,尽管大量的预测表明我们国家在21世纪中叶将成为世界最大最强的经济体,但这个目标的实现还需要相当多的附加条件。

其次,我想问的是:怎样才算是全世界最大、最有实力的经济体呢?这同时也就引出了我们今天的话题:经济大国和经济强国的区别在哪里?为什么要从经济大国向经济强国转变?如果历史逻辑必须如此的话,该如何转变?下面,我们就围绕这几个问题开始今天的内容。

一、大国与强国

什么样的国家才能称之为大国?毫无疑问,大国是有类型的,有经济大国、军事大国、文化大国等不同分类。今天我们要讲的经济大国,可以简单地定义为经济总体规模较大的国家(百度定义:所谓经济大国,一般指在一定历史时期中经济实力比较强大,在世界经济中占有重要地位的国家)。经济总体规模有许多指标能够表示,最基本的比如GDP、外汇储备、进出口总额等等。我们来看几个数据:

---

① 2011年"北京论坛"开幕式上的讲话。

表1　2010年世界主要国家GDP　　资料来源：IMF网站

国家(地区)	Real GDP(亿$)	排名	PPP GDP(亿$)	排名
美国	146578.00	1	146578.00	1
中国	58782.57	2	100857.10	2
日本	54588.72	3	43095.30	3
德国	33156.43	4	29404.30	5
法国	25825.27	5	21454.90	9
英国	22474.55	6	21727.70	7
巴西	20903.14	7	21720.60	8
意大利	20551.14	8	17735.50	10
加拿大	15740.51	9	13302.70	14
印度	15379.66	10	43095.30	4

注：按PPP排名俄罗斯以22229.60亿美元位列第6

表1是2010年世界主要国家的GDP情况。按照真实GDP计算的话，中国在2010年是58700多亿美元，仅次于美国位列世界第二，世界第三的日本总量是54000多亿美元，与我们差距不算太大。按照购买力平价调整之后，中国仍然排第二位，但是从总量数值上看，美国是14万多亿美元，中国达到了10万亿美元，而排名第三的日本只有4万多亿美元。这意味着中国经济总量按照PPP计算是日本的两倍多。现在有的学者已经把中国和美国列入了当今世界经济的第一集团，这并非没有道理。无论从真实GDP还是购买力平价调整后的GDP数据考虑，毫无疑问我们国家总体的经济规模已经进入了世界前列。

表2 2011年第一季度世界主要经济体黄金和外汇储备一览　　单位：百万美元　　资料来源：世界黄金协会

排名	经济体	黄金储备			外汇储备			黄金和外汇储备		
		2010.Q1	2011.Q1	同比%	占比%	2010.Q1	2011.Q1	同比%	占比%	2010.Q1	2011.Q1	同比%	占比%
1	中国	37804.3	48767.7	29.0	3.44	2463541.8	3067165.6	24.5	30.30	2501346.1	3115933.3	24.6	27.00
2	日本	27444.0	35402.9	29.0	2.49	1015271.4	1080616.6	6.4	10.68	1042715.4	1116019.4	7.0	9.67
3	美国	291702.1	376297.1	29.0	26.51	116479.7	128273.3	10.1	1.27	406181.8	504570.4	23.6	4.37
4	俄罗斯	24245.4	37526.2	54.8	2.64	423317.2	465447.3	10.0	4.60	447562.6	502973.5	12.4	4.36
5	沙特	11580.8	14939.3	29.0	1.05	419820.7	465377.5	10.9	4.60	431401.5	480316.8	11.3	4.16
6	中国台湾	15193.1	19599.2	29.0	1.38	355034.4	392625.3	10.6	3.88	370227.5	412224.5	11.3	3.57
7	巴西	1205.3	1554.8	29.0	0.11	242561.6	315590.6	30.1	3.12	243766.9	317145.4	30.1	2.75
8	印度	20003.3	25804.3	29.0	1.82	261393.9	282517.1	8.1	2.79	281397.1	308321.4	9.6	2.67
9	韩国	517.2	687.9	29.1	0.05	272247.8	298556.0	9.7	2.95	272765.0	299223.9	9.7	2.59
10	瑞士	37302.4	48119.4	29.0	3.39	124714.9	232015.7	86.0	2.29	162017.3	280135.2	72.9	2.43

表 2 是关于黄金与外汇储备的数据。2011 年第一季度,中国的黄金和外汇储备两项之和为 31000 多亿美元,占全球总额的 27%,接近三分之一。相比之下,排名第二的日本占 9.67%,第三位美国占 4.6%。从财富储藏角度而言,中国已经是世界第一大国。

　　关于进出口贸易,中国商务部在 2011 年发布了一个数据,[①]10 年内中国的出口总额从世界第三位跃居到了首位,进口总额从第三位跃居到了第二位。进出口贸易总额 2010 年达到 29000 多亿美元,仅次于美国,排在世界第二位。

　　以上三个指标足以说明,中国经济的总体规模和实力已经具备大国的基本水准。以前我们自称为有着 8 亿农民的农业大国,工业和服务业十分落后,如今我们完全可以说中国是一个经济大国了。

　　然而很奇怪的是,当我们上面这些指标都跃居世界前列时,官方却在各种国际场合极力强调自己的发展中国家地位。今年 6 月份,中共中央机关刊物《求是》发表了国务院发展研究中心副主任刘世锦撰写的一篇题为《为什么中国"发展中国家"的身份会成为一个问题?》的文章质疑道:"为什么中国是发展中国家这样一个基本的事实近年来在国际上却成为一个问题,常常受到一些组织和个人的质疑,要求中国按照发达国家的标准承担国家责任?"[②]

　　这篇文章的用意实际上也就是要回答"为什么我们还是发展中国家"。文章提出了五个理由:第一,一些人有意无意忽视了中国各项人均水平指标依然较低的客观现实;第二,中国发展严重不平衡的状况没有被外界充分了解和重视;第三,出口规模与结构使一些非专业人士高估了中国的国际分工地位;第四,外汇储备规模庞大容易使人高估中国国民财富的总量;第五,集中力量办大事的优势和地方形象工程容易使人误判中国的发展水平。后面三项理由基本是从总量角度解释中国为什么会招致外人误解,而前两项理由恰恰反映了我们只是大国而非强

---

　　① 商务部网站。
　　② 《求是》2011 年第 11 期。

国的现状事实。

那么,究竟什么样的国家才能称为强国呢?像美国那样远隔重洋跑上万公里到阿富汗杀掉拉登?还是像战后的日本那样凭借经济实力全球扩张买下半个曼哈顿岛和澳洲海岸?下面,请再看一组数据:

表3 综合国力排名

排名	2003年	2006年	2010年
1	美国	美国	美国
2	日本	英国	日本
3	法国	俄罗斯	德国
4	英国	法国	加拿大
5	德国	德国	法国
6	俄罗斯	中国	俄罗斯
7	中国	日本	中国
8	加拿大	加拿大	英国
9	意大利	韩国	印度
10	澳大利亚	印度	意大利

资料来源:中国社会科学院《国际形势黄皮书》,2011年。

表3是中国社会科学院刚刚在《国际形势黄皮书》中发布的全球综合国力排名情况。中国近十年来稳居第六第七的位置,总的说来是不错的。不过有两点需要注意:首先,综合国力的计算指标里面关于人均水平的指标权重不是特别大,更主要的是考虑总量指标;其次,这个数据是由中国官方的研究机构发布,整个指标体系的选择和计算方法是否存在某种倾向也可以有商讨的余地。

与综合国力指标相近的是全球竞争力排名。2011年的报告中,瑞士继续稳居第一位,成为全球最具竞争力的经济体。金融市场和宏观经济稳定性均有所削弱的美国从去年全球排名第四位降至第五位。新加坡、瑞典和芬兰分居第二、三和四位。中国内地排名从2010年的第27位升至第26位。中国香港和中国台湾分列第11位和第13位。日本和韩国分别列第9和第24位。在拉美,智利是排名最靠前的国家,名列第31位。"金砖国家"中的南非列第50位,巴西列第53位,印度排在第56位,俄罗斯排在第66位。在这项排名中,中国遥遥领先于其余金砖四国,在所有发展中国家中是最领先的。但是与传统发达国家相比,接近30名的位置还是显示了相当的差距。

表4 2010年世界人均GDP排名

排名	国家(地区)	人均GDP($)
1	卢森堡	104,390
2	挪威	84,543
3	卡塔尔	74,422
4	瑞士	67,074
5	丹麦	55,113
6	澳大利亚	54,869
7	瑞典	47,667
8	阿联酋	47,406
9	美国	47,132
10	荷兰	46,418
95	中国	4,283

资料来源:IMF网站

表4是2010年世界人均GDP的排名。前十位主要是一些欧洲小国和中东的石油国家,美国排在第9位,中国排到了第95位。这是一个什么概念呢?中国的人均GDP排名比中国男足的世界排名还要低。中国男足大家天天都在骂不争气,但是最新的FIFA数据显示中国男足排在全球83位,比人均GDP高出12名的位置。另外从实际数值上看,中国人均GDP达到了4283美元,这意味着我们也许正面临着滑向"中等收入陷阱"的潜在危险。

反映国别差距的还有关于幸福指数和个人发展一些指标。表5是盖洛普公司做的一个各国幸福指数民意调查。表5与表4对照可以发现,世界幸福指数前十位国家的排名与人均GDP的排名十分接近,表明两者之间的相关性是很强的。在这项幸福指数的调查中,中国排名比人均 GDP 指标还要落后,处于全球第 125 位。我想做个现场调查:在座的各位,你们现在感觉幸福吗?从各位的反应来看,好像年纪越大的摇头比例越高。确实如此,当下的中国社会中,来自生活的压力已经足够大了。

在这些数据的比较中还可以发现一个不太容易理解的现象:2010 年巴西人均 GDP 排世界第 55 位,全球竞争力排第 53 位,反映国家贫富差距程度的基尼系数为 0.53。要知道国际公认的基尼系数警戒线是 0.4,超过 0.4 社会就极有可能发生动荡,0.53 已经是相当大的数据,比中国的官方数据 0.46 还要大。但令人惊讶的是,巴西人的幸福指数居然位列全球第十二位,如此靠前。反观中国,人均 GDP 排名与巴西相差 40 位,而综合国力和全球竞争力都远高于巴西,官方公布的基尼系数也比巴西低,但是中国人却感觉不到幸福。究竟是巴西人的个性太乐观了呢?还是中国人太悲观了?

最后一个指标是联合国开发计划署发布的 HDI 排名。中国仍然是排在 90 到 100 名左右的位置。值得注意的是:2009 年中国排 92,2010 年排 89,但到了 2011 年排到了 101。根据这项排名的说明——1 至 42 位是极高人类发展水平,43 至 85 位是高人类发展水平,86 至 127 位是中等人类发展水平,128 到 167 位是低人类发展水平。中国改革开放 30 多年来,仅仅在 2009 年摸到了高人类发展水平的尾巴,随后又向下滑落。这项排名虽然只能作为我们国家发展的参考,但是发展趋势需要引起我们的警醒和关注。

表5　2010 年盖洛普世界民意调查幸福指数排名

1	丹麦
2	芬兰
3	挪威
4	荷兰
5	哥斯达黎加
6	加拿大
7	瑞士

(续 表)

8	新西兰
9	瑞典
10	奥地利
12	巴西(人均GDP世界第55位,全球竞争力世界第53位,基尼系数0.53)
14	美国
73	俄罗斯
81	中国香港
115	印度
125	中国内地(人均GDP世界第95位,全球竞争力世界第26位,基尼系数官方0.46)

资料来源:Gallup

表6　2009—2011人类发展指数(HDI)国家(地区)排名

2009年		2010年		2011年	
1	挪威	1	挪威	1	挪威
2	澳大利亚	2	澳大利亚	2	澳大利亚
3	冰岛	3	新西兰	3	荷兰
4	加拿大	4	美国	4	美国
5	爱尔兰	5	爱尔兰	5	新西兰
6	荷兰	6	列支敦士登	6	加拿大
7	瑞典	7	荷兰	7	爱尔兰
8	法国	8	加拿大	8	列支敦士登
9	瑞士	9	瑞典	9	德国
10	日本	10	德国	10	瑞典
……		……		……	
23	中国香港	21	中国香港	13	中国香港
……		……		……	
92	中国	89	中国	101	中国

资料来源:联合国开发计划署(UNDP)2009—2011年人类发展报告

总结上述指标数据,我们从中发现两个规律——一是人均GDP水平和幸福指数、人类发展指数高度相关;二是人均GDP高的国家,综合竞争力也就越高。所以大致可以说,大国体现在总量数据,强国体现在质量数据。在这种理解的基础之上,我们再来给"强国"下一个定义。

经济强国,至少要使各项人均指标达到世界前列,经济结构和区域结构相对均衡,社会贫富差距不大,人民幸福感较高。而扩展到更广义的强国来说,它应当是一种能够自我维持、自我创造、自我修复和自我完善的系统结构,它不同于大国的外在强大,而体现为社会个体的活跃、民族心理的成熟、产业结构的平衡、国际话语权的分量、国家文化的引领地位以及生产生活方式的标杆意义。

在这个定义中,特别要注意自我维持、自我创造的能力。一个国家如果过分依赖于别国,是不可能成为强国的。前几天,袁隆平教授谈起18万亿亩耕地保护的红线问题说道:"一定要保住我们划定的18万亿亩耕地红线。为什么?如果保不住的话中国将来会再次出现饿殍满地的情况。"但是有些学者发出了反对的声音,他们认为中国完全没有必要守这条线,中国的城市化进程远远没有实现,城市化进程意味着要把越来越多的农村土地让位给城市的建设。比如茅于轼先生说:中国现在好多人还想住到城里,没有地怎么办?只有突破这条耕地保护红线,这样才能够实现中国的城市化。对于粮食安全问题,这些学者的主张是:粮食不够可以进口啊,国际市场分工的优势为什么不去利用呢?我个人以为这是很荒唐的。很简单的道理,如果发生世界性饥荒或者战争,粮食产出国自顾尚且不暇,谁来保证中国十几亿人的吃饭问题?十几亿不是一个小数目,将如此多人口的粮食安全全部放在外国人的手里是非常危险的。所以强国必须要有自己的生产、创造维持、修复和完善的能力,这是一个非常重要的特征。我们的祖先在两千年前的《管子》一书中早就告诫我们:如果一个国家按照所谓的比较优势进行专业化分工,比如将所有资源都拿去生产丝制品,那么有一天突然停止对该国丝制品的需求,这个国家就会立刻崩溃。所以那些鼓吹粮食可以靠进口的学者不是无知就是故意。

从经济史或者经济思想史的角度来看,按照中国经济思想史学科创始人赵靖先生的研究,中国古代经济思想有四大要旨——"富"、"庶"、"均"、"义"。这四大要旨就是古代中国社会经济发展的主要目标,换句话说,古代人心目中强国应当是符合这四个字的。"富"指的是社会财富的增长和经济繁荣;"庶"指的是人口数量的增加,在今天的社会条件下我们还要附加上人口质量提高的含义;"均"指的是财富的平均分配,所谓"不患寡而患不均";"义"则是属于经济伦理的范畴,是指人们在从事经济生产活动时是否符合一定的道德标准。我们知道,在西方经济学中,有所谓宏观经济的三大目标——经济增长、物价稳定、充分就业。从深层次来分析,中西方对于经济发展的理解是没有本质差异的。

然而现在看来,我们经过改革开放30年的发展,似乎目前只实现了第一个"富"字。实际上,"富"也只实现了一半,因为人均水平还相当落后;那么剩下的"庶"、"均"、"义"三个字呢?

"庶":数量问题由于计划生育政策,暂且不论。人口的质量是否有所提高?大家会说,肯定是提高了的,30年来教育事业大发展,识字率大大提升、博士生数量稳居世界首位……这不是人口质量提高的表现么?然而我们也注意到,教育资源的不合理配置、城乡教育条件和水平差距的拉大,都已经成为全面改善人口质量的障碍。"均":中国政府官方公布的数据是0.46,但在一个很严肃的学术会议上,有位学者指出2010年中国的基尼系数达到了0.55,贫富差距程度位居世界各国第四位,仅次于非洲最不发达的三个国家(利比里亚、刚果、布隆迪)。这是十分惊人的数字,而且这个数字从改革开放以来逐年上升,并有将来继续上升的趋势。"义":恐怕这个问题的严重程度丝毫不亚于收入分配的不平等问题。十几年来不断曝光的食品卫生事件即是例证。最严重的是,这样的事情还在继续上演,随时都有可能发生在我们身边。这哪里还谈得上什么经济伦理呢?

由此我们发现,在中国传统意义上的经济强国定义中,迄今为止尚有三个半目标没有实现,甚至较以往还有倒退。所以无论从哪个标准来说,中国目前还只是个大国而不是强国。按照林毅夫老师的预测,到2030年,中国人均GDP将达到美国的50%,这已经是很不错的成绩。但是,人口质量问题、贫富差距问题、经济伦理问题到那时能否解决?我更担心的是,上述这三个问题如果解决不了,人均GDP增长的目标其实是不可能实现的。这几个根本问题指向的并非经济效率,而是经济公平。

换句话说,是社会资源和财富的结构性分配问题。人与人之间如何分配?人与集体之间如何分配?人与国家之间如何分配?这就涉及国家发展战略的历史选择,也就是今天接下来要讲的大国崛起的历史逻辑。

二、大国崛起的历史逻辑

要深入理解这个逻辑,必须要把握好两个概念之间的关系——"国"与"民"。

近代以来,中国人在描述未来蓝图时常常用"国富民强"四个字。但是在古代汉语中,还有一个说法是"民富国强"。这其中的差异在哪里呢?很显然,前者是说国家富足人民强健,后者是说人民富足国家强大。从内涵上看,国富民强是以国家本位为指向,因为国富和民强其实都是对国家有利的。民富国强则分别强调了人民富足和国家强大。因此,有学者说,以前的我们总是说"国富民强",太误导人了,应当还原"民富国强"的本来含义,更加尊重人民的利益。我本人当然同意这样的倡议。最近几年,关于国进民退的话题高烧不退,而实际上国家对经济的垄断确实没有减弱的迹象。这种状况对中国走向强国是十分不利的。然而,为什么中国人在用语中更习惯性地选择了"国富民强"而非"民富国强",恐怕还有些深层次的原因。

"民富国强"最早出自于东汉赵晔撰写的《吴越春秋》,"国富民强"最早出自于西汉末期桓宽撰写的《盐铁论》。从时间上看,国富民强的说法略早。在使用的频率上,通过对《四库全书》的全文检索,国富民强出现了14次,民富国强出现了6次。这也许能够在一定程度上说明:中国古代的国家主义观念更强一些。当然有人会反驳说,先秦时期的思想家们多数是主张民富的呀。管仲曾说:"善为国者,必先富民,然后治之",因此主张藏富于民;《论语》有子对哀公说:"百姓足,君孰与不足?百姓不足,君孰与足?"荀子还对国富民弱这种状况做过结论:"田野荒而仓廪实,百姓虚而府库满,夫是之国蹶"。但是自汉武帝实施轻重政策之后,国家统制经济的传统便固定并传承下来。尽管我们缺乏精细的数理论证,但是中国能够在一千多年的时间里领先世界各国,不可忽略这个因素。所以,我的一个基本结论是:尽管"民富在先"是一个很美好的愿望,但在某些特定的历史时期内,先追求国富是必要的也是合理的。

为了印证这个结论,我们将目光投向西方。

回顾西方资本主义世界强国的兴衰,从伊比利亚半岛两个国家的航海大发现开始,经过荷兰的金融商业制度创新,英国的工业革命,法国的拿破仑时代,沙俄的彼得大帝改革,德国的市场统一,日本的明治维新,美国的迅速崛起,每一个大国的崛起背后都有国家意志和力量在发挥着作用。如果没有葡萄牙、西班牙政府的支持,地理大发现凭航海家一己之力何以成功?如果没有英国政府1624年的《专利法》,工业革命能否如期发端?如果没有铁血首相俾斯麦的统一战争和国家对经济的保护主义,德国会不会成为欧洲霸主?

与西方大国崛起过程中国家意志主导相适应的,是有关的西方经济思想理论。最早出现的是重商主义。以往人们主要关注重商主义对货币财富和对外贸易的认识,然而重商主义还有一个重大的理论特征,就是主张"民穷国富"。重商主义者认为:所谓国富,不是一国私人财富的总和,而是指国王和商业资产阶级拥有的货币财富。私人财富特别是下层劳动人民的财富不仅不构成国富,而且有害于国富的增长。

这个观点对于那些鼓吹全盘接受西方资本主义文明的人来说似乎有些挑战,因为在他们心目中:资本主义世界是平等、博爱和尊重人权的。怎么会有如此的理论?我们暂且放下伦理是非的争论,看看为什么会出现这样的主张。

阿瑟·杨在1771年说:"除了那些脑残,谁都明白,必须得让社会最底层的人保持穷困状态,不然的话这些人就会变得懒惰。"曼德维尔在著名的《蜜蜂寓言》里认为,国家不能花费公共财力让穷人家的孩子和孤儿们去上学,而应该让他们早早去工作。教育会毁掉他们"应当有的贫穷"。换句话说:"阅读、写作和算术对从事商业的人是必需的,但是对于那些压根儿和文化不沾边的人来说反而是有害的,这些没文化的人应该去工作,上学就是不务正业浪费时间……"

这两段话从经济学的角度分析,显示了民穷的两大意义:一是保持劳动者的勤勉从而使劳动力供应充足,二是维持劳动力的低成本水平。因为一旦普通人都富裕了,根据马斯洛的五层次需求理论,在满足了温饱和安全之后,就需要情感和归属的追求,这个时候他们会留出一部分时间打打麻将外出旅游不再使劲儿琢磨干活,造成劳动力在数量和质量上的降低。在宏观经济学里有一条很著名的曲线(图1):随着实际工资的增高,劳动力的供给会逐渐增加,因为你给的工资很高,这些人就会觉得不错,从而赶紧去劳动去赚钱。但是存在一个临界点,一旦超过临界点的话,就到了刚才说的根本不在乎温饱和安全的状态,而是更需要精神上的追求,所以会有一批劳动力退出市场,这个时候劳动力市场数量会少;与此同时,人们的生活水平一旦提高就不容易接受下降的事实,让工人富裕之后,直接导致劳动力成本上升从而导致产品成本的上升。这对于依赖对外贸易发展战略的国家损害极大。

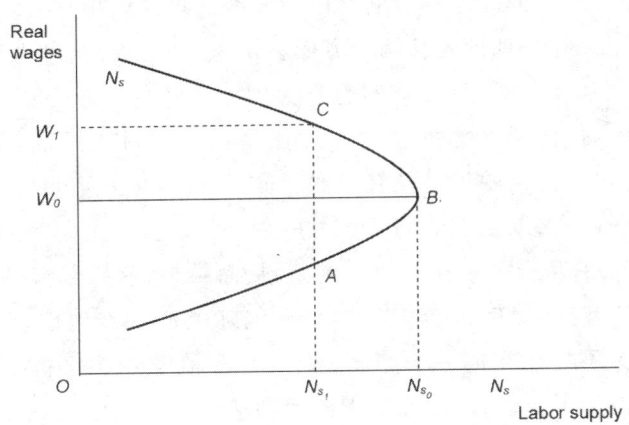

图1 工资水平与劳动力供给

我曾经十分不理解欧洲殖民者为什么要贩卖黑人奴隶,因为欧洲人发现美洲新大陆之后,要种植甘蔗、咖啡,需要大量劳动力,可是美洲有本土的印第安人啊？数量也不少，多得后来美国人都要搞屠杀。为什么不用印第安人做工呢？直到有一天马克斯·韦伯告诉了我，①他说：印第安人是不适合从事重体力劳动的，你无论采取什么办法都不能让他们从整天半睡半醒的状态中打起精神来。所以实在没办法才到非洲去找能干活的黑人奴隶来。这个解释除了有种族歧视色彩之外，也表明资本主义国家在早期发展时面临的严重的劳动力数量短缺、质量不高的问题。同学们还可以因此联想中国改革开放以来直至当前的劳动力市场问题。

罗斯托在《非共产党宣言》中提到了经济起飞的三个条件，第一个条件需要缩减劳动力成本的支出，第二和第三个条件则需要国家的积极作用。因为这样的原因，重商主义极端主张国富民穷。这种主张看起来十分残酷、缺乏人文关怀，但是对处于经济起飞阶段的国家而言，历史已经证明这几乎是必由之路。随着资本主义世界重心的转移，西方经济理论也在不断演变。当英国率先完成工业革命成为日不落帝国之后，更加符合英国国家利益的自由主义经济理论就出现了。

自由主义经济理论要从两个方面去认识：一方面，这种看起来建立在人人自利基础上的理论，其实也是为国家服务的。章乃器先生在上个世纪30年代曾经这样批评："这好比是在一个村庄里面，只有一家武装的强盗，而其余的尽是没有武器的良民，那一家强盗自然是乐得教大家都洞开门户，以便于他们的自由掠夺。所以亚丹·斯密的学说，虽然是唱得很好听的国际分工和世界大同，而结果，这一部门的理论，却刚刚被运用起来，以完成英帝国主义在国际上的特殊地位。"②这是自由经济理论不可忽视的一个侧面；另一方面，在自由主义框架之下，个人的福利得到了提升，政府在追求国家利益的同时高度关照个人利益，这是人类文明进步的重大象征。从此之后，西方国家在"国"与"民"之间的关系上找到了一个比较好的平衡点，成为地球村居民的领跑者。

① 〔德〕马克斯·韦伯：《经济通史》，上海三联书店2006年版。
② 章乃器：《中国货币金融问题》，生活书店1936年版。

我们再次将目光转回中国。1840年鸦片战争打破了中国传统的社会结构之后，经济发展实际上也在遵循着西方现代化的演进逻辑。中国的商业原本就高度发达，五口通商之后，相当一批有识之士意识到发展商业对于挽救国家危亡的重要性，高呼"商为国本"，提倡"商战"；随后他们发现，没有强大的工业制造业基础，商业是无源之水，空中楼阁，在发生战争时更是无所依靠，于是洋务派和维新派都主张发展现代工业。尽管这个时期中国还谈不上什么工业革命，但是中国最早的工业基础还是在筚路蓝缕中建立了起来。民国初期，北洋政府奉行自由经济主义，对民族资本主义干涉较少，中国经济充满了朝气。这一切似乎都与西方大国的崛起历程相契合。近代中国发展的思想脉络也在缓慢地由"保国保种"危急前提下对国家主义的高度服从转变为较为乐观地实现个体发展的自由主义。可惜上天和中国人开了一个残酷的历史玩笑，日本人的侵略打断了中国社会正常的演进顺序。为了挽救民族危亡，必须集中动员全部力量抗敌，国民党统制经济政策应运而生。"国"与"民"的天平再次倾斜。"国富民强"成为全体中国人的共识，只有国富才能抗战，只有民强才能杀敌。这个时候，没有人会在乎个体财富的得失。

1938年秋天，武汉沦陷，三万多人员和十万吨重要物资滞留在宜昌。如果不能及时转运入川，中国仅存的文化血脉和工业基础将毁于一旦。然而长江上运营的美英船商却乘机开出了比平时多出3至5倍的极高要价。民族实业家卢作孚以低于运输成本的价格，冒着员工牺牲性命、船只被炸的危险将所有人员物资及时地赶运到了后方，史称"中国敦刻尔克大撤退"。卢作孚先生后来回忆说："这一年，我们没有做生意，我们上前线去了。"同学们，换作你们，在彼时彼景之下，会在意国富还是民富么？

新中国成立后，由于效仿苏联的计划经济体制，每个人、每个单位都是计划中的一个元素，按部就班运行，所有工作都是为国家服务，更谈不上民富的问题。改革开放之后，中国经济高速发展。在30多年间，依靠被外媒称为血汗工厂的密集的低成本劳动力优势，国家财富规

模终于跻身世界前列。在这个时候,我们终于有了谈论民富和国富关系的可能,也到了必须要解决民富和国富关系的历史节点,否则就无法实现经济大国向经济强国的转变。

这就是中国发展的历史逻辑,也是大国崛起的历史逻辑。我们必须承认,人类社会发展进程的绝大部分时间和事件,都与国家紧密联系在一起。著名经济史学家道格拉斯·诺思说得好——"国家的存在对于经济增长来说是必不可少的;但国家也是人为的经济衰退的根源。"①他尤其提醒研究者:国家模式应当是任何有关长期变化分析的一个明确的组成部分。诺思洞见到国家的存在是一把双刃剑,对经济增长有双面意义,同时也发现国家与个体之间有利益上的冲突。这都是十分科学的认识。然而,现在的舆论界有一种不好的倾向,谈论国家的正面意义,会被指责为"毛左",无政府主义有所抬头。回顾东西方世界的发展进程,也许会对理解这些问题有所助益。

三、盛世的反思

最后一点时间,谈谈对所谓"盛世"的历史思考。"盛世"是一个比较模糊的概念,大致是指一个国家内政外交均有建树时的状况。比如内政方面:政治清明、经济繁荣、民生安定、民族凝聚力强、科技发达、思想活跃、文化昌盛;对外方面:军事强大、贸易繁荣、国际影响力大、对外交流活跃等等。请问以今天的中国观之,我们进入盛世了没有?我个人以为还没有完全达到盛世的局面,否则就不会有从经济大国向经济强国转变的呼声,官方也就不会一再强调自己是发展中国家。比较科学的说法是,我们已经站在了盛世的门槛上。能够实现经济大国向经济强国的转变,我们就跨过了这道坎;实现不了这个转变,就有可能滑向"中等收入陷阱",离盛世越来越远。

当我们站在这个门槛上的时候,应该做些什么?

---

① 〔美〕道格拉斯·C.诺思:《经济史上的结构和变革》,商务印书馆1992年版。

首先,要以历史的眼光理性分析对待当前出现的一些社会问题。

自近代以来,中国百姓遭受到的绝大多数痛苦是和国家衰落、外强欺凌直接联系在一起的。连年不断的内外战乱和接二连三的被迫缔约,使每个中国人无论在民族感情上还是切身利益上都受到巨大损害。人们理所当然地以为,所有痛苦都是来自于列强的侵略,而之所以如此,显然是源于国力的弱小。于是,要争取自己的幸福,首要任务就是将洋人赶出去,这个时候,靠个人的力量是无法实现的,"国富民强"史无前例地成为凝结中国人的共同目标。人们相信,只有国家富强了,一切才会好起来。

经过一百多年的努力,国家终于富强了,许多中国人却并没有感到幸福,因为国家财富的增长和个人福利的提升并不成正比。大家有怨气,也很迷茫。这十分正常。就像一场赛跑,假如你的终点就是国家富强,当竭尽全力跑到终点时,反而会失去方向不知道下一步该做些什么。要知道我们距离上一次"盛世"(康乾盛世1661—1799)已经三百年了。当盛世突然临近眼前,我们已经忘记了该如何迎接,如何思考。所以,请给我们自己一点点时间,对当下的社会多一些宽容。国家主义并不全然是当权者愚弄民众的工具,它是在历史长河中曾经被民众认同了的概念和一种生活方式。我们不了解它出现的原因,也就无法正确地找到解决方法。

其次,要用创新的思想理论为指导实现历史性的跨越。

我曾经在《人民论坛》发表过一篇小文章,介绍日本和韩国跨越"中等收入陷阱"的历史经验和对中国的借鉴。比如:

第一,产业结构能否顺利转型升级是影响人均GDP增长水平最直接的因素。我们无法想象在一个衬衫换飞机的贸易中,双方国家的人均GDP是相等的。从统计意义上说,高收入国家与中等收入国家的区别也正在这个地方。通过产业升级战略,改变劳动密集型的产业布局结构,使工人的单位劳动创造出更高的单位价值,这是实现人均GDP指标提升的最有效途径。

第二,社会收入分配可能是决定一国能否摆脱"中等收入陷阱"的

131

决定因素。日本和韩国之所以能够顺利跨入高收入国家行列,与国内社会的相对稳定和收入差距相对较小也有密切关系。日本在上个世纪60年代之前,贫富差距相当明显,基尼系数一度高达0.47。但随着"国民收入倍增计划"的实施,收入差距问题得到明显改善。韩国之所以能在向高收入国家转型过程中把总体收入差距维持在较低水平,重视农村地区发展也是一个重要原因。从20世纪60年代末开始,韩国政府逐渐开始重视农村地区的发展。1971年政府启动了"新社区运动",1973年至1978年,大约一半的政府投资通过"新社区运动"分配到农村地区,集中于基础设施、公共卫生、环境保护以及成人教育等方面。这些政策显著增加了农户收入,缩小了城乡收入差距。

当然还有一点不可忽视,那就是政府在跨越过程中始终处于强势的引导地位。但是在我看来,上面这些不过是技术性的建议,并不能解决根本问题。当下许多问题的根源在于人们的思想。

1958年,费正清预言未来中国的麻烦将来自于三个方面[①]:(1)人口压力过大;(2)古老的官僚主义流弊;(3)思想受控制,单一化。很不幸,这三个问题我们至今都没有解决。尤其是思想僵化问题,每隔十几年的时间就会愈演愈烈。

北京广安门桥下悬挂着一条横幅,上写两句话:坚持改革开放,继续解放思想。这条横幅上的十二个字很值得深思,它反映了改革开放进入攻坚阶段之后人民群众的思想困惑和继续前进的愿望。我想前述种种问题之所以积弊已久,正是因为我们的有关人士还不肯解放思想。比如:当下的高房价根源于政府的土地制度和财政意图是人尽皆知的事情,为什么不能从根本上解决?再比如清华大学蔡继明教授所说:既然大型垄断国企存在的理由在于国家要控制经济命脉,真正的命脉其实是农业和饮食业,这两个行业却为何以私有经营为主,国企为什么不进入这些行业?……要从根本上解决上述问题,仅仅在原有的思想、理论、制度框架之下进行修修补补是无济于事的,只能进一步地解放思

---

① 〔美〕费正清:《美国与中国》,世界知识出版社1999年版。

想,才有可能找到全新的出路。

　　基于上述考虑,我以为中国要真正从经济大国走向经济强国,是到了需要一场新的思想启蒙运动的时候了。这场应该到来的启蒙运动实际上只是一百多年来中国追寻现代化进程中种种努力的一部分,从戊戌变法到晚清的预备立宪,从辛亥革命到五四运动,从社会主义三大改造到改革开放,我们一次次地尝试通过新的思想获得中国现代化的捷径,有的失败了,有的部分成功了,但是没有任何一种思想和理论是超越时代放之四海而皆准的,每每走到重要的历史关头,社会呼唤着新的思想或理论的诞生。

　　近一二十年来,我们越来越沉迷于极端讲求效率、增长、利润最大化等西方主流经济学的框架,将其用于指导经济实践的各个方面,结果发现,尽管我们采用了西方最先进的研究方法和思路,却没有取得与西方发达国家同样的文明成果,而是陷入走向权贵资本主义和国家资本主义的危险。必须承认,在权贵和国家两大强势力量下,由于垄断和社会贫富差距的拉大,大多数人的相对福利是下降的,这是当下一切社会矛盾的根源(在此也必须指出,不能简单地由此推断:是西方主流经济学在中国的泛滥导致了这样的后果)。然而可以肯定的是,进入改革开放瓶颈时期的中国社会已经暗流涌动,迫切需要在理论上进行修正甚至是反动。将来的这场理论的启蒙或者说创新,无非有两个来源:一是继续采用西方经济学的理论和范式,从技术上试图对各种问题逐个击破,甚至在制度建设方面走得更远;或者是回归人们一度厌倦了的马克思主义,从社会公平的理想制度层面重新探索中国人未来的命运。但是无论将来的思想理论如何发展,对于人类个体的关注将是不可阻挡的历史趋势。

　　我曾经有过这样的比喻:中国和西方国家就如同在一个武侠世界中。强汉盛唐两宋时期,大家都没有学过功夫,但中国块头极大,是一个威猛的壮汉,而其他国家身材瘦弱,谁都无法和我们抗衡。西方工业革命之后,他们手持利刃以各种精妙剑法刀法前来挑战,我们仍旧赤手空拳一身蛮力,显然不敌。林则徐、魏源直至洋务派以为我们有了刀剑

学了套路就能赢回优势,最终却发现西方各国内力深厚,刀剑招式背后没有内力支持,再精美都是花架子。近代人都称华夏为"老大中国",大则大矣,却老迈不堪,步履沉重,毫无生气,处处挨打,备受屈辱,这才在亿万中国人心中播下了"强国之梦"的种子。

从经济大国向经济强国转变,本身是一个历史过程。这个过程会有鲜花绽放,也会布满荆棘。我心目中的强国其实很简单:在那里,人人有恒产,耕者有其田,居者有其屋,老有所养,病有所医,矿难不再频繁,校车不再超载,路人不再冷漠;它不再忍受他国的欺辱,也不会无端干涉他国;它的文化被世人追逐喜爱并广为传播,它因每个个体的真实存在而伟大,它因自身的伟大而无比强大。

现场答问

主持人:谢谢张老师给我们做的精彩演讲,下面是现场互动环节,如果有什么问题的话可以给张老师提问!哪位同学有什么问题呢?

问:老师你好!感谢您精彩的报告,我对于如何从经济大国变成强国特别感兴趣。刚才您讲到如何变强从两个层面来看:第一是思想层面的思想启蒙解放,第二是技术的层面包括政府产业升级、收入分配等。您认为中国当务之急应该做些什么?我觉得思想解放是一个长期过程,技术则是一个短期过程,中国政府当前应该做什么事情?我们学生应该怎么做?在这个问题上扮演什么样的角色?第二个问题是:您提出了思想启蒙运动,这个是不是跟十七届六中全会中共提倡文化改革,提倡建设社会主义价值观一脉相承的关系?

张亚光:这个问题提得正好。我本来在报告中准备了十七届六中全会的话题,现在结合起来回答。首先来看国家为什么要在这个时候召开十七届六中全会?我们注意到:十七届六中全会之后,在文化领域陆续出现了非常大的动作。像这次的文联和作协集体受到党中央接见,胡锦涛总书记做了重要讲话,在改革开放以来的历史上是罕见的。中国如今确实站在了一个历史门槛上面,中央高层已经认识到了通过文化引导人们思想意识的重要性,不然和谐社会的建设就会危机重重。

你刚才提到第一个问题我觉得还是要从两方面同时入手:第一个方面十七届六中全会已经开始着手考虑和实施。虽然对于这次会议决定的某些内容我不是特别赞同,但不管怎么说,这是一个非常好的趋势和信号。这恐怕是中国政府自改革开放之后第一次以中央全会的最高规格专门来研讨文化思想问题。因为越来越多的人已经意识到,如果在将来的20至30年内不解决人们的思想问题和文化问题,中国肯定是要遇到大麻烦的;另一方面最重要最首要的就是解决现在的收入分配问题。收入分配问题其实没那么难解决,就看我们有没有决心去做。去年国家财政收入在世界经济危机背景之下增长了30%多,为什么不可以把这部分增长的财富拿出来用于社会收入的再分配呢?现在从学者到普通百姓都在呼吁,改革开放三十年的成就并没有真正地让老百姓分享,当前实施的一些举措包括保障房建设、医疗改革等有一定成效,但是对于老百姓来说很不解渴,解决不了根本问题。我个人以为目前最迫切的是要解决这个问题,只有把收入分配问题解决好了,老百姓心中的怨气不那么大了,社会才有平稳健康的环境继续发展。房价可以高,高没有关系,但是你得让老百姓有钱买。从经济学角度说,物价太低也不一定是好事,适度的通货膨胀可以带来经济的增长,关键老百姓要有钱买,收入水平要跟着涨,如果老百姓的收入增长幅度和物价增长幅度严重脱节就会出现大问题。

我还要强调的是,解决收入分配问题绝对不是要"杀富济贫",更不能像从前那样闹革命。在保障个人产权效率与缩小社会贫富差距之间应该能够找到一个平衡点,尽管这种平衡可能是动态不稳定的,但在某个区间之内是相对合理的。中国现在最大的问题是富人和政府不懂得放弃和分享,这是有悖传统"中庸之道"的。

问:老师你好!马克思主义经济学认为生产力决定生产关系,而我认为生产关系决定生产力,而且民主是民生的保证,比如首先实现好的生产关系才有好的发展,只有在政治上实现民主,民生才能有健康发展。比如说二战以后日本、韩国在美国的帮助下走上了经济复苏的道路,美国在政治体制上首先保证他们走向了一个民主制度之后,经济才能健康发展起来。而某些国家生产关系似乎不好,于是变成了生产力比较落后,您是怎么看?

张亚光:我对你的想法表示部分赞成。生产力和生产关系应该是相互影响相互作用的。即便生产力第一性、生产关系第二性的阐述是对的,也不妨碍在某些情况下生产关系反过来推动生产力的进步。但是与西方民主体制相关的生产关系并不是放之四海而皆准的。从我刚才的演讲内容的逻辑来看,一个国家经济起飞的阶段,或者说从落后国家向发达国家转型的时期,历史经验告诉我们经济发展与民主社会可能没有办法一步到位地并存实现。在经济刚刚起飞的时候,比如像非洲那些落后国家,现在给他们民主制度人家也不一定消化得了。这些国家的传统就是强人政治,当绝大多数人口连温饱都解决不了更谈不上接受教育的时候,西方式民主如何推行呢?这个时候只能祈祷出现一个善良开明的强权政治集中国家资源推动经济起飞必要条件的实现。所以我个人的理解是:民主是一种奢侈品。民主对于现代西方国家来说是理所当然的社会意识形态,从16世纪开始这些国家的经济就已经起飞了,后来是一个互相推动和互相补充的关系,当它们的经济实力到达一定高度以后才有条件将现代民主模式变为现实,这种民主模式推广开来之后又能够把它们的经济再往上推。但是对于一个一穷二白的国家,最开始给它民主并不是一个特别好的选择。

问:我对于第二个民主的结论印象比较深刻,对于当前国富但是民不强的局面,很大程度上是我们中国人当时自己选择的结果,我们可能应该对这种的现状保持一定宽容和理性,但是我很难想象在利益逐渐固化的阶段如何才能使既得利益者们跳出自己的圈子,用历史的眼光把中国推向更有前景的未来?我不知道您对这个事如何看待?

张亚光：我非常同意你的说法。上个月的时候有位同学向我提了一个问题，本质上和你的提问是一致的。他说：在市场经济条件下，有没有这样一种可能——市场自发的力量能够制约国家走向腐败和垄断？市场会不会内生出这样一种强大的机制呢？我当时的回答是：我对这个状况不是特别的乐观。在这个世界上只要国家还有存在的意义和可能，就一定会对某些领域进行管制，不同国家之间的区别只在于管制范围和程度的差异。只要有管制的话，按照张维迎教授的说法，一定会有腐败和寻租的现象。现代西方国家的成功在于，他们在市场和管制这两种力量之间取得了比较好的平衡。中国的问题比较复杂，两千多年来管制始终是政府主导的经济主张。要想将管制下的利益转移给市场，只能通过改革（注意，不是革命，中国的革命最终只是导致管制者的更替）。可是历史上的教训历历在目，各朝各代倡导革新变法的人物下场都很悲惨，那些僵化的既得利益群体或者复辟或者被新的利益集团取代。费正清、金观涛等学者都提出中国有一个超稳定的结构、一个历史周期循环的过程，大家都在质问：中国人什么时候能够跳出这个循环的怪圈？能够将我们带出怪圈的力量究竟是来自西方的冲击，还是能够产生于我们自身的文化的觉醒？我现在还没有看到。

问：老师你好！GDP是一个现代的概念，包括许多现代要素，你能把东汉的GDP换算成一个确切的数字吗？

张亚光：这是一个很纯粹的技术问题。我主要研究经济思想史，从技术角度回答不了，但是可以推荐我的同事管汉晖老师，他是国内研究明代GDP问题的专家。其实关于古代GDP的计算，我个人也有一些疑问，比如：GDP是一个现代概念，涵盖了各个农业、工业、服务业等各个生产部门，但是古代经济形态显然是和现代不同的。在计算明代GDP的时候怎么去界定这些行业？怎么去做数据统计？样本会不会有偏误？数据统计办法是有的，历代的食货志有一些数据，地方志也有一些数据，需要精细地挖掘和梳理。主要问题在于古代GDP核算体系的建立,是否和现代有可比性?是否和同时期的外国有可比性?这些问题可能比较容易产生争议。

问:有学者认为收入差距比较大的国家实现民主是不太可能的,在中国民主也一直备受诟病。你是如何看待效率和公平的博弈?

张亚光:首先,我不认为在一个收入差距大的国家不太可能实现民主,至少从另一个角度来说,它的差距越大越是需要民主。在这里要注意收入差距大和经济落后是两个概念,也就是说,这个问题和刚才我们讨论的经济落后国家是否需要民主还不太一样。从巴西最近两年的民主化改革来看,在缩小贫富差距方面成效是比较显著的,基尼系数在逐年下降,值得我们借鉴。公平和效率是人类社会永恒的话题。我个人以为,公平和效率是社会发展的两极,极端的公平和极端的效率不仅危险也没有实现的可能。中外历史的经验已经足够丰富地告诉我们,社会动荡皆是由于人们过于偏向了某一极。百姓更喜欢公平,但他们不知道过分强调公平会扼杀社会进步的活力,最终反而影响他们的福利;社会精英更倾向于主张效率,但同时往往自以为代表了全体大众的呼声,不顾社会底层的迫切要求。人类永远无法在这两极中间取得精确的平衡,某个国家的强大与和谐,只能是在特定条件下获得一种动态均衡,不可能恒定。公平和效率的博弈会不断影响着人类社会的进程。

问:您能否比较一下从1949年到现在大陆和台湾的经济状况?

张亚光:很抱歉,台湾问题我没有什么研究。我有一个师兄是台湾人,他专门写过台湾经济改革的论文。据我有限的了解简单说几句:1949年国民党政府从大陆溃败,军事失败是直接原因和表象,更深层的原因应该是经济的崩溃,而崩溃的根源是官僚资本垄断和错误的货币政策。国民党在大陆统治后期,社会资本高度集中。这一点也有历史的偶然性,民国时期的自由经济思潮一度颇有影响,但是外敌的入侵迫使政府采取了统制经济,以求集举国之力抵御外侮。八年抗战下来,自然形成了社会资源由国家控制的惯性,四大家族近水楼台,借机大发国难财,形成了高度垄断。经济高度垄断的同时,这批既得利益者不肯放弃私利,但是政府还要运行,军费需要解决,于是只好采取恶性通货膨胀的政策。这时民心已失,溃败已成定局。到了台湾之后,蒋经国开始推动民主化改革。在经济方面,台湾也进行了土地改革,从方向上看和大陆的土改没有本质区别,都是要做到"耕者有其田",但在具体实施过程中,台湾更注重保护地主的合理利益,保留了这部分阶层的积极性,兼顾了公平和效率。此外,由于台湾没有经济封锁等问题,本身也比较开放,赶上了二战之后新兴工业化浪潮,以出口导向型经济作为基础,获得了长足的发展。

问:按照有关专家的说法,中国的基尼系数已经达到了0.55,超过了0.4的国际警戒线。一般认为超过这条警戒线国家会发生动荡和内乱,但是中国为什么没有发生呢?

张亚光:我想在座的各位恐怕没有谁愿意看到中国发生动荡和内乱。关于基尼系数的问题,首先0.4只是一个参考的数值,它是根据国际经验归纳而来,并不能代表绝对的规律。不同国家由于社会制度、历史文化等原因,社会的张力不同,对贫富差距的忍耐程度也有所不同,超过0.4并不意味着必然会发生社会动荡。其次,所谓的动荡和内乱会有不同的表现形式,并不一定会以激烈的方式呈现出来。当前中国的贫富差距确实相当大,实际上在社会某些领域和某些地区已经引发了部分不同程度的社会矛盾。我们希望国家能够尽快做出一些政策和制度上的调整来避免更大的矛盾出现。

问:我们国家应该是在发展过程中先学习,然后实践,还是我们先实践再总结呢?思想启蒙过程中必然会产生观点的纠纷和争执,很可能出现由于没有一个明确的东西指导我们而畏缩不前或左右摇摆的情况,你觉得我们怎样去处理思想启蒙与这种急迫的要发展之间的关系?

张亚光：对于一个国家而言，尤其是从中国近代史来看，确实是学习在先，或者说思想上的启蒙火花在先。至于你提到的这个问题如何解决，中国传统的办法是依靠威权政治。在社会进程无法推动下去的时候，需要一个强有力的具有绝对权威的人去披荆斩棘，比如我们的邓小平先生。然而一旦出现凭借强人政治来改变历史进程的情况，往往又会走向个人崇拜和集权主义的深渊，这是一个很大的悖论。不过，现代信息媒介技术的发展使思想启蒙方式有了更多的可能。在各种媒体都比较发达的情况下，不同的意见和思潮得以充分论战，并以极大的社会影响力冲击到决策机制。我相信技术的微观变革会给传统的决策机制带来一些变化。

问：老师你好！我想请问一个问题，思想启蒙运动怎么样才能发生？

张亚光：这个问题很好，因为实在不好回答。中外历史上的思想启蒙无不需要复杂的社会条件，需要思想巨匠的出现，需要宽松的社会环境，需要全体社会成员的参与和推动。前面说到，我们国家其实已经考虑在做这方面的工作了，十七届六中全会的目的就是要由国家主导进行思想方向的引导或者改变。但是回顾历史，我们会发现思想启蒙运动很少是由国家推动发起的，因为启蒙往往意味着与旧势力的决裂。所以，当下知识分子群体眼中的思想启蒙和十七届六中全会的基调可能还不完全是一个方向。这就出现了矛盾和困难，我们该怎么呢？我想一方面要认真学习体会十七届六中全会的决定，毕竟里面有许多合理的因素，比如对中国传统文化继承、如何建设中国人的精神家园等提法，这些内容和学者们的思想启蒙目标没有冲突，我们完全可以通过自己的建言献策为体制内的进步作出贡献。另一方面，对于那些目前体制还无法接纳但又充满了历史合理性的思想观念，需要我们有责任感的学者始终站在时代前沿去呐喊。

主持人：如果没有问题的话，谢谢张老师给我们做的演讲还有大家的积极参与,希望大家以后继续关注北大的讲座。

张亚光:谢谢大家!

主持人:最后祝大家感恩节快乐!

张亚光:谢谢!

(2012年11月21日)

郑春苗 | Zheng Chunmiao

[演讲者小传]

郑春苗，现任北京大学讲席教授、水资源研究中心主任。2009年入选中组部"海外高层次人才引进计划（千人计划）"国家特聘专家。撰写了专著 *Applied Contaminant Transport Modeling*（1995初版；2002再版；2009中文版），发展了国际地下水污染物迁移标准模拟软件 MT3D/MT3DMS 系列。发表了论文120多篇，内容涉及地下水模拟、水资源可持续利用管理、含水层非均质性对溶质运移的影响等等。目前担任国际水资源研究领域顶级学术刊物 *Water Resources Research* 和 *Journal of Hydrology* 副主编，美国国家科研委员会（National Research Council）水文科学核心小组成员，国际水文科协（IAHS）国际地下水委员会主席。荣誉包括美国地质学会会士（Fellow）、美国地下水协会1998年度 John Hem 杰出贡献奖、美国地质学会2009年年度 Birdsall-Dreiss 杰出讲席奖。

中国能否应对日益严重的水危机?

主持人:非常欢迎大家来到今天的讲座现场。今天是2011年全国科普日,本届科普日的主题是"保护水资源"。众所周知,水资源的保护和合理利用已经成为当今一大热门话题。今天,我们非常荣幸能够请到郑春苗教授为我们讲述关于水资源短缺的问题。下面我先对郑教授做一个简单的介绍。他是美国阿拉巴马大学地质科学系终身教授,北京大学讲席教授、水中心主任;为国家海外高层次人才引进计划("千人计划")获得者,2006年获国家自然科学基金委海外青年学者合作基金;郑教授撰写了多部专著,发表过120多篇论文,其开发的地下水污染模拟标准软件,在100多个国家得到广泛使用。他是美国国家科研委员会水文科学小组成员,国际水文科协国际地下水委员会主席,美国地质学会2009年度"水文地质杰出讲席奖"获得者。下面就有请郑教授为我们解读中国的水危机。

郑教授:大家好!我今天讲座的题目是中国能否应对日益严重的水危机?2009年,我作为美国地质学会的 Birdsall-Dreiss Distinguished Lecturer 在全球做过一个巡回演讲,到70个大学、研究机构访问、讲演,包括我们北大。巡回演讲的两个内容之一是有关中国水资源的问题。我今晚的讲演内容是在那个演讲的基础上,做了一些修改。如果有时间的话,我再给大家讲一些科普知识,专门讲一讲地下水。从国外回来后,2006年开始,我们在北大建设水资源研究中心,主要研究方向之一就是地下水。如果时间允许的话,我可以讲讲这方面的基本知识,说说为什么地下水是埋在地下的宝贵财富。

一、水危机是我们未来面临的最大挑战

现在全球都很关注水问题。2010年我参加了一个有关全球水危机的论坛,主办方是美国的非营利民间组织"未来基金会"。他们邀请了全球十几位各行各业的专家,不仅有水问题专家,还有历史学家、经济学家、人文社会学家等,大家一起来探讨世界水危机问题。其中的Brian Fagen写过50多本书。有一本就是有关全球变暖与水资源问题的。他提到很多未来学家相信人类面临的最大问题不是战争、宗教问题,而是水问题。

北京大学常务副校长吴志攀教授就特别关注水的问题。他曾经给温家宝总理写过一封信,信中提到中国迫切需要重视水的问题,因为很多瓶装矿泉水的价格已经超过了石油的价格。我们可以从国外进口粮食、进口石油,但是没办法从国外进口水。而且,如果真到了进口水的地步,那就麻烦了。总之,水的问题肯定是未来人类面临的最大挑战。

这是美国的《国家地理》,一本非常流行的杂志。去年4月份,它专门出版了一期特刊,主题就是"水,我们干渴的世界",在方方面面提到水的问题。这里有几个数据是从这期特刊里面摘下来的:地球上的水有很多,但是绝大部分是海水,是没法喝的,只有

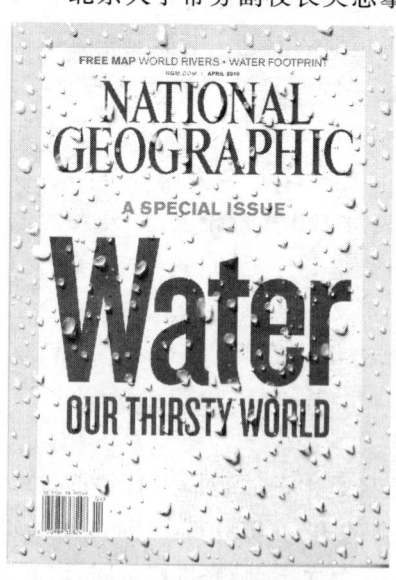

图1 美国《国家地理》杂志
2010年4月特刊封面图片

3%的淡水;3%的淡水中70%是固态冰川,30%是地下水;我们看到的河里的水只是全球水储量的3%里面的1%。由于大部分可以饮用的水资源储存在地下,所以我们才说地下水是埋在地下的宝贵财富。另外,现在世界上有八分之一的人还无法获得清洁的饮用水,中国有很多农民用水很困难,非洲国家的用水也非常困难。世界上每年有300万人死于和水有关的疾病。

我们今天讲水危机,这个说法很贴切,因为水可能是我们中国面临的最大的危机。国务院办公厅2007年发布了一个关于加强抗旱工作的通知,称在充分考虑节水的情况下,2030年我国用水量将达到或接近可利用水资源的总量,抗旱形势更趋严峻。2008年到2010年中国许多地方都经历了严重的旱灾,包括云南、四川等本来属于降雨量挺充足的地方。极端气候愈加频繁,干旱和洪灾同时发生,有的地方水太多,有的地方水太少,所以说水危机包含了很多方面的问题。

二、中国总体的水资源短缺问题

下面向大家介绍一下中国水资源的基本情况。

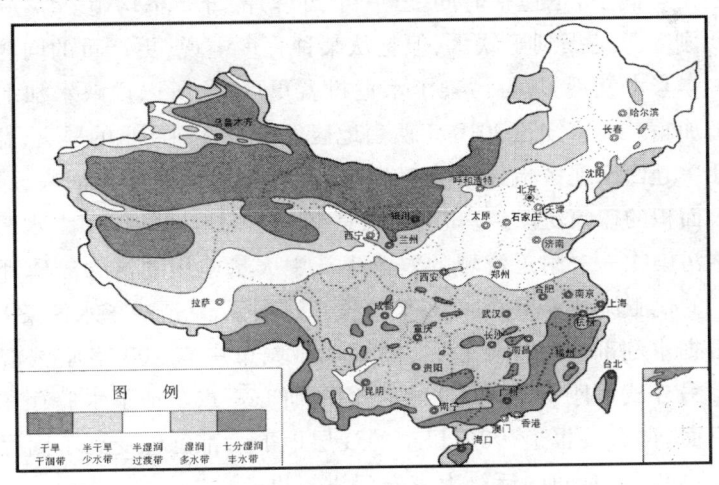

图2 中国降雨量分布示意图

大家知道中国的南北情况很不一样:南方长江流域降雨量相当充足,而北京,包括西北都是干旱、半干旱的地区,南方的人平均水资源占有量是北方的四倍,所以其实我们面临的最大的问题还是水资源空间分布不均匀。

尽管中国的水资源总量不少,和美国差不多,但要是平均起来的话,中国只能排在全球120多位,因为我们中国的人口基数太大了。一个地区的平均水资源占有量如果为1700立方米/年,就说明水很紧张;低于1700立方米/年,就说明水很缺乏;低于500立方米/年,就是严重的水缺乏。而我们中国的平均水资源占有量约为2000立方米/年;华北平原,包括北京、天津、河北,甚至只有350立方米/年,属于水资源严重缺乏的地区。

水资源的总量基本上是一定的,每年的降雨有多有少,但多年平均量变化不大,人口却一直在增长,所以平均水资源占有量肯定在减少,特别是工农业的发展需要越来越多的水,所以整个国家可能很快就会接近水紧张状态。但是我刚才提到了,中国水问题主要在于分布不均匀。尽管中国人的平均水资源占有量在全世界排名较低,但是最大的问题还是空间上,也包括时间上(一年四季)的分布不均衡。

我刚才只是提到了缺水,但是从某种程度上说,更严重的问题是水污染。本来水就不多,再污染了水危机就更严重,所以说缺水加上污染是雪上加霜。大家知道2010年西南地区发生了特别严重的旱灾,温总理先后几次赴西南地区指导抗旱工作。上个星期我刚从太湖回来,那里出现过大面积的蓝藻泛滥,要知道太湖是整个无锡地区的饮用水水源。因为那些污染物——附近流域的农业生产中大量施用的富含氮磷钾等营养元素的化肥流到水里面,使得蓝藻发育过头了,就造成了水污染。

根据水利部最近的资料,全国600座城市中有400多座城市严重缺水。另外我刚刚提到地下水是我们的研究重点。地下水储存在地下岩层里面,据有关报道,90%以上的浅层地下水都已经受到不同程度的污染,我后面有时间的话给大家专门讲一讲。

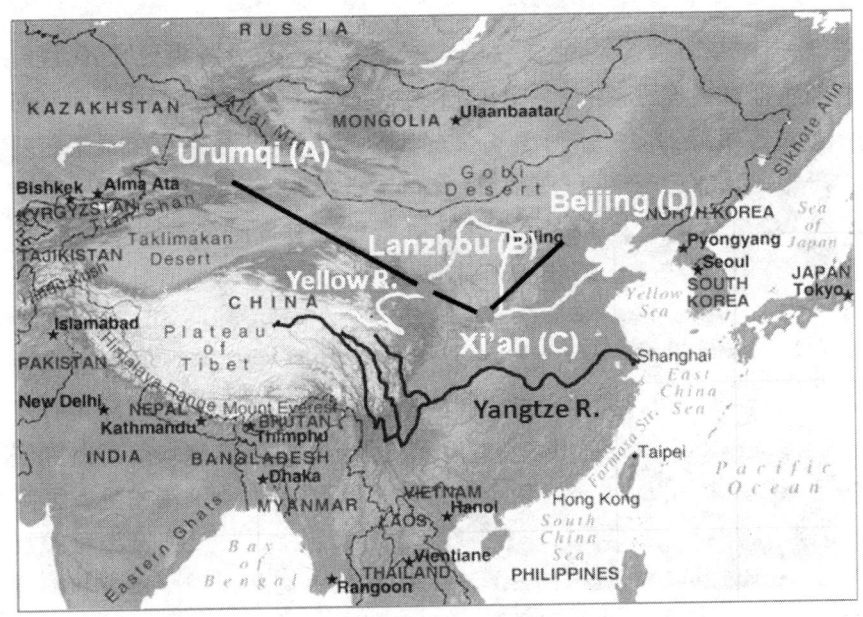

图3 水资源考察路线图

开头我提到,2009年我作为美国地质学会的代表进行全球讲演。为准备这一讲演,我特意做了一次野外考察,从乌鲁木齐到兰州、西安,然后再到北京。通过我所走过的这样一条路线,展示了一下中国缺水的情况。不过今天我不打算详细地讲这些。国际上对中国的水资源情况不太了解,但我相信大家都知道中国西北、华北地区是相当缺水的,每个地方我给大家看几个图片。

在国外讲演的时候,因为外国人很难记得住中文名字,所以我就给他们标A、B、C、D。A就是从乌鲁木齐开始。这里给大家看的玛纳斯河的上游的水大部分是冰雪冻土融水,这些水很快就会被引走,去发电、去灌溉,然后下游就一点水都没有了,完全干掉了,所以大家可以想象人工拦蓄工程对生态的破坏。

图4　新疆玛纳斯河上游至下游景观

西北很多地方基本上都是这个情况。塔里木河也是这样：上游的水被过量开采，或者说人们把水截到水库里面，导致塔里木河下游一些河道曾经二三十年都没见到水。国家前些年投入巨大资金在塔里木河流域进行生态恢复的试验，用行政手段放水到下游，但缺水、生态破坏的问题还是非常严峻。

接着我到了兰州附近一个很有名的县，叫民勤县，是我访问的第二个点。民勤县现在是一片绿洲，但绿洲面积在不断地减少，不知道哪一天就会消失掉了。人们目前只能靠抽采地下水维持这个绿洲。那么这个地方为什么特别有名呢？因为2007年温总理曾到访民勤县，说了一句话："决不能让民勤成为第二个罗布泊"。大家知道罗布泊在新疆那边，曾经是很美丽的湿地、湖泊，现在却成了一片沙漠。为了防止民勤县成为第二个罗布泊，他们采取了很多的措施，想节水、想让民勤的绿洲保存下来，但是这个过程相当困难，因为没有水怎么办？

中国能否应对日益严重的水危机？

图5　甘肃民勤县地理位置（上）和温总理对民勤县的访问和题词（下）

第三个站我走到了内蒙古的鄂尔多斯盆地。北边是沙漠、南边是黄土高坡,可以想象这里是非常缺水的,我们水中心也在这边做了一些研究工作。鄂尔多斯盆地的问题一方面是缺水,一方面是环境污染。为什么大家这么关心鄂尔多斯呢?因为它是中国非常重要的能源基地,有中国近一半的煤储量。如果是露天采煤,就要把地下水位降低,同时在采煤过程中又会有大量污水流到地下水中,所以说采煤不仅加剧了鄂尔多斯盆地干旱缺水的状况,还导致了水污染。

图6　鄂尔多斯盆地的露天煤矿

最后一站我到了北京南边,这也是我们水中心的重点研究区域。大家知道华北平原指的是海河流域的平原地区,广义上华北平原包括黄河南北,但是我们主要的工作是在黄河以北,因为从水资源研究角度来说,海河流域平原地区的黄河以北部分是一个独立的单元。大家知道黄河是地上河,河道高于两岸,成为一个分水岭,把黄河两岸分隔成两个系统。在黄河以北这个领域,北京、天津、石家庄是中国的政治、文化、经济中心,面积有14万平方公里,人口超过1亿,可能是世界上人口密度最高的地方之一,一平方公里大概有八九百人。华北平原的

GDP约占全国总量的12%,是非常重要的地方。但是它的降雨量只有500毫米左右,可以说接近半干旱地区,就靠这么一点水资源来维持这么多的人口活动是非常吃力的,这就是为什么华北地区是世界最缺水的地方之一,人均水资源占有量只有大概350立方米/年。

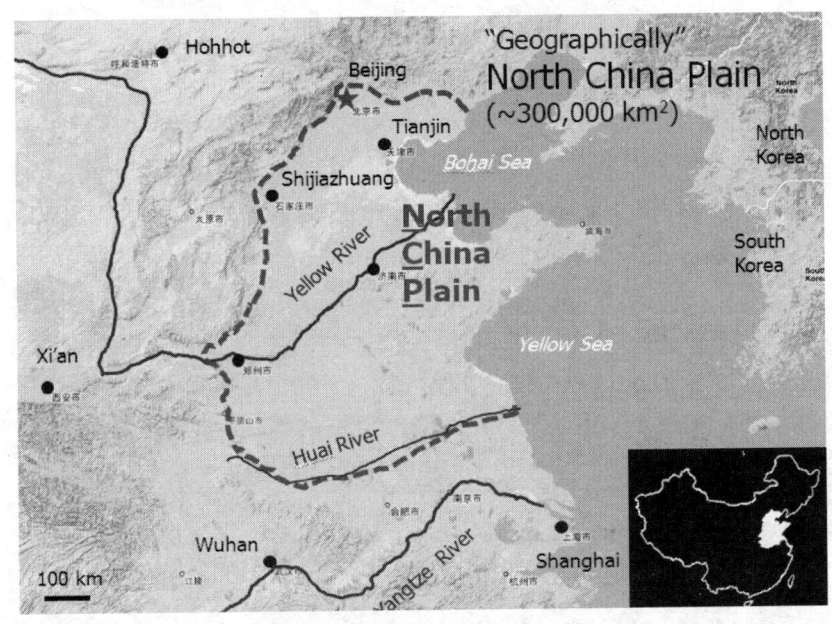

图7 华北平原研究区域

三、华北平原的缺水状况

大家都知道现在全球变暖,在华北平原平均温度上升是很明显的趋势,从上世纪50年代到现在温度总体在增加(图8),但是平均降雨量却呈下降的趋势(图9)。大家看到降雨量每年之间上下浮动不小,这可以理解,可能去年水多,今年降雨少,但总的趋势是在减少。所以华北平原多年平均温度在上升,降雨量却在减少。

151

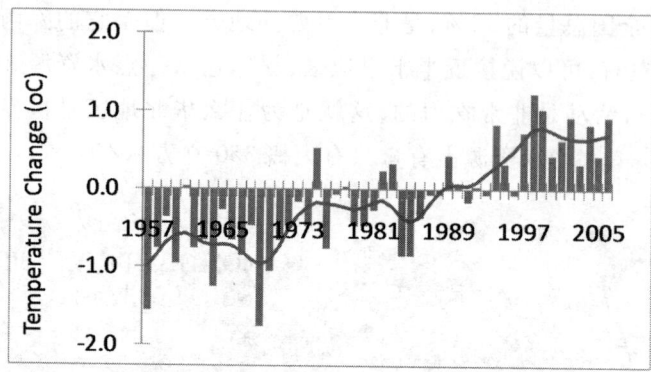

图 8　华北平原年均温度变化趋势

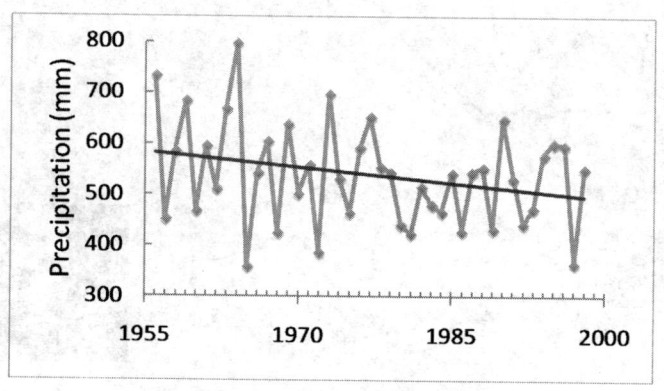

图 9　华北平原年平均降水量变化趋势

大家知道我们的水资源主要靠降雨,降雨量少了水资源就少了。从上世纪 50 年代到现在,华北地区水资源在不断减少,但是我们看看工业、农业和人口都增长了多少倍?所以水资源显得越来越紧张,这就是我们在华北地区看到的现象(图 10)。在石家庄附近,20 世纪 50 年代、60 年代可能到处都是地表河、地表水,现在由于上游修了很多水库或者是地下水位下降,大部分河流在华北地区都已经干了,大家可以去看看北京附近还有几条河有水?就算是河流有水的时候,也经常不是干净的水,而是用于农业灌溉的污水。所以温总理说过一句话,所谓有河必干、有水必污就是这个意思。另外,华北有很多湿地现在也干了,白洋淀是最有名的一个湿地,现在的面积比 50 年代大大缩小,有些水是靠黄河引水过来的。

图 10　石家庄附近地面景观

华北平原地表水相当有限,那如何解决大量人口以及工农业的用水问题呢?大家知道华北平原有很多地下水埋在松散沉积物里,大家就靠打井抽水。在这种情况下,含水层水位不断下降。石家庄附近的水位离地面的距离已经超过 60 米(图 11,华北平原浅层地下水埋深分布图),大家想想这是什么概念?原来的水位离地表只有两米,你稍微挖一下就可以看到地下水,现在到处都是地下水位下降形成的"漏斗"。浅部是这样,深部也一样。有些地方浅部的水是咸水,就是含盐量太高了,水质不好,然后大家就打深层水来饮用、灌溉。有的地方深部的含水层埋深都超过 100 米(图 11,华北平原深层地下水埋深分布图),大家可以想象,如果继续不加限制地抽水的话,含水层就会被抽干的。

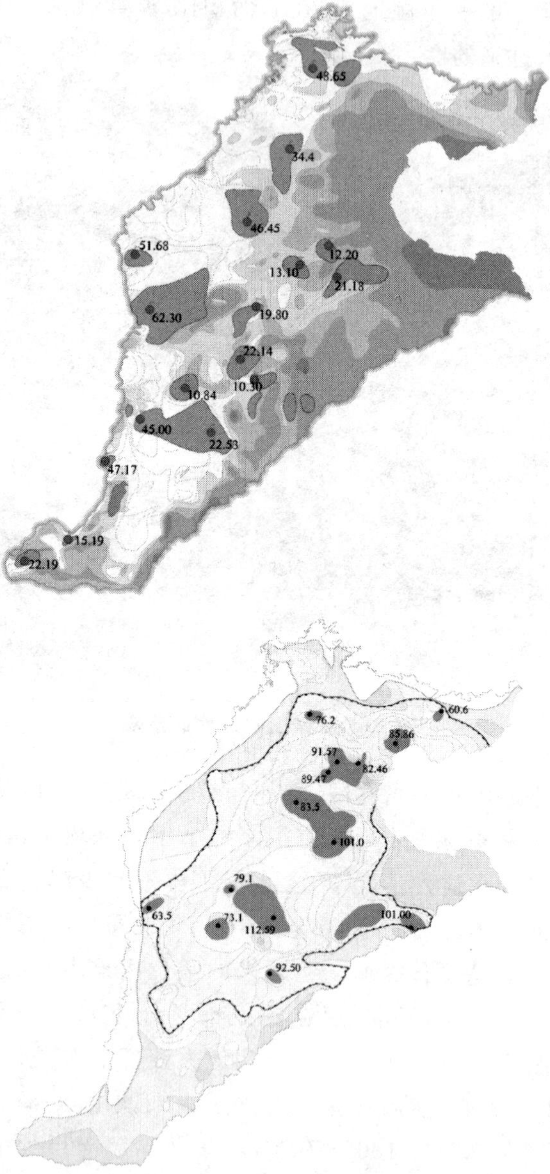

图 11 华北平原地下水埋深分布图:浅层(上)、深层(下)

这是一个很好的示意图(图12),黑的这条线是地面,横穿公主坟、天安门。50年代的时候基本上没怎么抽水,地下水位离地面大概是几米,山区地方深一点,平原地区很浅。含水层浅部是松散的岩层,底下是基岩。现在松散含水层里面的地下水基本上都已经抽光了,北京很多地方地下水水位已经快到基岩了。

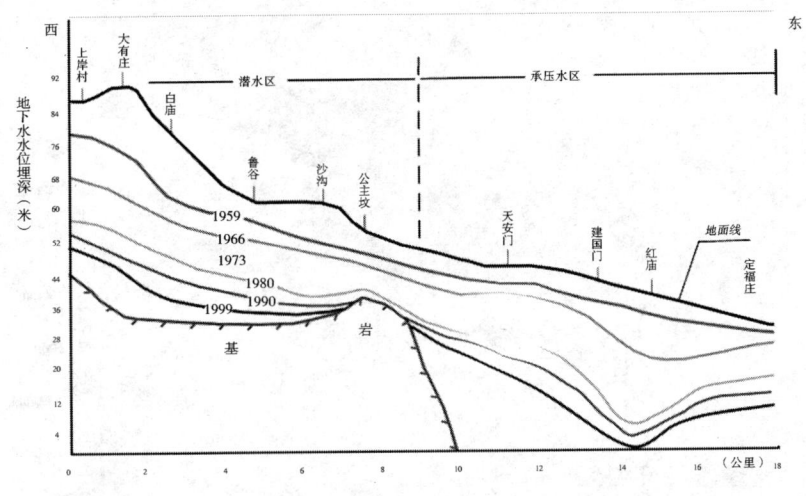

图12 北京近郊多年地下水位对比图

另外,我刚刚也提到了水量和水质是连在一块的。中国地质调查局2008年做了新一轮的野外采样,200多个样品里面有58%是属于四类水、五类水。中国的水一共分为五类,一类、二类、三类都算是水质比较好的,可以饮用,到四类就只能用于灌溉。中国现在许多地区的地下水都是属于四类水和五类水,水质很不好,不能直接饮用。水质好的地方主要在靠新鲜的降雨补给。

抽水抽太多了有什么问题?学力学的同学知道,含水层里面土层很厚,它的重量靠岩层和土壤的基质支撑,另外还有岩层里的水也可以支撑。如果你把水抽干的话,水压降低,岩层和土壤的负担增加了,地层就会被压缩、往下沉。在天津,最大的地面沉降量已经超过3米了

（图13，华北平原地面沉降分布图）；整个华北平原地面沉降量超过20厘米的面积达到6万多平方公里，地面沉降会引起对房屋、桥梁的破坏，据估计，华北平原因地面沉降造成的经济损失已经超过3000亿，这是一个非常严重的问题。

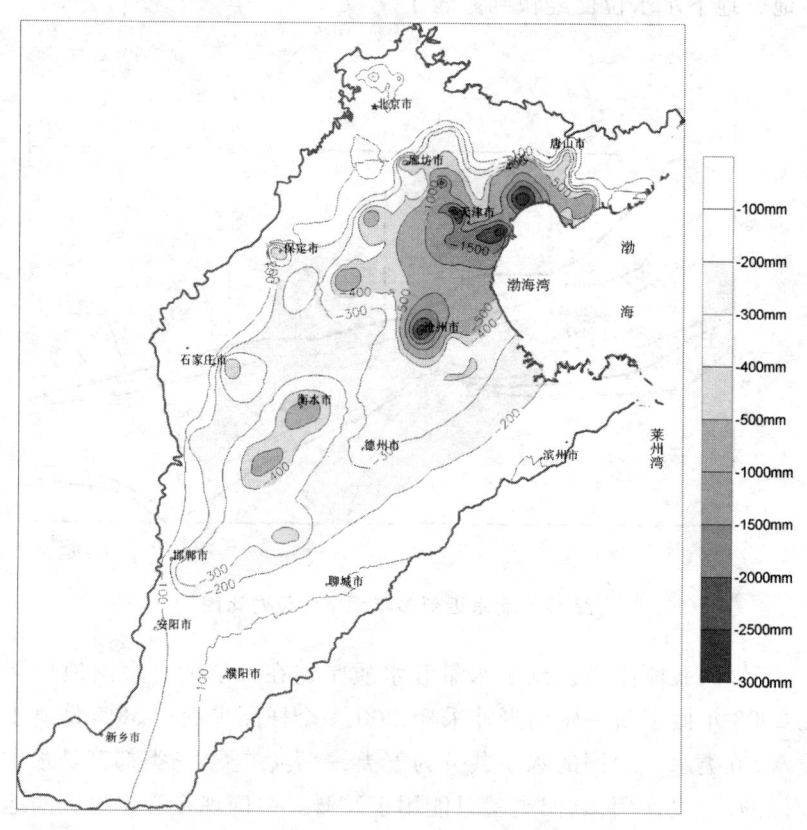

图13　华北平原地面沉降分布图

现在一个迫切的问题是什么？中国现在在修高铁，高铁对地面沉降量要求特别严格，所以有一个讨论方案，在高铁旁边十公里左右都不能够抽水，但是这样的话对工农业的影响会很大，因而地面沉降是一个大的问题。

国际上对中国的问题都很关心,2007年《纽约时报》有过一个很长的系列报道,他们刚好采访了我,我和他们谈了很多事情,其中讲到石家庄那里的水位每年以一米多的平均速率往下降,浅层含水层里面三分之二的储量都已经抽完了,面临着非常严峻的局势。

四、我们未来如何应对水危机

未来会怎么样呢?这是国际一个研究单位2009年的一份报告(图14),他们预测了2030年以后全球的缺水状况。假设我们不做什么变化,还是按照现在这样的状况继续下去,中国可能会有25%的水缺口,也就是说我们只有75%的用水需求能得到满足。这个缺口可以依靠提高效率或者进口粮食来解决。中国还不是最严重的,你看印度和非洲的一些国家比我们还要缺水,整个地球面临着很严重的缺水(图15,全球主要国家需水量增加的预测)。不过这并不是说2030年一定会这样,但假如我们不做什么改变的话,我们不提高用水效率,我们的技术也不改革的话,就会是这样,当然今后20年肯定会有很多变化。

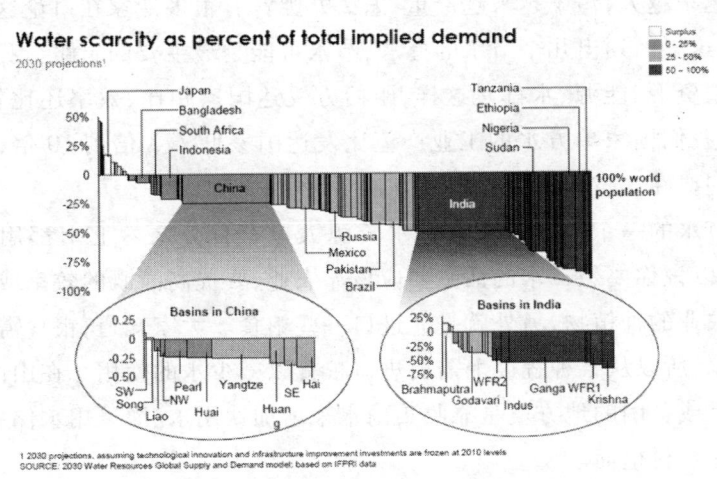

图14　2030年水资源供需预测

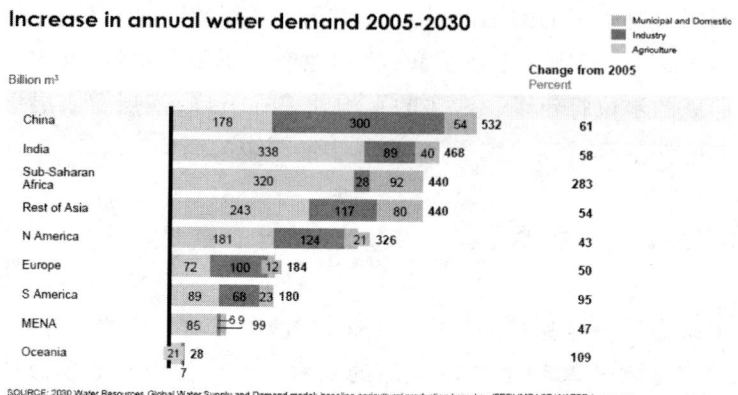

图 15 2030 年全球主要国家需水量增加的预测

如果是按照实际的工农业需求来说，上图中浅色的部分是农业需水量的增加量，农业需要增加这么多的水，但其实我们现在已经快达到极限了，现在还有很大的缺口。

中国能不能应对这个问题呢？大家还没有找到最好的办法。水量缺口越来越大，污染越来越严重，怎么办呢？有很多专家在讨论这些问题，我这里面列出几个节水的办法，节水可能是最主要的出路。我们中国利用资源、能源、水都是这样，跟西方发达国家相比，效率还比较低。比如，我们国家单方水的工业产值比发达国家低了 3 倍到 10 倍，所以说我们要在这方面进行很多努力。

节水的一个重点是农业。水资源大概有百分之六七十都用在农业，所以说你要想节水的话主要应该靠农业，要提高灌溉的效率或者是改变农业的种植物，另外就是靠进口一些粮食。大家知道，粮食需要用很多水，所以从某种程度上需要进口粮食以减少水的使用。在山区、特别干旱或贫困的地方就是靠收集雨水来增加饮用水、灌溉用水储备，特别是在乡村里面。

另外一个很有前景的技术就是海水淡化，因为我们的技术一直在发展，所以说海水淡化的费用越来越低，今后十年、二十年内可能会有越来越多的人做这件事,像海滨城市很大程度上可以靠海水淡化来解决水资源短缺问题。

还可以通过水价改革来节水。大家知道很多问题要靠经济手段来解决,我们现在很多地方的水价还太低了。如果水价提高的话,用水量就会减少,但是这和社会问题牵扯到一起,水价高了,老百姓不高兴了,怎么办?所以水价改革的进程十分缓慢。

现在政府到处都在建引水工程,其中最著名的就是南水北调。不管怎么样,做引水工程一定要考虑到社会政治和经济的管理。南水北调不仅在中国是大工程,在世界上也是。到2050年要从南方长江流域引水450亿立方,经费是4500多亿人民币,这只是好几年前的估计,现在的费用可能远远超过这个数字。工程分东线、中线和西线,东线基本上建成了,中线本来应该是今年完成,但是现在推迟了几年,中线主要是想把水引到北京这一带,西线在四川那边(图16)。

图16 南水北调工程东线、中线、西线示意图

在理想状态下,这三条线能够在一定程度上缓解中国华北、西北地区的缺水问题。如果说南水北调工程不行的话、失败的话,这些地区的水资源问题还得想其他的办法来解决(图17)。

图17 2050年南水北调工程东线、中线、西线覆盖区

五、南水北调的挑战

这么大的工程肯定有很多不良的后果,在国际上这样的项目是非常有争议的,可能也只有在中国这么大的工程才能进行。我们现在要把长江5%的水引到北方来,5%对于长江来说不是太大,但是所引起的气候变化对长江周边地区来说会不会有很大的影响?很多人在关心这个问题。对生态的影响和对环境的影响,这需要时间才能看到,我们现在忽视它,但是时间长了这些不良的后果可能就会出现,国际上对这个问题争议得最多。

另外一个以前考虑不多但非常严重的问题是,长达1000多公里的饮水管道、沟渠会经过很多有地下水污染的城市、农村。这些地区被污染的地下水有可能会渗透到引水的渠道里面。这个问题就很麻烦,以前想得不多,但必须认真考虑。

还有其他一些问题,比如引水往高处走,那怎么办呢?只有通过不断的提水,因为水是从高处往低处流,你要往高处引的话又需要很多能源。西线青藏高原地区是地质活动高发区,包括地震、滑坡等,这里的地质情况特别复杂,所以西线在工程上是一个巨大的挑战。另外在引水的过程中很多人因为水利工程不得不搬迁,引起很多社会问题,这些都是要考虑到的后果。

西线是南水北调工程争议最大的部分,到现在还没上马,因为有很多的反对声音,争议很大。沿着西线,长江流域与黄河流域中间隔着一个大山脉,黄河流域这边要比长江流域这边高出80—500米,引水要翻过这个大山脉。工程主要是从长江的三条支流:通天河、雅砻江、在四川境地的大渡河引水北上,其实南水北调计划调水量有一半是通过这条西线,大概供水到七个省,规模是最大的。

我刚刚提到通天河、雅砻江和大渡河,这些河的周围都是生态非常脆弱的地方。如果说这个工程上马的话,有65%—70%的水要引走,对河流的生态影响很大。还有我之前提到的非常复杂的地质条件,这里容易出现滑坡或者地震,所以在这种地方搞引水渠道的话就非常复杂;还有大家最担心的是生物多样化。中国很多濒临灭绝的物种都在这些地区,人们担心水引走以后,生态改变、环境改变,会给这些物种带来毁灭性的打击,所以说整个西线还是非常有争议的,还在论证之中。

西线的水量也涉及全球变暖问题。长江的源头是青藏高原的冰川,图18中,上面是20世纪20年代的冰川,下面是2008年的冰川,退缩了好多。如果这种趋势继续下去、继续变暖的话,冰川在多少年内消失了,对长江的水量可能会有很大的影响,这些大家都特别关心。

图18　青藏高原冰川面积1921年和2008年对比图

未来会怎么样？还是很难回答的。如果你学大气、学地质的话就知道,现在很受关注的今后的气候是更潮湿还是更干旱？图19是美国科学家做的综合研究,红的、黄的是更干旱,灰色的、蓝色的就是更湿润,意味着河里的流量增加了,当然我们中国最关心的是华北平原的情况。根据他们的研究,今后50年华北平原会朝着更潮湿的方向改变,水危机以后会有所改观,水资源会多一点。但这只是个根据现有气候模式的预测得到的判断,未来不一定是这种情况,因为研究全球变化的模式对降雨量的估计还非常不准确。大家可以想象得到,这种预报对我们水资源的管理和水资源今后的发展至关重要,但是它的不确定性又特别大,所以说预测降雨量是个非常困难而又非常重要的问题。

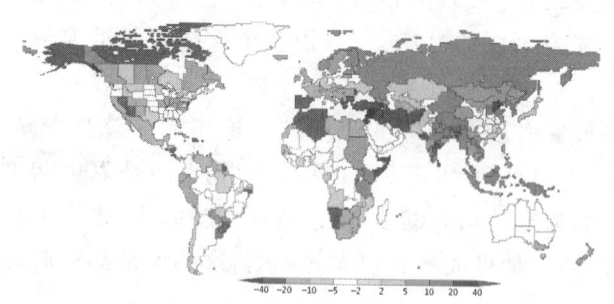

图19　全球21世纪中叶径流量变化量预测

我们遇到了这么多的问题，但是同时也面临着很多的机遇。中国政府 2020 年中长期计划要把水和能源作为两大优先领域发展，所以现在政府对水资源和能源研究的投入增长得非常快。2009 年建设部部长说水市场上的投资每年都超过几千亿，所以在水资源科学研究和实际工作方面都有很多的机遇。

我前面和大家讲了一下中国的水资源现状以及可能的一些出路、面临的挑战，希望能够给大家带来一些收获。谢谢大家！

邵　敏 | Shao Min

[演讲者小传]

北京大学环境科学与工程学院教授,副院长。1997年4月—1998年9月在德国于里希研究中心任访问学者,2004年4—9月在美国国家大气海洋署(NOAA)高层大气实验室任客座科学家。2011年获国家杰出青年科学基金。2012年入选"十二五"国家863计划资源环境领域监测预警主题专家。目前担任联合国环境署(UNEP)臭氧影响评估委员会委员,Inter. J. Environmental Anlytical Chemistry 编委和三个国内核心期刊的编委。主要从事研究大气有机物分析与来源、区域大气复合污染形成机制与防治等方面的研究,近五年承担国家863、973国家自然科学基金等项目近二十项,获国家科技进步奖二等奖一项,国家环境保护部科学技术进步一等奖两项。

聚焦城市环境
聚焦PM2.5

各位老师,各位同学,各位朋友:

大家好!

非常高兴今天能有机会就现在一个全社会关注的问题与大家做一个比较深入的交流。实际上在二十多天以前的11月17号,一场"雾霾"事件使得PM2.5进入了媒体和公众的视野。许多从事相关行业的科技工作者、政府管理者都在考虑PM2.5到底是怎么回事,到底怎么来实施控制。PM2.5这样一个非常学术的词语也渐渐进入大家的日常交流中,老百姓也开始了解它。没想到二十多天以后,这样的事情又再次发生了。昨天,我们都亲身感受到了它的影响。我昨天晚上准备从杭州飞回北京,但是由于北京以及整个华北地区的大雾天气,所有飞到北京的航班全部被取消了,所以我是今天早晨赶早班飞机才回来的。

大气污染控制的问题,是国家在"十二五"之后,甚至下一个二十年的经济增长过程当中,必须高度重视的一个重大的社会问题。环境问题必须在经济发展的过程中解决。但是我们现在大气环境碰到了什么事情呢?过去一直说污染问题非常重要,却没有实际的感受。现在这一次又一次的事件发生之后,大家发现污染其实是一个看得见的问题。现在最突出的现象就是"灰霾"。所以我跟学生一商量,就把题目叫做"从灰霾看大气复合污染"。我主要想从三个方面和大家进行交流:第一,什么是灰霾。媒体的采访在我到北京以后就一直不断,一直到上这个讲台之前我都不断接到电话,都在问这件事情。我想借这个机会在这里比较系统地做一个介绍。第二,分析一下灰霾现象是怎么形成的,是由于天气的问题还是由于污染的问题,或者这两个问题之间是什么样的关系。第三,这么一个复杂的现象,这么大的一个问题,它一发生就造成这么大的影响,持续这么长时间,它是可以控制的吗?

首先,现在大家都觉得污染的问题已经可以看得见了,但我想是不是真正能够看得清楚还是一个问题。能不能把一个物体看清楚跟四个方面有关。第一个因素,和你的眼神是不是好有关系;第二个因素,跟你要看什么东西有关,这个东西是不是清晰的,它本身要是一片模糊,你也就看不清楚了;第三个因素是光线的条件怎么样;最后一个因素就是,在你看目标物的过程当中,受到了哪些因素的干扰。从灰霾问题的角度来讲,我们可以假设前三个方面的因素都是固定在一定的水平,重点要讨论的是从目标物到你的视线之间,发生了什么。我们一直在说"灰霾",香港给它一个很漂亮的名字叫"烟霞",实际上都是一种现象,从本质上来讲,它是一个能见度降低的问题。当能见度低到一定程度,你看不清楚你应该看清楚的东西,就造成问题了。

从现象上讲是这样,那么接下来的问题就是,为什么能见度会下降?它是什么原因造成的?是雾还是霾?这个问题一直争论不休。关于是雾还是霾,现在有很多专业的论著,实际上很早以前,国家气象局对雾和霾就有非常明确的定义。这是一个操作层面上的定义,是根据空气当中的湿度来确定的。在相对湿度小于80%情况下,能见度低于十公里的现象,就被称为霾。如果相对湿度在95%以上,这个时候发生的低能见度的现象就是雾。在80%和95%之间出现的低能见度现象就是由雾和霾共同造成的。现在最主要的是霾的问题。听上去好像这个问题已经说清楚了,实际上问题并没有这么简单。

大家可能通过近期的一些报道也发现,雾和霾之间有着非常密切的联系。区分雾和霾,要看它是一个自然现象,还是人为污染现象。如果是雾,那就是天气问题,是自然原因所造成的,跟人的活动没关系。

但真的是这样吗？实际不然。大家仔细观察就会发现,当出现雾的时候,如果把雾水采集下来,会发现雾水也是非常脏的。所以雾和霾的问题是紧密联系在一起的。雾消散的时候,不是大风吹走的,而是雾滴慢慢干燥,水蒸发掉以后,水所裹挟的污染物就会慢慢沉积,成为霾的主要成分。在干燥状态下,如果相对湿度慢慢增大,能见度低的问题会变得更加严重。所以不能说这是一个雾的天气,就把所有的问题都推给自然。随着中国经济的发展,城市化进程的不断推进,雾和霾的问题确实给我们造成了非常大的困扰。我们可以看这张照片(图1)。这是真色的,在能见度非常低的时候,白天就可以拍到能见度低到这样程度的照片。从历史的角度来看,这是1961年到2005年,每五年做的一张图(图2)。从图中可以看到,红色区域是能见度小于十五公里的范围,可以非常清晰地看到能见度下降的问题在全国的发展状况。如果我们一个个城市具体进行分析,也可以发现有类似能见度逐步下降的问题。

图1

接下来我们要讨论的就是,霾天气的不断加重和空气污染之间是一个什么样的关系？它到底是一个天气问题,还是一个污染问题？我用两个简单的数学公式来进行说明,大家都学过光学的现象,当你看一个物体非常清楚,中间没有任何干扰,这时候的对比度值是C。值越大看得就越清楚。而当中间有很多干扰,你看到的光线就会遭到很多破坏,因此这个时候的对比度是 C_X。当对比度小于 0.02 的时候,基本上就看不见这个东西了,也就是极限的视域。能见度和消光过程之间是有关系的,消光越大,能见度就越小。那么,能见度就受到光程当中的消光系数的影响。而消光系数又与四个方面的因素有关。消光主要是两个过程,一个是光的吸收,一个是光的散射。光的吸收和光的散射由气体组分和颗粒物组分造成,因此就是气体的光的吸收和散射,颗粒物的光的吸收和散射这四个方面。我们的空气当中同时存在着气态的污染物和颗粒态的污染物,它们造成的光的散射和光的吸收,就是造成现在低能见度的主要原因。我们再来看一看,是哪些因素、哪些物质引起了大气的消光。这是在北京市做的一个消光系数的分解,我想在世界许多其他地方也是差不多的。颗粒物的吸收和散射加在一起大概占到光的消光作用的 90% 以上,因此我们从这个上面可以得出一个结论,我们现在所看到的低能见度的现象,基本上是由颗粒物的消光作用引起的。气体起到一定作用,但它起到的作用非常小。因此,空气当中的颗粒物浓度水平越高,大气的能见度就会越低。大气能见度有两个层次,一个是水平的,一个是垂直的。因此和颗粒物的水平浓度分布和垂直浓度分布是相关的。

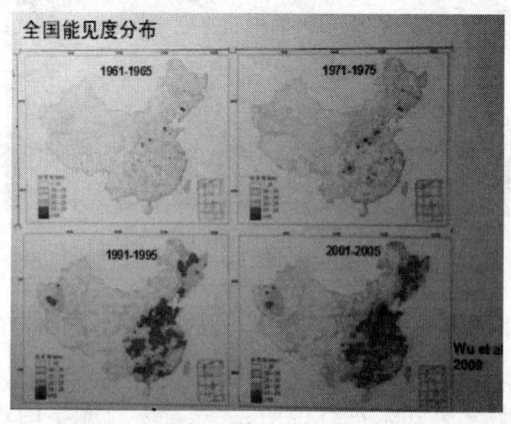

图 2

既然是和空气中的颗粒物浓度相关,我们再看看大气当中的颗粒物,大气中的颗粒物还有一个词叫做"气溶胶",是指空气当中悬浮的、稳定存在的颗粒的组分,或者是有液滴存在的组分。在很透明的空气当中,在正常的大气条件下,大气中含有非常大量的颗粒物的粒子,大概一个立方厘米就有上千万颗粒物的存在。因此,颗粒物粒径非常小,几个纳米到一百个微米,一百微米以上的颗粒物就太沉了,就会掉下来,而不能在空气中以悬浮状态存在。因此几个纳米到一百个微米就是我们关注的范围。一个微米大概是头发丝的二十分之一,这是非常小的粒径,肉眼是看不见的,所以我们把这种由颗粒物造成的污染问题也叫做"小粒子,大问题"。颗粒物种有非常多的组分,下面会向大家逐一地做介绍。

好了,现在已经非常清楚消光作用是由颗粒物造成的。下面的问题就是,颗粒物的消光作用和哪些因素有关?主要有五个方面的影响。第一个方面就是颗粒物的浓度,也就是一立方厘米中有多少克或多少微克的颗粒物,这称为它的质量浓度。现在我们制定国家的空气质量标准,比如 PM10 的空气质量标准,现在定在 100 微克/立方厘米,也就是指的它的质量浓度。通过从空气中采样的方式,让颗粒物通过滤膜,再称量滤膜并除以采样体积得到的质量浓度就是用来制定空气质量标准的。我们说空气质量超标还是达标,就是从它的空气质量浓度来看的。实际上,颗粒物的环境影响不完全是由质量浓度决定的,还跟其他因素有关。第二个方面,也是非常重要的,就是颗粒物粒径的大小。就是测到的 100 微克/立方厘米是以多大的颗粒物存在的。第三个方面的影响因素就是颗粒物是什么,完全是从土壤层,还是完全从柴油车尾气里排放出来的黑炭的颗粒物,它们的光学性质有很大的不同,这与它们的化学组成有关。第四个方面就更复杂一点了,不光跟从外源中排放出来的东西有关,还和在空气中的变化有关。这个事情也让决策者和科学家感觉到非常困扰,因为颗粒物也好,其他的污染物也好,排放进入到空气当中以后,不是以从源排放出来的样子存在的,而是会发生很多变化。这种变化过程被称为"老化现象",是一个不断衰老的过程。这个变化过程会直接影响它的消光作用,它在变化的过程当中,在从一种样子到另一种样子的过程中,它对光的吸收和散射能力在发生非常大的变化,这种变化是我们在研究中要非常注意的。第五个方面就是相对湿度方面的影响,也叫做"吸湿增长"。它排放出来是这么大,在空气中不仅组分会发生变化,它的大小也会发生变化,这对它的消光作用有非常大的影响。下面我就这五个方面简单地、逐一地做一个介绍。

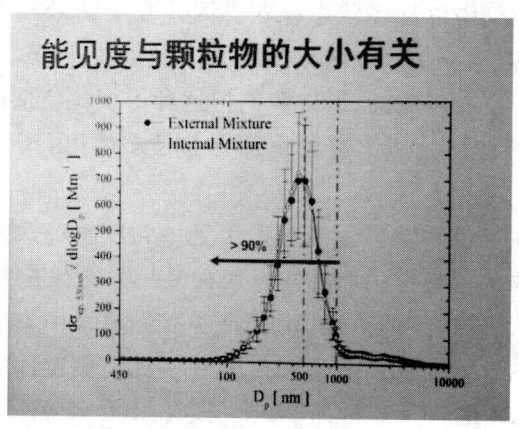

图 3

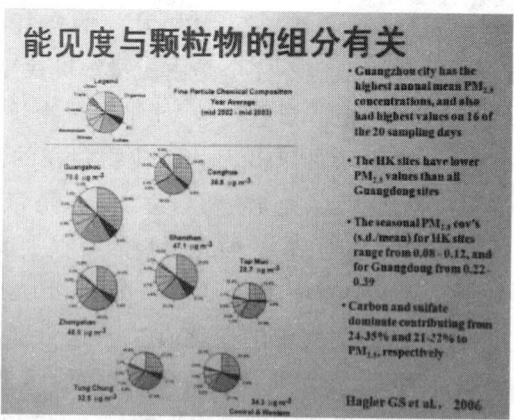

图 4

颗粒物的粒径分布是一个非常有意思的问题。我们前面说了，十几纳米到一百微米是质量浓度分布的情况。我国第一次制定空气质量标准时，当时确定的颗粒物的控制目标是总悬浮颗粒物，就是100微米以下所有的悬浮颗粒物全部收集起来，看它的总浓度是不是超标。现在大家耳熟能详的可吸入颗粒物，就是PM10，粒径在10微米以下的颗粒物的质量浓度是多少。而现在炒得非常热的PM2.5，大家有时候困惑2.5和10，其实是和粒径分布有关的。在这些粒径段，分别存在着质量浓度的高峰值，所以对它的控制是非常有道理的，这在全世界有着共同的规律。它的分布情况在世界不同地方虽然是不同的，但总的结果基本是这样的。因此我们把它分成超细粒子，就是在纳米级的颗粒物；细颗粒，我们现在共同关注的PM2.5就是细粒子。颗粒物的消光作用和粒径分布之间有着明显的关系，1微米以下的颗粒物的消光作用占到了90%以上。大家可以看到这个步骤：最早是PM100，然后到PM10，PM2.5，还有很多人在讨论是不是将来要过渡到PM1，对大气污染的控制越来越精确。在国家环保部讨论PM2.5的标准是不是要尽早实施时，这里非常重要的驱动因素就是一旦PM2.5和臭氧纳入我国空气质量标准之后，我们对空气污染的管理就会进入一个新的阶段。因为相对于传统的三项二氧化硫、二氧化氮和PM10而言，PM2.5和臭氧等污染物是真正对能见度、对人体健康有更大影响的污染物。所以在下一个阶段里，一方面要保持经济快速增长，另一方面对大气污染控制要实施精确打击。这里有一张描述颗粒物组分的图（图4），是在珠江三角洲测量的结果，来自城市、郊区各个不同的地方。大家从图4可以看到两个信息，圆圈的大小反映了质量浓度的大小，从70微克/立方米到30微克/立方米。媒体现在已经非常熟悉了，国家讨论PM2.5的时候，初步设定的是35微克/立方米的限制。所以说从化基本上已经接近这个限制了，但是广州还是在70微克/立方米的水平。另外一个信息，就是圆圈中不同颜色代表不同的组分，硫酸盐、硝酸盐、矿物颗粒、黑炭、有机碳等这样一些组分的含量。大家可以看这个圆圈的结构特点，各个圆圈有非常大的相似性，基本上在不同的地方测得的结果是

171

一样的。PM2.5相对于PM10来说非常大的一个特点就是整个区域组成结构特征都比较相似,这显示出整个区域PM2.5的形成规律是一样的,所以它的化学结构才会比较一样。大家可以看到PM10在不同的地方有很强的局部特征,在不同的地方PM10的组成就会不一样。但是PM2.5一旦污染就是一大片,这是区域性的污染问题。下面的一个问题就是刚才讲到的能见度和颗粒物的年龄有关系,刚刚产生出来的新鲜的颗粒物和在空气中待了一个两个星期甚至更长时间的颗粒物,所造成的对能见度的影响是不一样的。因为即使是同样的组分,颗粒物的状态不一样,造成的能见度的差别也是很大的。这是在研究过程中要充分注意的。

最后一个问题,就是能见度和气象条件的关系。我们在珠江三角洲做了很长时间的工作,北京和珠江三角洲在同样颗粒物浓度的情况下,珠江三角洲的能见度状况可能会更差一点。主要原因是珠江三角洲地区的湿度更大。湿度大,消光系数就越高。在相对湿度80%的情况下,比干燥状态下的消光系数高50%。相对湿度90%的情况下就要比干燥状态下的消光系数大一倍。所以同样的质量浓度,同样大小的颗粒,在不同的相对湿度条件下消光作用是不同的。实际上北京市在各项大气污染的控制上是走在全国前列的,1998年北京市环保局就专门开始了一个叫做"蓝天工程"的项目,由北京大学牵头来做。为什么北京市的大气能见度出现了问题,是什么原因呢?当时就在研究这个问题,研究大气能见度和PM2.5之间的关系。研究发现,在霾的天气下,能见度降低主要是由PM2.5造成的。PM2.5以上的颗粒物贡献非常小。

这是几个具体的事例。从北京市冬季观测的结果大家可以清楚地看到,红线的部分是能见度,黑色的部分是颗粒物的质量浓度,二者是个非常好的反相关关系。在颗粒物浓度水平很低的时候,能见度相对来讲比较高。空气中颗粒物的浓度一上去,能见度马上就下来了。夏天的情况也是一样的。细心的同学会发现,在讲PM10的时候,冬季燃煤的季节一到,PM10的值就会上去,但是PM2.5没有这样的规律。

PM2.5 在夏天的时候同样会有很高的浓度。因为它的形成规律和 PM10 是不同的,下面还会和大家介绍。但是这个规律在世界各国都是一样的:PM2.5 和能见度之间的反相关的关系。非常精细的结构都会有这样的现象。因此,基于以上五个方面的影响,在空气当中非常精确地测量颗粒物的质量浓度、颗粒物的粒径分布、颗粒物的化学组成、颗粒物的混合状态和颗粒物的相对湿度,那么我们可以用光学的模型来计算出能见度。然后这个计算的能见度和实测的能见度之间可以有非常好的符合。这种符合就说明我们对影响能见度的主要因素基本上掌握了,也就是说什么样的因素影响能见度我们是清楚的。

  关于能见度的影响因素就介绍到这里。如果大家经常坐飞机可以观察到,在 3500 米的高空上,蓝天白云,能见度非常好。当飞机逐渐往下降的时候,你可以看到能见度逐步的恶化。这是一种非常直观的感受。大家以后坐飞机可以透过舷窗在上升或下降的时候观察。

  另外一个非常典型的案例,我们前面说的颗粒物和能见度之间的关系。2003 年 11 月 1、2、3 号,三天的污染现象。这是卫星上看到的颗粒物的分布。1 号的时候,颗粒物污染很严重(红色的部分越多表示颗粒物污染越严重),2 号的时候慢慢减少,到 3 号的时候,这次污染过程基本上过去了。同学们可以看到 2 号广州的能见度与沙尘暴差不多,3 号的时候就非常好了。可见 PM2.5 是影响能见度的一个非常主要的因素。

  同时,天气条件,也就是我们前面所提到的湿度,是造成能见度下降、出现灰霾天气的一个外在因素。它(灰霾天气的出现)主要驱动的内因是空气污染。这也可以回答我们前面所介绍的从 1961 年到现在能见度为什么持续恶化的原因。这跟空气污染的状况是有密切的关系的。所以空气污染是造成灰霾天气的内因,天气条件是它的外因。

  下面我们进入第三个问题:灰霾是可以控制的吗?

  既然造成这种能见度下降的内因是 PM2.5,那么看一看我们现在面临的情况。

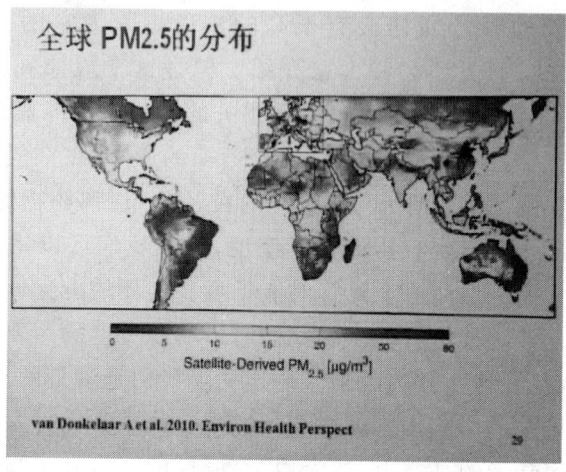

图 5

图 6

谈到 PM2.5 的时候,事情就变得比较沉重了。这个事情没有那么简单,这是最近发表在期刊上的一个 PM2.5 全球分布图(图5)。从图5上大家可以看到,从北美、欧洲、北部非洲地区一直到亚洲,我们国家东部沿海是 PM2.5 污染严重的地区。非洲这个地方 PM2.5 主要是自然因素所造成的,是由于戈壁沙滩的扬尘等因素所引起的。因此从几大经济区，北美、欧洲和我们国家东部沿海地区相比，从全球的角度来讲我们的PM2.5污染问题比较大。这个问题跟很多因素有关系。其中有一个值得考虑的因素就是在上个世纪，大概在1998、1999年，在远离人为活动的印度洋上空发现一大片污染的霾层，这个是霾层的真色卫星图片（图6）。霾层的范围大概覆盖了2400万平方公里，这是非常低能见度的状况。主要是人为污染加上南亚、东南亚甚至亚洲地区的生物质燃烧的污染所造成的。这个霾层是在远离人为活动的地方所发现的，它的影响范围非常大，基本上我国西部到东部地区都在这个霾层的覆盖范围内。这个霾层最初叫亚洲棕色云，后来觉得这不是亚洲独有的现象，所以把它称为大气棕色云。我们国家这么严重的颗粒物PM2.5的污染跟这个霾层是有关系的。我们国家可能是一个贡献国，在很大程度上也是一个受害国。因此我们国家PM2.5的问题，区域尺度确实很大。至少需要在亚洲国家通力合作的情况下才能够解决这个问题

这是一些我们自己做的在北京PM2.5的观测结果（见图7）。很多同学都比较关心，北京市PM2.5的浓度是什么样的。这次发生灰霾天气事件的时候美国大使馆又报道说监测仪器都爆表了，超过了五百多微克/立方米。在沙尘暴的时候，PM10的浓度水平可能也就是八百多微克/立方米左右。我不知道具体的数据是多少，但是五百多微克确实非常严重。当然这是在极端不利的气象条件下测得的结果，不能代表一般的现象。

从2006年开始，我们北京大学大气化学的团队接到北京市的任务，要为奥运会的空气质量保障服务。从1998年做蓝天工程开始延续到现在，我们一直在研究北京市空气中重要的大气污染物，一个是臭氧，一个是PM2.5，它们在空气当中的变化情况。这是长期观察的结果的一个事例。大家从图7上可以看到，红的是中位值，黑线是平均值。2008年奥运会时候的水平接近我们现在确定的35微克/立方米的水平。在其他情况下，大概在60—80微克/立方米的水平上。这个PM2.5的浓度水平还是非常高的。

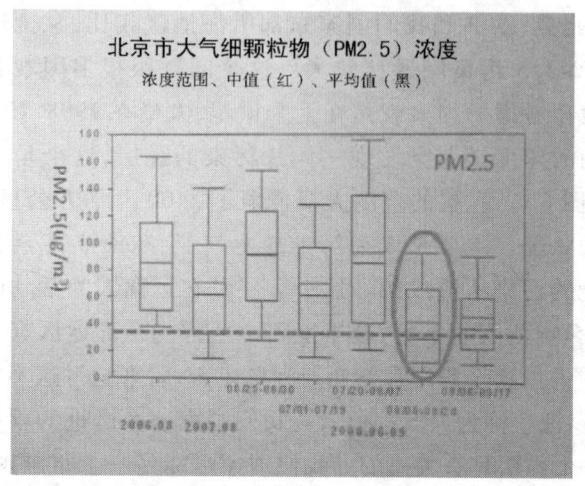

图 7

为什么要控制 PM2.5,前面已经简单介绍了一下。因为美国最早在开始做 PM2.5 的控制的时候,美国环保局提出了 PM2.5 的控制标准,当时在美国引起了非常激烈的争论。争论主要有两个方面。一个就是在公布 PM2.5 控制标准的时候,大家觉得现在没有可行可靠的 PM2.5 的测量方法,没有测量方法公布这个结果是没有意义的,不知道怎样才能评估空气质量的状况。第二个问题就是,没有有效的 PM2.5 的控制手段。你说要达到 15 微克/立方米、35 微克/立方米,怎样才能做到呢?没有结果。因此美国斥巨资在很多地方设立超级站的观测计划。就是把世界上现在所有可能的 PM2.5 的数据测量手段放在一个监测站里进行长期的运行检验,看看哪个仪器能够给出有效的结果。从这个过程中去挑选出来 PM2.5 的监测技术手段。现在技术已经相对比较成熟了。我们国家如果现在要开始实施 PM2.5 的标准的话,从"十二五"规划起,国家环境监测总站就开始部署监测任务。既然大气污染的特征进入新的阶段,那么全国的环境监测也需要进一步提升能力和水平,能够监测和评估这一变化。

PM2.5 防控的驱动力是非常强劲的。我们前面介绍过,PM2.5 的精确打击,这方面的信息积累的是越来越多,PM2.5 的环境影响,现在弄得越来越清楚。

第一个问题前面介绍过了,就是它会形成灰霾,降低大气能见度。这个大气能见度我们亲身感受到的就是影响交通。

还有一个问题更加严重,就是有毒有害,威胁人体健康。这个方面的证据引起了世界研究大气污染的人的高度重视。

第三个方面的问题就是它可以远距离输送。由于它粒子小,在空气中停留的时间会更长,会长距离输送。这个长距离输送的后果就是,它不再是一个城市一个城市的问题,它是跨越城市边界、跨越省际边界甚至跨越国家边界的区域性问题。不仅是区域性问题,它还具有非常重要的辐射效应。它能影响全球的气候变化。这也是全球气候变化当中研究的最热点的问题。

由于这么多方面的影响,PM2.5现在成为了一个"大明星",所有的人都开始关注它。连早晨起来锻炼的老百姓也开始关注PM2.5和灰霾这个问题了。

对人体健康的影响,证据是很清楚的。因为大家可能都有切身的体会,我们的呼吸道是有非常复杂的结构的。颗粒物的颗粒越大,拐弯越不容易,它就越容易沉降。大颗粒会沉降到口腔、鼻腔这个部位。越小的颗粒,它的运动能力就和气体一样,它可以穿过我们非常复杂的支气管,直至进入到肺泡。所以从它的沉降的特性上大家可以看到,从肺部到支气管,越小的颗粒物它的沉降量就越大。这是颗粒物对健康造成影响的非常重要的一个原因。

还有一个方面的原因就是颗粒物越小,它的吸附能力就越强,它的表面上粘的各种有机物、金属甚至病菌也就越多,对健康的威胁也越大。它对人体健康的影响,现在研究比较多的集中在它对呼吸系统和心血管系统的影响。其实细颗粒的污染对人体的影响是全方位的,比如免疫系统、生育系统、神经系统、遗传系统等等。但是它的影响机制是非常复杂的。因此现在大家也注意到世界卫生组织已经公布了一个指导值,同时根据这个指导值,有一个分阶段的目标。那么各国可以根据自己的环境状况、社会经济状况、技术状况去选择适合本国的PM2.5

和臭氧的控制要求。包括二氧化硫和二氧化碳也是一样的。这个标准的修订，包括世界卫生组织标准的修订，跟PM2.5造成的人体健康的影响的基础研究，就是它的影响到底有多大、有没有阈值等这些因素是有非常密切的联系的。要研究PM2.5对人体健康影响的机制，有很多步骤去做。主要的方法是流行病学的调查和毒理学的研究，或者把这两个方式结合在一起。奥运会是一个非常庞大的人为干预的实验，政府采取了强力的措施来在短期内使空气质量有非常大的变化。在空气质量变化非常大的情况下人体健康的响应会是什么样子？这是个非常好的实验机会。在这之前，在全球有非常重大影响的PM2.5和人体健康的工作是哈佛大学做的六个城市的研究工作，研究在不同的颗粒物浓度暴露水平下健康的危害增加的百分率。这个研究工作第一次提供的一个比较实验实证的证据说明颗粒物浓度的增加会造成健康危害的增加，而且这个增加几乎是一个线性的关系。细颗粒物的健康危害随着研究的深入不断地得到证实。有很多的研究甚至把细颗粒物的PM2.5列为可疑的致癌物质。

最后一个问题是颗粒物在气候变化中的影响。现在全球又在讨论气候问题，针对这个问题的国际谈判遇到非常大的阻力。颗粒物在气候变化当中起到非常重要的影响。大家比较熟悉的是温室气体的贡献的部分，温室气体造成气温的上升。颗粒物对气候变化有两个方面的作用，一个是颗粒物的直接作用，一个是颗粒物的间接作用。在相当程度上可以抵消温室效应的增温作用。因此颗粒物的作用也被称为阳伞的作用。但是大家可以看到，颗粒物的作用有非常大的误差范围，因此它的研究的不确定性非常大。温室气体很容易在全世界均匀分布，因此它造成的辐射影响在全世界范围是比较均匀的。虽然PM2.5有远距离输送的性质，但它在全球的分布是非常不均匀的。从前面的卫星图上也可以看到，不同的地方颗粒物差别非常大，因此它造成的辐射影响在全球也是不均匀的。而这个问题是在气候变化问题研究当中最大的不确定性的方面。

要研究PM2.5怎样去实施控制，最关键的就是要了解PM2.5的来源。前面也反复强调过，PM2.5和PM10的来源是不一样的。最大的不同就是除了大气污染源——自然源、工业、机动车、民用燃煤、扬尘等等——直接排放之外，另外一个PM2.5的来源就是所谓的二次粒子。这种由气体向颗粒物转化所生成的粒子，不是来自于污染源的直接排放。污染源直接排放的二氧化硫、氮氧化物、有机物等这样的组分，它在空气中发生转化以后生成的颗粒物叫做二次颗粒物，直接排放出来的叫一次颗粒物。

这次美国大使馆报道说PM2.5的浓度水平已经达到500微克/立方米，但是根据二氧化硫、二氧化氮和可吸入颗粒物这三项指标评价下来，北京市环保局给出的结果是轻度污染。因为评价指标差别太大了。这也是这次媒体经常问的问题：评价指标为什么会出现这么大的差别？差别的主要原因也非常简单。评价的指标不一样，测量的东西不一样。好比一个人分析的是心血管的毛病，另外一个人测的是体温，他们给出的健康的结论是非常不同的。过去的API指标就是这三项：二氧化硫、二氧化氮和可吸入颗粒物。但是我们前面反复强调，不论是对人体健康影响也好、对气候影响也好、对能见度影响也好，更重要的影响是臭氧和PM2.5。我们所关注的问题是，除了一次污染物以外的大圈圈里所发生的事以及它们相互之间的联系。

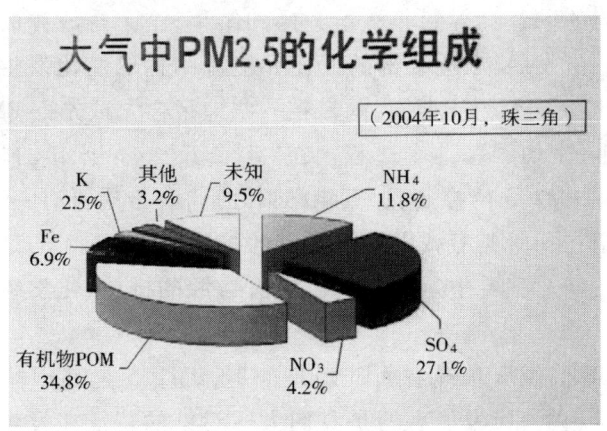

现在我们来看 PM2.5 的化学组成。从图上可以看到 2004 年在珠江三角洲监测的结果,结果清晰地显示硫酸盐、硝酸盐和颗粒当中有机物这三类组分(组成非常复杂)基本上是来自于二次转化的,在二次气溶胶质量浓度中达到 50% 以上。因此我们在说一次污染和二次污染的时候,二次排放的贡献占到了非常大的比重。这在北京也有类似的结果。过去认为长江三角洲的空气质量会好一点,但这次去长江三角洲发现并不是这样,而是相对来讲污染更严重的区域。大家前面可能注意到,我们说到冬季和夏季的差别的时候也提到了,夏季在合适的阳光的情况下,也容易造成非常高的 PM2.5 的浓度。这是以二次污染为典型的污染过程。因此基于很多研究的手段和测量的工作,我们可以去做污染物的来源的研究工作,去分析不同的排放源在大气中 PM2.5 的分担率,也就是相对的贡献是多少。部分地区会得到不一样的结果。但是总体的印象是,当我们说 PM2.5 的时候,我们说的是综合的污染物。过去在讲二氧化氮、二氧化硫和 PM10 的控制的时候,讲的是一次污染物,是直接从污染源排放出来的。对这些污染物只要将排放源控制住就可以了。但是 PM2.5,它有 50%—70% 来自二次源,需要控制多污染物,需要控制二氧化硫、氮氧化物、挥发性有机物、扬尘等等很多东西。因此我们进入到了多污染物联合污染控制的阶段。不同的研究区域在不同的季节会得到非常不一样的结果,这个排放源的贡献还会随着我国经济发展、产业结构的变化和能源结构的变化发生非常大的变化。因此在"十二五"期间,国家在一些地区会先试先行 PM2.5 的环境质量标准,密切跟踪这个过程。在"十二五"这个五年的规划中,如果开始关注 PM2.5 的控制,那五年结束之后,我希望再有一次报告会,和大家介绍在一些典型城市进行五年的控制后,PM2.5 的浓度到底是上升还是下降。我希望是下降的。再看看源的排放、化学组成等会有什么变化。

因此,我们说从灰霾看大气污染问题,PM2.5 是其中非常典型的代表物质,以它为代表显示的是我们大气污染的特征在发生着非常剧烈的变化。这个变化体现出两个特点。第一个就是我们现在所关心的大气污染已经是一个区域性的问题,不再是一个城市控制二氧化氮、控制二氧化硫、控制 PM10 的问题了。另外一个就是它进入到一个复合型的阶段。我们国家的污染是非常特殊的情况。发达国家基本上都是解决了煤炭的问题又出现了机动车的问题,然后又出现了其他的持续性有机物污染的问题、气候变化的问题,一个问题一个问题的发现、解决。我们国家城市化的速度和经济增长的速度实在是太快了,发达国家一百年走的路我们差不多二三十年就走完了,因此污染也就在这非常短的时间内集中地爆发出来。在煤燃烧的问题和跟它相关的酸沉降的问题还没有很好地解决,甚至还有所发展的情况下,又出现了其他的问题。它是各种污染问题交织在一起的污染现象。这些污染物不是简单地叠加,因为都是在空气中所发生的事情,这些事情之间有非常紧密的相互联系。我们前面讲的臭氧的问题、细小颗粒物的问题,它们不是两个独立的问题,而是一个问题。因为在地表我们人为活动过程中排放的大量污染物进入到空气中以后,会发生很多事情。比如有的人专门研究挥发性有机物,挥发性有机物和氮氧化物在阳光的作用下会发生非常复杂的反应,造成臭氧的累积和大气氧化能力的增强。大气氧化加快了之后,会加速二氧化硫、氮氧化物向颗粒物的转化。颗粒物的前体物的浓度,也就是形成颗粒物的物质的浓度水平提高了。另外一个,实际上像北京、上海、广州这样的地区它向颗粒物转化的速度加快,我想这是我们国家关注酸雨问题的重要原因。二氧化硫的总量排放实际上是得到控制的,可是沉降到地上的酸雨问题并没有很好地解决,跟这个氧化的过程可能会有非常大的关系,这些问题相互交织在一起,这种污染现象我们叫做大气复合污染。

　　这种大气复合污染确实使我们国家的规模和复杂程度在世界上是非常少有的,也是我们国家今后二十年要实施大气污染控制所面临的非常独特和非常艰巨的任务。但是,也不用那么悲观,我们过去做了很多伟大的实验。最早的实验是 2008 年的北京奥运会,我们也经常开玩笑,所有参加北京奥运会的空气质量保障的人都是如履薄冰地走过来的。北京奥运会、上海世博会成功了之后广州办亚运会的时候,所有参加工作的人还是一样地如履薄冰,不知道会不会成功,因为实在是过去没有做过这样的事情。但是这些事情做完之后,三大城市群,三个城市做的空气质量保障的工作都是各项措施中最成功的,取得了非常大的成绩,蓝天、白云确实在这些城市看到了。这个里面有很多经验值得总结,作为一个成果的体现,从去年5月份开始,国务院发布了一个关于推进大气复合污染联防联控工作的指导意见,改善空气质量的指导意见,从十二五开始起,就是从今年开始起,国家就正式进入到大气复合污染联防联控的新阶段,这个联防联控最主要的目标是把臭氧和PM2.5的控制纳入到国家环境管理的范畴,所以在国务院的意见指导下,环保部开始部署国家"三区九群"大气复合污染联防联控的规划工作,这个联防联控的规划非常明确的就是以臭氧和PM2.5为环境空气质量的目标,同时要实施多污染物、二氧化硫、二氧化氮、PM10和挥发性有机物的协同控制。过去20年中国经济增长的奇迹在东部沿海地区,最代表的三个地方是京津渤城市圈、长江三角洲城市圈和珠江三角洲城市圈。在后面的二十年,中国经济从现在开始起到2020年还要再翻上一番,再翻一番靠两个发动机,一个是城市化,一个是工业化,因此国务院又新批准了一系列城市群,包括六个城市群区域,一共进入国家大气复合污染联防联控的是三个区、九个新增的城市群地区,因此臭氧和PM2.5的控制工作实质上在全国已经铺开了,但是,记者和同学们很关心环保部新发布的PM2.5的标准里头在2016年可能在全国要去实施,但是鼓励一些有条件的地方做先试先行的工作,这个先试先行很可能就是这三个城市群的地方,当然不排除还有其他地方来加入到这个行列中来。这个事情必须要紧锣密鼓地做起来了,因为这个污染的速度如果不马上实施控制的话,它会发展得非常非常快。所以我们前面所关心的一个问题就是:灰霾的问题、臭氧污染的问题会不会从东部沿海的城市群随着城市圈的范围向中部和西部发展污染扩展过去;第二个问题就是:这三个城市圈的污染会不会连成一大片,如果连成一大片之后就会形成世界上最大规模的大气复合污染圈,它的影响范围是上百万平方公里的国土面积、好几亿的人口,这个事情要在十二五和十三五期间通过所有人的精诚努力,政府、科学家和企业界的通力协作,来遏制蔓延,必须在经济发展的过程当中来实施空气质量的改善,这个问题是有隐忧的,近期的一项研究显示,臭氧的污染在合适的气象条件下有这种连片的可能趋势。

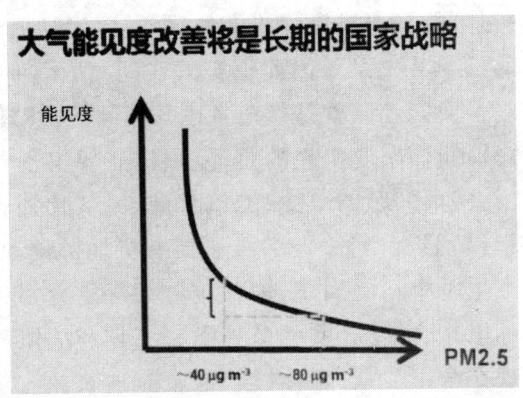

最后想跟大家进行交流的是,大家都非常关心收入提高了、涨了工资了、住房条件改善了,大气能见度也成为大家非常非常关心的问题,尤其是见到了蓝天白云之后又出现这种现象那更是心理上接受不了。但是这个问题要解决起来没有那么容易,大气能见度改善将是一个长期的国家战略,这个长期性不是随便说说,它是有科学道理的,因为我们前面提到过能见度和颗粒物的质量浓度之间是一个非常反相关的关系。PM2.5质量浓度高的时候,能见度就很低;PM2.5质量浓度低的时候,能见度就好。这个关系是一个非常典型的非线性的关系。举一个例子,比如说,以平均80微克/立方米PM2.5的浓度水平来看,我们通过五年或者十年的艰苦努力使得空气中的PM2.5的质量浓度下降一半,变成40微克/立方米,那从这个图上看,40微克/立方米的控制是了不起的事情了,因为我们制定的空气质量标准是35微克/立方米,40微克已经很接近了,但是这样大力度的空气质量的改善在能见度上的收益只有这么一点点,为什么? 因为我们处在这样一个区域里面,这是非线性关系里面的下半段区域里面。一任两任行政首长完成这一个伟大工作以后看不到能见度非常好的改善,可能能见度改善一两公里,但是你再持续改善下去,进入到这个区域的时候,颗粒物浓度改善一点点,就可以得到一个很大的能见度收益。所以我们经常在说臭氧的生成也有一个非常复杂的非线性关系,我们也在强调国家十二五期间要做氮氧化物的总量控制。如果你只控制氮氧化物不控制其他比如说挥发性有机物,它很可能会造成臭氧浓度的反弹,因为臭氧和氮氧化物之间有非常复杂的反相关关系。因此也有人在问:什么叫大气污染的多污染物协同控制?协同控制就是你在考虑其他问题的时候也要把其他的问题综合考虑。我们所要实现的是环境目标,要实现臭氧和PM2.5的浓度同时下降,酸雨问题的减少,二氧化硫、氮氧化物、PM10浓度的减少,你要实现环境目标,污染源的控制要有机地协调起来,你不能解决一个问题又产生一个新的问题,因此这种大气复合污染的控制是一个长期的艰巨的工作,需要扎实的基础研究工作和决策管理工作之间的有机结合。现在全国公众、媒体、学者、政府这么关注这件事情是好事,也希望我们的研究工作和空气质量改善的工作继续得到大家密切的关注,我们也希望通过共同的努力在我们国家实现经济增长的同时能够真正地走向可持续发展的道路,在这个过程当中解决大气污染的问题,这不仅是对中国本身的贡献也是对全世界的贡献。我的报告就到这里,谢谢大家!

现场答问

问: 改善大气能见度有许多工作要做,北京奥运会、上海世博会的经验值得借鉴,请简单介绍一下。环保部如果对PM2.5监测的话,除了监测技术上的难度,有没有其他的问题?

答: 北京奥运会、上海世博会、广州亚运会有很多相通的地方,从过程中可以看到,北京奥运会是第一个。在这之前总共做了16期空气质量的管制措施,提高燃煤效率、减少燃煤用量、家用机动车的管理、扬尘的控制,在后面上海世博会、广州亚运会都用到,但是也是一个不断进步的过程。广州在举办亚运会的时候,尽量采取可能长效的控制措施。

比如说，机动车排放标准不断加严、加油站的改造、煤炭的利用、工业企业的控制等这样一些措施，我想很多东西都已经固定下来成为长效措施，这是一个不断变化的过程。最大的改进是这些控制方案是经过十几年的科学研究工作积累下来的，所以每个情景可能的环境效率都有非常详细的分析，分析下来以后，通过实际的演练，这些措施上来以后空气质量的变化，得到不断的检验。这一套东西包括检测、污染源、预测预报的技术、决策支持的技术，实际上已经形成了一套体系，这一套体系在现在做"三区九群"的大气污染联防联控的规划当中已经运用了。对问题的认识和控制技术可能会不断完善，不断改进，这个是北京奥运会、上海世博会、广州亚运会最大的成绩。

PM2.5的这个问题比较复杂，实际上在今年之前环保部关于标准修订的工作已经讨论一年了，院士、青年学者、部长开会都不下十次了，这个里面有很多值得考虑的问题，最重要的一个问题就是，我们国家在"十二五"、"十三五"期间经济持续增长，在经济持续增长的过程当中去解决PM2.5的问题在全世界都没有先例，因此我刚才说我也希望大家来一起关注这件事情。"十二五"之后，PM2.5的浓度水平到底是上升还是下降也是大家最关心的一个问题。如果它逐渐下降，那会更有信心去做这件事情；如果出现上升的话，那肯定还有很多问题不清楚，所以会选择一些地方，比如京津、长三角、珠三角这些地方做先试先行，试一下，看看会是一个什么样的变化，然后对问题的认识更加清楚，因为世界各国都有这样的例子，这不是一条平坦的路。PM2.5的控制进入到新的历史阶段，它和太多因素相关。

问：刚才您的报告中提出，现在普通居民都非常关注这个问题，北京老太太也比较关注这个问题。从您的角度来看，我们同学从生活中应该注意些什么，怎样更科学地防范？

答：每一个人都可以为这件事情做贡献，因为我们国家防治空气污染最重要的一个措施就是节能减排。我们前面谈到了大气污染协同控制这个阶段，平时生活中的很多事情都会造成排放。我们同学做过一个校园碳的清单的研究工作,研究北大校园是一个高碳的校园还是一个低碳的校园。我们北大校园里平均的碳排放跟全国相比较结果不是太理想,我们高于全国平均水平,因此我们可以注意我们行为的点点滴滴,去实现节能,你可以为减少污染物的排放、二氧化氮的排放、二氧化硫的排放、氮氧化物的排放作出贡献。

人民网记者问:您刚刚提到我们看到 PM 值下降希望未来的二十年能看到一个理想的结果,但是我知道的,看那些报道,伦敦雾都事件,死亡很多人,洛杉矶也发生过同样的事件,纽约也出现这种空气污染死亡事件,他们都是用短短的时间,有的就用了三到五年的时间解决了这个问题,你觉得时间的方面我们是不是有点太长了?

答:伦敦的污染事件、洛杉矶的污染事件都是举世震惊的公害事件,但形成原因是不同的。伦敦的污染事件是由燃煤所造成的,当初工业革命的时候,煤炭燃烧,大量的二氧化硫排放到空气当中以后转化成硫酸和硫酸盐,这是硫酸雾造成的污染事件,包括伦敦本身的气象条件也不太好,所以形成这个现象。洛杉矶光化学烟雾污染的事件是汽车尾气形成的,洛杉矶这个城市现在机动车保有量已经达到 2600 多万辆,当时是 500 多万辆,当时臭氧的浓度水平达到了 600 到 800 多毫克/立方米。伦敦烟雾事件造成的损害问题可能比洛杉矶更严重,但是没有一个城市是三到五年解决问题的,洛杉矶臭氧的浓度水平确实是在快速下降,但是它现在的浓度水平还超过在美国的空气质量标准,它仍然是一个超标的城市,所以这类问题的解决不是那么容易。我们前面介绍了我们国家燃煤的问题实际上并没有完全解决好,机动车污染的问题又出来了,这些问题是掺和在一起了,所以解决起来的难度要比它更大,所以相对时间会漫长一点,因为在这个过程中经济还会增长,燃煤量还会增加,机动车保有量还要增加,在这样的情况下去解决大气污染的问题。这个问题在奥运会的时候就有媒体拼命问,为什么浓度水平这么高?你把这个尺度再往前放二十年就会发现各项污染指标是在下降的,只是现在仍然处于高位上,我们希望在接下来的过程当中,通过十几年的努力,能够在经济发展的过程当中根本性地扭转这个问题。

问：有几种测量手段来测量PM2.5空气质量浓度，其中最有效的是什么？

答：现在测量手段基本上是两种方法，一种是离线的方法，一种是在线的方法。离线的方法就是把样品采回来在实验室来称，放一个膜，底下用一个泵去抽，空气通过去以后颗粒物就被膜截留下来了，然后去称它的重量，除以它的采样体积，得到质量浓度，前面会用不同的切割头去采集PM10或者PM2.5。还有一种方法就是在线的测量方法，利用一些仪器在现场上，比如说震荡天平、β射线等很多测量仪器方法都可以做这样的测量工作。美国超级站supersite观测计划很多在线的测量仪器，包括颗粒物的化学组成的在线测量仪器都放在一块做过很详细的准备，我们现在也到一些城市去走，也看到很多不同的设备在运行着。不同原理的仪器如果要做测量的话，最好在这之前做一下比对的工作，因为有很多的仪器给出的数据是很不一样的，所以要有一个相互的校准和相互的检验，但是总体来讲，经过这么多年，如果有比较好的质量控制和质量保证手段的话，质量浓度测量应该不是太大的问题。

问：您刚才提到PM2.5的浓度和大气能见度有着非常好的反相关关系，那有没有可能通过测量能见度来测量PM2.5的浓度呢？

答：这有一个问题，你可以去反推。我们前面介绍的结果我可以根据化学测量的东西去计算能见度，吻合得非常好，但是反过来做的话，就要反过来考虑这五方面的因素，特别是相对湿度的因素，因为在不同的相对湿度下，能见度和质量浓度之间不是一一对应的关系，相对湿度在一天当中变化是很剧烈的，它会造成很大的误差。

问：PM降低有什么意义？PM10包括PM10以下的所有污染物的监测，但是PM降低2.5的时候就只包括2.5以下的，这个标准是降低了还是提高了，就像以前国家调整乳制品蛋白质从2.95调整到2.70那样，它是一种降低还是一种提高？

答：它是一个非常重要的提高，因为现在在各个城市测下来PM2.5

在 PM10 中占一个很重要的比例，现在的测算是以 50% 来测算的。比如说 PM10 的质量浓度是 100 微克/立方米，是二级标准，如果是按照 50% 计算的话，PM2.5 的标准应定在 50 微克/立方米，现在定的是 35 微克/立方米，所以它基本上是参照世界卫生组织第一阶段过渡值的要求，是 35 微克/立方米，然后通过几个五年计划逐步达到世界卫生组织的指导要求，就是接近世界先进水平。所以这对颗粒物的控制来讲是一个很难很难的工作，因为 PM2.5 的控制，国内也在考虑要加严 PM10 的控制标准，有可能会使得 PM10 的控制标准从 100 微克/立方米降到 70 微克/立方米，这样两个标准就配合起来了。但是前面也强调过 PM10 和 PM2.5 的来源并不一样，所以控制 PM10 可以在一定程度上减少 PM2.5 的浓度，但是它并不是一定保证达到 PM2.5 的质量要求，因为来源不同，所以两个标准会并行相当长的时间来对不同粒径段的颗粒物分别实施控制，它是一个很严的要求。

问：PM10 我们可以理解是由一些污染源排放一些污染物等我们可以感知到的一些东西，而 PM2.5 是一些二次颗粒。那二次颗粒它也有一些排放的源泉，从这些源泉又转化成这样的粒子，那这个源泉是什么呢？能举个例子吗？

答：比如二氧化硫的排放会形成硫酸盐，硫酸盐在颗粒物当中占 35%，那往回去倒，多少二氧化硫形成了这 35% 的硫酸盐？那这个二氧化硫是从哪些排放源出来的，是电厂排放还是居民燃煤？这就追溯到源上面去了，这个源的研究比 PM10 的研究要再复杂一步。氮氧化物的控制也是一样的，硝酸盐在里面比如说占 7%，硝酸盐的排放也很复杂，机动车尾气对 PM10 和 PM2.5 贡献的份额是不同的。你要控制 PM2.5 的环境目标，比如 PM2.5 现在是 80 微克/立方米，在一定程度上控制在 35 微克/立方米，必须非常清楚地知道下降的空间是哪些排放源，哪些源是可控的，这样的话你才能实现精确的打击。不然你把 PM10 控制下来，扬尘也抑制住了，PM10 可能会达标，但是 PM2.5 可能还会超标。PM2.5 和 PM10 对人类健康和整个社会的影响是不同的，PM2.5 的健康效应要更明显。

邓小南 | Zheng Xiaonan

〔演讲者小传〕

邓小南,女,1950年6月生。1985年毕业于北京大学历史系,获硕士学位。现任北京大学历史系人文特聘教授,中国古代史研究中心学术委员会主任,博士生导师。兼任中国史学会副会长、中国宋史研究会会长、北京大学学术道德委员会委员。

主要著作有《祖宗之法——北宋前期政治述略》、《宋代文官选任制度诸层面》等。曾获国家级高等学校教学名师奖、北京市高等学校教学名师奖、杨芙清王阳元院士教学科研特等奖。著述获北京市第十届哲学社会科学优秀成果奖、教育部高等学校科学研究优秀成果奖、北京大学改革开放30年人文社科百项精品奖、北京大学人文社会科学优秀成果著作一等奖、论文一等奖。

宋代历史再认识

大家好,我们今天要讲的题目是"宋代历史再认识"。看到这个题目以后,可能大家会想,宋代的历史,为什么值得我们对它进行再认识呢?这样一个历史时期,在中国历史上,有什么样特殊的地位?下面我希望能够从不同的角度来回应这样的问题。

我们首先了解一下严复先生、王国维先生、陈寅恪先生这几位可以被称为国学大师的人物对宋代历史地位的评价。严复先生当年曾经执掌京师大学堂,也就是我们北京大学。严复先生的这一段话里面是说宋代在中国历史上是有特殊影响的。他说古人喜欢读前四史——前四史就是《史记》《汉书》《后汉书》《三国志》——前四史的影响主要在于它的文字,但是如果站在当代的立场上回过头去看,关注对于近代中国的政治、风俗造成最深刻影响的时代——是善是恶我们姑且不作道德上的判断——这些影响是宋人所造就,是自宋代延续下来的,这一点他说十之八九可以断言。后面两条是王国维先生与陈寅恪先生的话,他们主要是针对华夏文化的发展,从这样一个角度指出了宋代在中国历史上特殊的地位。

我们知道中国历史上的朝代每一个都是不同的,都有不同的特点,而在黄仁宇先生《赫逊河畔谈中国历史》这一部书里面有个概括。他说:中国历史上的朝代,每个都不同,而尤以赵宋为显著。如果我们仔细看看,这个"不同"是很容易能够观察得到的。

比方说,我们知道宋代这个时期,开国的君主是赵匡胤,赵匡胤和陈桥兵变这个故事,我们早就耳熟能详。赵匡胤是个职业军人。在中国的古代历史里面,开国的君主,靠马上打天下的是不少的,像秦始皇、刘邦和后来的努尔哈赤都可以说是马上打天下,但是他们都不是职业军人;主要的朝代里面,以职业军人的身份成为一个开国君主,其实只有赵匡胤。但是赵匡胤得天下,偏偏不是他打下来的,我们知道宋代历史上被人诟病的一个主要问题,是它的军事力量的不振。赵匡胤作为军事统帅,本来军事上的管理、军事上的指挥是其强项,但这样一个朝代,为什么偏偏会走上长于"文治"的道路,为什么军事上反而缺少建树?宋代的历史,给我们留下了很多思考的空间。

今天我们的"再认识",从四个角度来讲。首先我们是要从一个比较概括的视角,来对宋代的时间和空间有一个基本的认识。因为我们历史学,其实主要是从时间和空间这两个角度入手的。

秦　　公元前 221—前 207 年

西汉　公元前 202—公元 9 年

东汉　公元 25—220 年

三国　220—280 年

西晋　266—316 年

东晋　317—420 年

南朝　420—589 年

北朝　439—581 年

隋　　581—618 年

唐　　618—907 年

五代　907—960 年

北宋　960—1127 年

南宋　1127—1276 年

元　　1271—1368 年

明　　1368—1644 年

清　　1636—1840年(鸦片战争以前)

这是中国古代朝代表,这里没有包括夏商周,只是包括从秦始皇建立帝制以来的这样一些朝代。我们知道,中国古代帝制时期差不多是2000年,而宋代在这之间,从公元960年开始,到公元1279年结束,差不多正是在2000年的中段。那么再具体点来讲,我们经常看到宋代被称为"两宋",所谓的"两宋"就是北宋和南宋。其实在宋代的时候,从来没有两宋这种说法,这个都是后来的人回过头去看宋代历史,会把首都在开封的这一段称为北宋,后来金人打过来了,北宋王朝覆灭了,政权辗转流落到南方,定在杭州,那么这一段时间就称为南宋。

北宋		南宋	
太祖	960—976	高宗	1127—1162
太宗	976—997	孝宗	1162—1189
真宗	997—1022	光宗	1189—1194
仁宗	1022—1063	宁宗	1194—1224
英帝	1063—1067	理宗	1224—1264
神宗	1067—1085	度宗	1264—1274
哲宗	1085—1100	恭宗	1274—1276
徽宗	1100—1125	端宗	1276—1278
钦宗	1125—1127	卫王	1278—1279
(辽)太祖	907—925		
太宗	925—947		
世宗	947—951		
穆宗	951—969		
景宗	969—982		
圣宗	982—1031		
兴宗	1031—1055		
道宗	1055—1101		
天祚宗	1101—1125		

现在我们看到的是北宋和南宋的帝王简表。北宋的几个皇帝，应该说是比较名副其实的，确实都是做过皇帝的，而南宋的九个皇帝就很不一样。我们知道，1276年，南宋朝廷已经投降了，当时蒙古的军队包围了临安，也就是杭州，尚在幼年的小皇帝宋恭帝就在实际执政的太皇太后率领下，出来投降了。在此之后呢，宋朝一些在外的官员、将领，像我们熟悉的文天祥、陆秀夫、张世杰这样一些人，又组织了几年的抗蒙战争。他们拥立的小皇帝和政权基本上流落在两广、福建、江西这样一些地区，一直到1279年整个覆灭。所以宋恭帝以后的两位皇帝，其实都是流落在外的小皇帝。

我们观察一个朝代，一方面是要能够拉得开，一方面是要能够贴得近。所谓拉得开，就是要把它放在更长的时段中去认识它的历史地位，它的历史影响；所谓贴得近，我们要更加贴近地观察当时的历史现实。

作为一个长时段的观察，我们会注意到，对于宋代在长时段的中国历史里面占有什么地位，很多学者都有高度的评价。钱锺书先生在20世纪50年代出版的一部中国文学史里面，执笔写了宋代部分，他说，在中国文化史上有几个时代，一向是相提并论的，说到文学，会说到唐宋，唐诗宋词；说到绘画，我们会说宋元，文人画；说到学术思想，我们会说汉学、宋学。不管从哪一个角度来说，我们都会提到宋代。

这是从朝代之间的文化延续和它的关联来讲。如果我们从另一个角度来观察，这个长时段里面有很多的变迁，在变迁发生比较集中的时段，我们会称它为"转型"期。20世纪初，日本学者提出"唐宋变革论"，强调唐宋之间的明显变革，这对于世界范围的中国史学界、汉学界都有很大的影响。最近这些年，也有学者讨论宋元明之间的变迁，其实是探索从宋代开始的变革。研究思想史的葛兆光老师，曾经写过一篇文章，叫做《"唐宋"抑或"宋明"》，也就是说我们是要把唐宋放在一起看，还是把宋和明放在一起看。这样两种衔接方式在我们面前凸显出来的，可能是历史上不同的特点。如果我们把唐宋并称，是把宋代看成一个变革期的结束；如果宋明并称，则是将宋代视为一个新的变革期的开始。

193

刚才我们是从时间的角度讲，下面我们从空间的角度来看。

这是一个北宋时期的立国形势图。从这个图上我们首先可以看到，北宋的统一从来都不是真正意义上的统一。它的疆域比起汉唐时期的疆域完全不可同日而语，这样的一个形势，应该说其来有自。西部和西北地区的广大空间，原本是在唐的统治之下。但是自从公元755年爆发了安史之乱以后，唐朝廷把西北的重兵撤回到内地，以应付变乱。当时大食人（也就是阿拉伯人）、吐蕃人，这样一些民族，已经在唐的周边崛起，所以唐的军队收缩以后，很快这些地方就不再为唐所有，因此唐代的后半期，西北地区大片领土已经跟唐的中央政权没有关系了。而在东北也崛起了一些民族，像契丹族、奚族等等。契丹族后来建立了辽。10世纪初，中原地区唐的政权被五代的第一代——后梁——所取代，继而形成了一个诸多政权并存的局面。

宋代历史再认识

我们可以看到,这张小图是五代十国时期的割据形势图。五代是指北方地区前后相继的五个朝代,他们的统治重心在开封、洛阳,都是在河南。而在他们的周边,先后出现了十个小国家,其中包括现在山西太原的北汉,南方前前后后有九个小国家,这样合起来是五代十国。五代十国是中国历史上,上上下下分裂非常彻底的一个时期,诸多割据政权在当时同时并立。

北宋继承的就是这样一个局面。宋完成的统一,实际上就是把原来五代十国的疆域统一起来了。而北部、西北大片过去的汉唐时期的疆域,都不在宋的统治之下。

就疆域的广度而言,宋朝所完成的,跟前代来比较不是真正意义上的统一;但是就统一达到的纵深层面而言,其深度是前朝所难以比拟的。这是什么意思呢?我们知道汉代、唐代都不是亡于农民起义的,它们的王朝怎么会一朝覆亡?其实,汉代并非灭于黄巾起义,是汉代自己扶植起来的军阀、封疆大吏群雄并起,最终取代了东汉。唐代也不是灭

195

于黄巢起义,而是灭于藩镇节度使朱温的,藩镇节度使相当于今天一个大军区的首长,而他也是唐的统治者扶植起来的。我们知道,从宋代以后,再也没有这种情形,没有一个王朝是被他自己扶植起来的地方官员或地方势力所代替。这样的情况,和宋代对于地方的统治能力有关系。

宋代疆域有限,对于这个时期,国内史家历来有很多批评。从上个世纪三四十年代以来,一直到新中国成立以后,在通史类或者教科书类的著作中,说到宋代,经常会说这是一个"积贫积弱"的时期。就是说国家财力不足,军费等支出很多,国家财政困窘;和周边的民族政权,例如辽、西夏、金、蒙古作战,显得国势羸弱,这样的状况长期积累下来,就被称为积贫积弱。

而当我们阅读欧美学者或者日本学者的著作时,也许会有另外一层感觉。伊懋可教授的 *The Pattern of the Chinese Past*,从中国古代社会经济的角度来讲中国历史上的发展模式,他认为中国历史上经济发展最快的是 8 到 13 世纪之间。其中十分突出的阶段正处于历史上的宋代。法国科学院院士谢和耐的《蒙元入侵前夜的中国日常生活》,讲到南宋时期的人"有理由认为世界上的其他一切国家都不过是蛮夷之邦"。著名汉学家、哈佛大学费正清教授编写的 *China: A New History*,全书 21 章,其中有一章写"中国历史上最伟大的岁月"。我想如果换了中国学者,有的人写汉,有的人写唐,可能也有人写其他时期,但不会有人写宋。而费正清讲"中国历史上最伟大的岁月",写的正是北宋和南宋。这样就给我们提出了一些很尖锐的问题,就是我们应该如何来认识宋代?以往不同的认识之间,是不是有很深刻的矛盾?这样的一些歧异,是如何产生的?等一会儿我会说到。

宫崎市定是日本京都大学知名的东洋史学家,他有很多论断提到宋代。他说中国人在文明开始的时期是落后于西亚的,也落后于欧洲的国家,这种局面后来逐渐被扭转,扭转的关键时期,他说就是在宋代。而且由于宋代文明的刺激,欧洲文明也向前发展了。在李约瑟的《中国科学技术史》第一卷总绪论里面,对中国科学技术发展,有一个宏观的概括,在这里面他说道:"每当人们在中国的文献中查考任何一种具体的科技史料时,往往会发现它的主焦点就在宋代。不管在应用科学方面或在纯粹科学方面都是如此。"这样一些现象,是很多学者都观察到的。在科学技术史上,我们通常会说到四大发明,除了造纸术是比较早的一项,其他三项,印刷术、火药、指南针,或者是在宋代发明的,或者是技术在宋代得到了完善,或者是在宋代传到了西方。我们知道雕版印刷唐代就有了,但是唐代雕版印刷并不印书,是印佛经、佛像,印日历。印刷书籍是从五代以后才开始的,在宋代才形成了规模。活字印刷当然更是宋代的。以前我们北大东门外面方正集团大厦门口有一副对联,叫做"古有毕昇","今有方正"。毕昇,是宋代的"布衣",普通工匠,他所发明的活字印刷术,对于印刷业的影响,一直持续到方正集团的激光照排技术出现之前。

英国学者培根和马克思,都曾说到三大发明对于世界文明的牵动。马克思还特别说它们预告了资产阶级社会的到来。而这三大发明都跟宋代历史有最直接的关联。

我在2006年的时候写过一篇短小的文章,就是《宋代历史再认识》。在这里面说到为什么中国学者和一些海外学者讲到宋代这个历史时期的时候,彼此的认识与概括会有很大的反差。我想,国内学术界对于宋代的认识基本上是近代以来形成的,这样一种认识框架包含着当代人反观历史的体悟。人文学者对于历史的追索,对于历史的关怀,都是建立在现实关怀的基础之上。近代以来中华民族饱受列强欺辱,当时的人们有非常强烈的要自立于世界民族之林这样一种期冀。怀有这种民族情结的时候,自然憧憬强盛的时代,回顾历史,也喜欢汉唐的盛世。而西方学者没有这种民族情结,他们关注的是中国对于世界文明的牵动,看哪一个时期对于世界文明有比较直接的影响,他们觉得这个才是最值得注意的。我们中国自古以来是中央集权的国家,相对而言,我们的学术长期以来比较关注政治史、王朝史,而西方学者比较注意的是经济史、文化史。在这样不同的背景之下,观察到的问题和所做出来的概括,都会有所不同。

下面我们讲一下宋代立国的形势和它所面临的秩序格局。

大家知道,宋代并不是接着唐代来的,唐和宋之间还隔了五代,五代是五个朝代,唐是公元907年灭亡,到公元960年宋代建立,中间只有53年的时间,却更换了五个朝代,14个皇帝。走马灯似的,更替得非常频繁,当时的人心里都非常的不安定,从上到下,整个社会上弥漫着慌乱的情绪。公元960年的春节过后,在开封东北的陈桥驿这个地方发生了又一次兵变,这就是"陈桥兵变"。后周原来的禁军统帅赵匡胤通过兵变做了皇帝。

　　我想,当时很少有人会相信,赵匡胤建立的这个王朝能够稳定下来。前面也有一些军阀做了皇帝,也是想稳定,但是都没有稳定得了。赵匡胤所建立的很可能也只是接着前面五代的第六代而已,可能仍然是个短命的王朝。而赵匡胤有效地把这个王朝稳定下来了,应该说这不仅仅是他,一方面包括他周围的智囊人物、当时的精英,也包括他后面的继承人。从纷乱的状态转变成为一种太平治世的面貌,两种状态有着很强烈的反差。这种情形呢,在宋人心目中就觉得是了不起的成就,他们就一直都在讨论,成功的原因何在。南宋的理学大家朱熹和他学生的一些对话,被整理出来,叫做《朱子语类》。我们看到,朱子的学生请教他说,太祖做皇帝,怎么能把政权稳定下来,肯定是把五代所有不好的做法统统都废除了。而朱子回答说,不,只是把那些最关键最严重的弊端废除了,而其他的法令条目,多半在原有的框架下继承下来了。然后朱子说,大凡做事的人,能够做成事情的人,多是先起大纲,先抓住主要的,其他枝节的问题"可因则因"。也就是说首先要把关键处抓住,要有根本的改变,而不是不问青红皂白地统统推翻重来。朱子说这才是"英雄手段"。

　　我们看看赵匡胤的"大纲"包括些什么内容。赵匡胤建立的王朝,开国基调应该说是比较理性的。我们可以举两个很小的例子来讲。司马光是北宋的史学家,他在《涑水记闻》里面记载到这样一件事:周世宗晚年为了给自己的小儿子留下一个比较好的继承条件,他就把掌握兵权的那些人,禁军里面这些带兵的,凡是他觉得有疑问的人,可能不效忠的,统统都除掉了。这些剪除,有的可能有道理,有一些也没有明确的道理,比方说把看上去方面大耳的人也除掉了。所谓"方面大耳"是指天庭饱满、地阁方圆,就是民间所说的帝王相,所以把这些人都除掉了。赵匡胤当了皇帝以后,和周围的人说起来,他不无得意地问:你们看我长得怎么样?他的意思是说,我是有帝王相的,可是周世宗也没能把我除掉。他接着就说,如果你真有能力做天下的主宰,其实不是靠这种方式能除掉的。

我们可以看到,周世宗的时候,为了巩固他的政权也是想尽了办法,可以说五代时期的这些帝王,每位都希望能够巩固自己的政权,但是在巩固政权的手段上,赵匡胤显然比他的这些前辈们高了一招。

另外,赵匡胤本身也是军阀,他从军阀变成君主,身份的转换是一个很大的变化,对他个人也是一种挑战。当时有这样一件事情:赵匡胤有一天在后院里面打鸟雀,正在兴头上,忽然外面报告,说有人有急事要见皇帝,于是只好把打鸟的事放下了,就先召见官员。结果这个官员报的净是一些杂七杂八的事儿,没什么重要的,赵匡胤很不高兴:就这些事还至于打搅我!这位官员说:我觉得比陛下打鸟更重要点吧。于是皇帝就更生气了,举起殿上的玉斧就甩过去,结果打掉了那个官员的两颗牙。这个人把两颗牙捡起来揣到自己的怀里,皇帝就骂他:你还想把这两颗牙留起来,想上哪告我去啊。于是这位官员说:我是没有地方去控告陛下,可是自然有史官会把这件事情记下来。听了这话,文献上的记载是说"上悦",其实皇帝当时恐怕很尴尬。但是不管怎么样,赵匡胤还是很开明,很理性的,赏赐金帛慰劳这位官员,鼓励他敢提意见。

随着赵匡胤自己的身份转换,同时也要建立一种君君臣臣、君尊臣卑的政治秩序,这是他个人,也是北宋初期朝政所要追求的重要目标。赵匡胤刚做皇帝的时候,确实有少数地方节度使反叛,但那些反叛很快就平定了,而他面临的主要挑战,其实是来自于过去和他"比肩同气"的那些人,也就是资历地位跟他差不多的那些将领、兄弟。他们这些人,以前都是不分你我摸爬滚打在一起。他们兄弟里面出来一个人当皇帝了,这些人在当时都非常跋扈,都是不可一世的派头。而这种情况并不是赵匡胤所希望的,他希望君臣之间要拉开距离,他这个皇帝就是要凌驾于这些昔日同僚之上的,所以要建立尊卑井然的理想政治秩序,这是一项非常重大的任务。

我们看到各朝各代建立初期都面临过类似的问题,为了确保君主的权力,汉代刘邦、吕后的时候"狡兔死、走狗烹",明代朱元璋的时候,制造几个大狱案,牵连了数万人。但是赵匡胤却以"杯酒释兵权"之类的方式解决了禁军的统辖权,一切都是波澜不惊,在这样一种状态下,通过一些幕后的操作,没有发生任何的流血事件,逐步建立起来一些规矩、制度。不仅对于当年的兵将,对于宦官,对于宫廷里面的后妃等都建立了一套制度。这些制度的基本原则,在宋人的心目中,那个时候就很明了,是一套防弊之政。

宋代继承的基本上是五代的地盘,而五代的时候,社会弊端比较多,王朝统治不稳定。在这种情况下,宋代很多政策的出发点,都是防范弊端的,或者说那时候都是稳定至上的。这样一种思路,在某种程度上,确实对于宋人的作为有所限制,制度倾向缓进保守,大规模的调整比较少,是那种步步为营的、逐渐积累起来的细部调整。

南宋初年的宰相吕颐浩,曾经看到赵匡胤做了皇帝以后,写给他的臣僚的亲笔书信,其中写给赵普的,就有一百多封。其中一封说,我和你们共同平定祸乱治理天下,希望我们创立的法度,能够子子孙孙一直传下去。可见这在当时的君臣心目中是非常重要的、沉甸甸的一项任务。赵匡胤通过兵变做了皇帝,变家为国,这是他阴谋的成功,同时也是他责任与负担的开始。

太祖的弟弟宋太宗,是宋代的第二位皇帝,他怎么当的这个皇帝,到底是光明磊落,还是耍弄阴谋手段,历来都面临着质疑。我们现在姑且不说这个问题。宋太宗做皇帝以后,发布了一个即位的诏书,也可以说是安民告示,把他兄长当皇帝时期的举措,概括成为八个字:"事为之防,曲为之制",就是说所有的事情都要事先做出防范,都要周全地进行制约,其实就是我们说的防微杜渐。宋太宗表示要继承他哥哥的这样一套做法,他确实是身体力行,而且把这套做法更加推向了极端。一直到南宋的宋孝宗,也就是南宋的第二位皇帝,仍然认为从他们祖宗留下的做法,是他们的家法,是要一代一代效法下去的,这样一种防弊之政,可以说是两宋时期的基本国策。

　　这是一张宋辽时期的疆域和自然地理区域的叠加图。我们可以看得到,两条粗线,把当时的整个疆域分成三个大部分。第一个大部分是东部季风区,也就是从海洋上来的季风,最远能吹到什么地方,这道线和我们国家400毫米降水线差不多是一致的,从东北的大兴安岭下来以后,过蒙古高原的阴山山脉,再向西到青藏高原东部边缘,这基本上是东部的季风区,而这个季风区除了高寒地带,其他地区都是农耕地区,是农耕民族长期活动的地区;第二个地区是西北干旱区,游牧民族长期活动、逐水草而居的地区;第三个地区是青藏高原,比较特殊的地理单元。

　　从这张图上我们可以看到很有意思的现象:细线圈起来的北宋的疆域部分,和自然地理的区划,它的西北边、西边都高度重合。东北边的宋辽分界,这条线是白沟,即拒马河,这条分界线的形成和石敬瑭把幽云十六州割给契丹是有关系的,所以它不是完全天然形成的双方之间的界限。这张图启发我们想到一个问题,农耕民族和游牧民族如果力量相对来说比较均衡的话,农耕民族很难把它统治的触角伸到游牧

201

民族长期活动的地带里去,反过来也是一样。当然如果一方的力量非常强大,自然地理的界限就限制不住。比如说汉武帝的时候,比如像后来的元朝,都不会被自然地理条件完全限制住。但是如果双方的力量相对不均衡,自然地理条件的影响作用会相对凸出。

正是因为这样的一种状况,使得宋代的内政,一直是处于外部压力之下的内政,我们通常说一个国家的外交是它的内政的延伸。宋代的情况我们也可以反过来说,宋代的内政,始终都是在外交压力下的选择,是在特定的外交局势下的一种内政。我们来看看这个外交的压力,当时到底给宋代统治者带来了什么。

南宋人李焘在他撰著的《续资治通鉴长编》里面说到,1004年宋真宗的时候,发生过一个事件,就是宋和契丹(辽)之间订立了一个盟约,我们上中学的时候就学过澶渊之盟。盟约的第一条就是双方君主约为兄弟之国。这与五代后晋石敬瑭那时候不一样,石敬瑭向耶律德光称臣称儿,做"儿皇帝",而耶律德光其实比他小十岁。此时跟后晋的局势不一样,现在是双方约为兄弟之国,互换国书。我们现在看来觉得没有什么,但在当时,这是一件很大的事情。我们可以看到宋方国书的内容,开篇就说"大宋皇帝谨致誓书于大契丹皇帝阁下";然后契丹方面也有回复,也是说,"大契丹皇帝谨致誓书于大宋皇帝阁下"。两边的语言表述基本上是一致的,两边是"兄弟之国",看上去大体平等的关系。

契丹的国书,当年在宋方境内只颁布给了河北河东地区,也就是今天的河北、山西,因为这些地区和契丹交界,而没有颁布到其他地区。另外从李焘的记载来看,宋朝的《实录》中并没有记录相关的文字。这是什么原因呢?我们知道,在中国古代,长期以来所信奉的理念是天无二日,合法的皇帝只能有一个。而在国书里面,宋方的皇帝非常明确地称对方为大契丹皇帝,这种情况是过去从来没有的。"中国"这样一个概念,先秦的时候就有了。但是那个时候所谓"中国"并没有界限,从一个中心开始向周围辐射,渐次延展,没有边界。"天下""中国"都是一种秩序的观念。而到了此时,似乎在这个皇帝之外又有了他承认的另外一个皇帝,宋代君主的"天下"有了限制。这样,就开始有了"疆域"的意义。双方的国书里面,都说到"各守疆界",双方之间有了明确的疆界划分。我们知道,近代的"国家"的观念和古代非常不同,古代的国家、帝国,是一种秩序的观念,近代的国家则是有主权有疆域的。所谓的 empire,与 nation state,是很不相同的概念。葛兆光老师在《宋代"中国"意识的凸显》这篇文章里指出,"中国"有限的空间意识,这样一种对于国家认知的观念,在中国人的心目中,是什么时候开始形成的呢,其实就是宋代。

这样的一种状况,对于皇帝,对于当时的上层人物,士大夫、知识阶层,其实是有很深刻的压力的。该如何解释、应对这样的一种局面,引发出宋代历史上许多重大问题。为什么宋代《春秋》学发达,就是因为《春秋》是讲"大一统"的,而宋代面临的问题正是怎么样重新去论证这个大一统,而这种敌国、外患使得当时的士大夫、知识分子有必要面对政权存在的合法性、正统性问题。

这些年西方学者也有一些相关的著作,*China among Equals*,这本书是 80 年代中期加州大学出版的一次研讨会议的论文集。标题的意思是说,在当时被周边的若干敌国(势力差不多的政权)包围下的"中国"(中原政权),它所面临的问题和它所应对的方式。这个书是有副标题的,*The Middle Kingdom and Its Neighbors*,*10th-14th*,"Middle Kingdom"是它对于"中国"一词的翻译。2007 年的时候,*Unbounded Loyalty: Frontier Crossings in Liao China* 一书出版,评论者也特别强调,辽(契丹)和宋之间开始有了明确的疆界,这不同于唐以前中原政权与其他政治势力之间活动性很大的边界。德国的 Kuhn 教授也提出来,这种持续不断的军事压力,使得当时的中国人,明白了"中国"这个词意味着什么。在这个时期,"中国"凸显出了新的意义。

到 2008 年的时候,哈佛大学教授包弼德,写了《地理与文化》一文,对 middle kindom 这个说法提出了一个挑战。他把中国翻译成 the central country。这两种译法的区别在哪里呢? Middle kindom 是若干王国中的一个,位于中间的位置上。而 central country 则是处于一个核

203

心地位的,强调向外辐射的概念。所以我们可以看到,语词翻译,也包含着对于历史的深刻理解。这样一些认识,其实都和北宋中期的这样一种局面,就是刚才我们说的"天下秩序、立国形势"有关。

我们对以上内容做一个概括,在这个时候相对于宋朝来说,辽、夏、金这些民族,都逐渐成熟起来,建立了比较强势的、能够和中原王朝长期抗衡的少数民族政权。这个时候中原王朝的作用,主要是体现了一种核心的辐射作用,而不像唐太宗那个时候,八方来朝的"天可汗"那种局面不复存在了。但是宋代,在政治制度、社会经济、思想文化这些方面对于周边地带还是发生着深刻的牵动作用。

下面我们讲第三个问题。前面我们曾经说到宋代"防弊之政"的国策,但是一个国策要落实,是需要有一些具体途径的。在宋代,所谓的"立纪纲"、"召和气",就是当时的思想家经常会并列提出来的两端。纪纲,就是制度。和气就是天地之间运行的阴阳交感的和谐之气。怎么样通过建立纪纲来感召和气,我们举一个例子。以科举制度作为例子。所谓的立纪纲,就是制度要走向严密化,召和气相对地讲究开放和睦的气氛。科举制度不是宋代开始的,唐代的时候就已经非常成型了。宋代科举制度最主要的特点,一个是它的严密化,一个是它的开放性。这两端是否矛盾?太严密就不开放,太开放就不严密?从宋代制度运行来看,我想这两端其实是可以融合互补的。下面我们具体来说一下。

宋代科举是三级考试,地方上有乡试,地方上考中了到中央来参加省试,再考中来参加殿试。这是宋代的殿试图,考生们在宫殿前面的平台上应试,皇帝坐在殿堂之中。其实殿试过程从开始出卷子到最后发榜,前前后后可能持续十几天,皇帝只在关键时刻出现。一层一层考上来的人,如果在地方上考了第一名,叫解元;到了中央有关部门(相当于教育部)考了第一名,叫省元或是会元。殿试第一名叫状元,三层

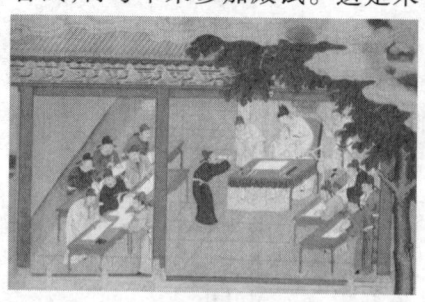

宋代殿试图

考试都是第一名,就是"连中三元"。宋代做过宰相、副宰相的王曾、冯京都是连中三元的,因为这些人先声夺人,所以容易被注意到。

宋代的考试,组织比较严密。宣布主考官的这一天(当时不是说有固定部门、固定官员年年负责主考,而是临时任命的主考官),主考官就不能回家,要到考试院里面去,而且考试院要锁门,考官无法对外联系,叫做"锁院"。考试时,考生的卷子在过去都是不糊名的,在唐代主考官都是看得见的。但是在宋代开始糊名了,要把试卷上的名字封住,跟现在的高考一样。由于担心考官认识某些考生的笔迹,所以他们还找人把所有的卷子抄录一遍,并且设专人核对,真的是不惜工本,这种方式比过去严密得多。那么,这种严密是不是导致了开放呢?我们注意到唐代中期朱庆余的一首诗《近试上张水部》,这首诗好多同学可能都熟悉,表面上是讲新媳妇的化妆,"画眉深浅入时无",实际上是朱庆余在考试之前,委婉隐讳地询问主考官张水部(张籍),说我的作品风格你觉得怎么样,是否合乎时尚呢?这样的"沟通"只有在科举考试不糊名的状态下才有用,主考官看中了哪些人,在考试录取的过程中,他们就可能获得优先被录取的机会。

正是因为这样,唐代后期的诗人杜荀鹤,在他的诗作里面就说到,"空有篇章传海内,更无亲族在朝中",没有人替他推荐,所以科举做官的路就不顺利。这种情形在宋代发生了很大的转变。所以北宋的时候,有这样两句诗,说"唯有糊名公道在,孤寒宜向此中求"。孤寒是指家庭没有特殊背景的人,只有在考试糊名的背景下,大家才真正是相对平等的。当时的制度规定是不是真的有效呢,下面有一个例子。

李廌是苏轼的学生、追随者。是当年"苏门六君子"中的一位。元祐三年李廌报名参加科举,恰好这一年苏轼被任命为主考官,大家都很高兴,觉得长期在一起读书写作,彼此的风格都非常熟悉,肯定能够选出李廌的文章。结果呢,考试过后,判完了卷子,苏轼认定其中一份卷子必是李廌的,于是把这份卷子放在第一;排序确定之后才能拆号,把名字打开,登录,发现这一试卷不是李廌的,而是章援的。章援是谁?他父亲章惇是王安石变法的一员战将,基本上是与苏轼持不同立场的。

结果这一年的状元就是章援,而且,那一年录取的几百名进士中,也没有李廌。开号之后,两人怅然出院,心情都很不好。苏轼就写了一首诗,送给李廌,他说当年"青袍白紵五千人,知子无怨亦无怼",我真是没有办法从这几千人里准确地把你挑出来。所以那时候的主考官,即便想要提拔某个人,在那个制度之下也是很难的。

南宋后期的宝祐四年,文天祥中了状元,第一甲第一名。这年一共录取了进士601个人,有学者根据考生填报的材料统计过,当时平民出身的,就是三代没有官的是417个人,差不多占三分之二。从《登科录》中文天祥的材料来看,他曾祖是谁,祖父是谁,父亲是谁,三代都很清楚。三代中如果有人曾经做官,都要写上,那时候对于材料的真实性都是有"联保"的,如果隐瞒了大家都要受牵连。文天祥父祖三代没有官。而第二名陈赏,他的父亲是有官的,是一个最低的品级,从九品的官,而且往往是徒有其名没有事任的,但是他仍然要写上。根据相关的统计,西方学者说科举制度吸纳了很多新鲜血液,所谓的 new blood 进入到官僚群体里面来。这样形成了一些社会流动,平民从竞争里面得到脱颖而出的机会;而官僚家庭中人,则感受到竞争的压力。这些人虽然有荫子的特权,却无法确保世代高官。

宋代和唐代的宰相家族分布,比例也很不同。唐代一共369名宰相,来自98个家族,而宋代134名宰相来自126个家族,相对来说,分布面比较广,很少有一个家族里面世代出宰相的。这也让我们看到时代的变迁,看到当时社会的流动。

《唐六典》记载唐代制定的法规,说工商之家不得预于士。父亲从事工商,子弟也不能参加科举考试,这一限制到唐末五代时期就难以实行了。南宋时,陈傅良就说,(本朝)家不尚谱牒,身不重乡贯,以此得人。从五代以后取士不问家世,你来自哪一个家族,没有人再重视了,因此可以选拔出有才能的人。我刚才说到连中三元、做过副宰相的冯京,他父亲很可能就是一个商人,他可以靠自己的本事成为状元。而且,当时的婚姻,也不那么讲究门当户对。科举发榜的那一天,不光是进士们自己要去看榜,而且当时那些富户、大官僚家,都派人去看榜,为什么呢,好歹在那儿找个女婿,这就叫做"榜下择婿",说得更露骨的呢,就是"榜下捉婿",拽着一个就走,其他条件到家再问。在这个时候,一些出身贫寒的读书人脱颖而出,被称为"寒俊",成为一批新型的士人,活跃在政治舞台上,从而产生了宋代所谓的"士大夫政治"。陈寅恪先生说,中国历史上有两个时期是言论最为自由的,一个是中国历史上的六朝,一个是赵宋。有学者指出,士大夫群体在中国出现很早,但是士大夫作为政治舞台上的主导力量,是到了11世纪的北宋,到了这个时候他们才真正主导了政治舞台。

范仲淹,大家都知道他断齑画粥的故事,父亲早逝,母亲带他改嫁,家境清贫,到寺院里读书,家中带来的米,只够熬粥。煮成粥冬天的时候就冻成一坨,他拿刀把它划成几块,一顿饭吃一份;齑是指家里腌的咸菜,咸菜也要切成一段一段的,以便多吃几天。欧阳修四岁而孤,父亲不在了,母亲教他写字,家里面根本买不起纸笔,只能拿芦苇秆在沙地上画。像这样一些人,后来都成为当时显赫的人物。

如果我们将唐宋时期的士大夫官僚相比较,我们可以看到:唐代一朝出现了很多政治精英,唐太宗那时候,像房玄龄、杜如晦,都是政坛上很有影响的人物;到了唐玄宗的时候,姚崇、宋璟,也是出色的政治家。但是他们在经学上,在文学上,说不上有什么突出的成就。反过来,经学上有成就的,像孔颖达他们这样的一些人;文学上有成就的,像李白、杜甫,在政界又缺少突出的表现。但是宋代这批士人很不一样。范仲淹做过副宰相,是庆历新政的主持者,是当时政治舞台上起引领作用的精英人物;他的文学作品,《岳阳楼记》,脍炙人口,我们全都背过,此外他也有经学方面的阐释研究。欧阳修也是一样,他做过副宰相,是文学家,也是史学家。像司马光等人也是这样。王安石尤为突出,前几年修订大百科全书,大百科全书第一版是按类别编排出版的:比方说政治卷、文学卷、教育卷、历史卷,是条目分开的。第二版变成按音序排,类似于大不列颠百科全书。这样同一个人就要合并为一个条目。结果发现,在历史卷、政治卷、哲学卷、文学卷、教育卷、经济卷都有"王安石"的专条。我们可以看到,宋代的这一批人,精通文章、经术与政事。对他们来讲,从政和治学是不分的。所以复旦大学的王水照先生说宋代的士大夫是一些复合型人才。

这样一种时代精神,弥漫于当时的朝野。横渠先生张载,当年在京师开封,坐虎皮说《周易》,气派很大,听者甚众。有一天晚上,程颢、程颐兄弟到了,他们那时候还都是二十出头的年轻人,张载和他们议论《周易》,谈了一个通宵。第二天张载来把虎皮卷了,跟学生们说:我以前讲的不足为据,现在有二程来了,他们是真正懂得《周易》的。

在那个时候,这种非常活跃而又强烈的辩驳问难精神,促进了当时对于传统儒学的新探索、新解释,从而形成了一种"思想解放运动"。前些年葛兆光先生发表过一篇文章,叫做《盛世的平庸》,就是说盛唐时期缺乏一流的、能够引领方向的著名思想家。这种情况在宋代有很大的改变。宋代的士大夫,在朝廷上比较得到尊重,他们的意见受到采纳;另外,当时还有一条规矩,就是不杀士大夫。不是绝对不杀,赵匡胤也杀贪官,但很少有人是因为公务活动里面犯了什么错误,或者是触怒了皇帝而被杀的。这种情况和明代的情形,形成了非常鲜明的对比。

宋神宗时有这样一件事:当时在陕西跟西夏用兵,宋方军事行动严重失利,宋神宗非常痛苦,曾在朝廷上当着满朝文武放声恸哭。这一失利谁该负责呢?有一个比较突出的人物就是运送粮草的转运使,粮草供应不上,当然是扯军队的后腿了。所以皇帝就写了一个内批,指示要把这个转运使处斩。第二天上朝,问及这个事办得怎么样,宰相报告说,刚想向您汇报。皇帝很不高兴,说这还汇报什么?宰相就说了:祖宗以来未尝杀士人,臣等不欲自陛下始。既然搬出祖宗的先例,皇帝沉吟片刻,说不杀也行,那就刺面发配到风土远恶之地去。门下侍郎,就是副宰相章惇,就说,要是这样的话,还不如把他杀了。为什么呢?他说:"士可杀不可辱啊!"给他脸上刺字,这不是一番侮辱吗?于是,皇帝非常的恼火:做不成一件痛快事!神宗是很强势的皇帝,一般的情况下皇帝发火大家就蔫了,就别说话了。但是,章惇还接着说:"这样的痛快事,做不成也好!"我们可以看到,面对着皇帝,宋代的士大夫是很敢说话的。

欧阳修在他的诗作里就有一个表述,"开口揽时事,论议争煌煌",就是对于说国家的时政,士大夫都敢发表自己的意见。王安石跟神宗议政,意见不合的时候,就会辞色俱厉,似乎训斥学生一样。皇帝呢,也能虚心采纳而不见怪。

陈寅恪先生因此说,"尚气节而羞势利,天水一朝之文化,竟为我民族永远之瑰宝。"

下面讲最后一个问题。谈谈宋代平民化、世俗化、人文化的趋势。

宋代的历史从唐代过来,实际上有深刻的变迁。这些变化,我们大致可以把它概括为一个走向平民化、走向世俗化、走向人文化的过程。说到"化",其实就是讲一种趋势,一种走向。我们今天要实现四个现代化,是往那个方向走,不是终结,不是说完成。跟前朝比起来,宋代走向平民化、世俗化、人文化的趋势是很明显的。

唐代诗歌的成就大家都知道,是处在中国历史上的巅峰状态,所以经常会有人说,宋人跟在唐人后面,要想做诗,是宋人的不幸,因为好诗都被唐人做过了,宋人无法超越。说到宋代的文学成就,只好说宋词。

望庐山瀑布
【唐】李白
日照香炉生紫烟,
遥看瀑布挂前川。
飞流直下三千尺,
疑是银河落九天。

题西林壁
【宋】苏轼
横看成岭侧成峰,
远近高低各不同。
不识庐山真面目,
只缘身在此山中。

我们现在看到的是李白、苏轼吟咏庐山的两首诗。作者都是当时一流的文学家,两首诗作的对象都是庐山。这样两首诗放在一起,我们会感觉到有什么不同呢?李白的《望庐山瀑布》是浪漫主义的代表作,使读者感受到一泻千里的豪迈气势。而苏轼的《题西林壁》,遣词造句平平淡淡的,没有豪华的辞藻,但在平淡之中寄寓着深邃的哲理。相比之下,唐代的诗作比较注重山川意向,而宋人的诗作比较注重人文理趣。钱锺书先生在《宋诗选》中概括说,唐诗长在风神情韵,而宋诗的追求是在筋骨思理。什么时候我们会想到李白的那首诗,有一种冲动,情不自禁脱口而出呢?可能是面对雄山大川的时候。什么时候会想到苏轼这首诗呢?不一定要去面对自然山川,即便是周边日常生活中,我们也会想到"不识庐山真面目,只缘身在此山中"。

诗作没有高低之分,不同时代的诗人,他们的情感体悟和追求却可能不同。

以唐代的绘画和雕塑为例。我们知道中国古代的人物画,早期多半是画神仙道释,然后世间的人物才逐渐增多。画帝王,画高层的人物,然后平民也会入画。我们看到的唐代绘画,包括这些普通的女性人物,一般来说,画师所反映的,是比较丰腴闲适的形象,这些人都很满足自得,很自在。而现实生活里面,当然不会如此满足自在。在宋人的画笔底下,尽管还是有自在闲适的形象,但是开始出现了大量忙碌中的平民,展示出现实生活中另外一些形象。画作、雕塑中都有这类写照。从这里我们就可以看到,在不同的时代中,人们心目中觉得值得记录、值得反映、值得呈现的,是哪些内容。他们的认识已经有了改变。从唐宋时期的墓志(墓志就是人死了以后记载他的生平的文字)中,也能观察到类似的特点。

这幅图卷大家都很熟悉,《清明上河图》,其中反映的是北宋后期都城开封的民俗景观、市井生活。这一图像,一直到现在,在世博会的中国馆,还是非常引人注目的。台湾著名的美术史家石守谦,曾经提出一个疑问:《清明上河图》在中国历代的图像里面,是不是属于"异类"?在它以后,再开始出现都市景观的图像是到了明代的中期16世纪了,而且图画的风格也不一样。所以他提出了一个问题,为什么会在北宋后期出现这样的图画,在那个时候中国社会究竟发生了什么样的变化,酝酿出这样的一幅图画来。这样的都市风情图,我们只能看一小段:这是赵太丞家,太丞应该是给皇上看病的,这里是个看病抓方的生熟药店。外面竖的这个大型布幡,实际上就是当时的广告。上面写着"治酒所伤真方集香丸"和"太医出丸医肠胃病"。这都是现实生活里面的

《清明上河图》其中很少的一段

一些场景,由画家捕捉到他们的笔下。所以那时候的艺术创作,相对来说很贴近于世俗,贴近于平民的生活。

宋代的教育,也有相对普及的现象,专门有学者写过宋代识字率的问题。《续资治通鉴长编》里有一材料,仁宗的时候,朝廷官员说,那些街头挑担子的人,本来都是"微乎其微者",是社会上最没有地位的人,他们每一天辛辛苦苦养活妻儿,一天挣的钱,买上几两半斤粮食,求得家人不挨饿。就是在这样的情况下,他们还要每天挪出一两个铜板来,干什么呢,等他儿子长大了好去上学,就是这样的人都给他儿子存着念书的钱的。这个时候,从教育者到受教育者,其实都有一种平民化的

趋向。

当时普及教育的,主要不是官方学校,那个时候官方学校是应付科举的,就像现在新东方,应付 TOEFL,GRE 的,不是从 ABCD 教起的。宋代小孩子们的启蒙其实是靠村学,村里的学校,乡学,还有私塾,在这里得到受教育的机会。像南宋的陈亮,后来考中了状元,但是在这之前曾经科举落选,那怎么办呢?他给朱熹写过一封信,说今年我要去教二三十个小秀才,其实就是读书的小孩子。以教书为生。教小孩子,收点学费,一方面他自己有一个生活的来源,另一方面还有一个复习的机会。宋代的科举取士率不超过1%,剩下的99%落第者,就是要在社会上找自己的出路,包括做乡里的教书先生。

陆游做了一首诗叫做《秋日郊居》,说到"儿童冬学闹比邻",这个学校只有冬天才开张,为什么呢,平常那些小孩要跟着拾麦穗,带弟弟妹妹,农忙的时候,爸爸妈妈下地,他得在家里干活。只有在冬天里才有空闲,所以这个村里面有冬学。教学的老先生"授罢村书闭门睡,终日不著面看人",跟周围人也都没什么来往。这些小孩子在课间的时候相互打闹,玩土,蹬凳子,有的把老师的帽子也摘了。陆游说,农家十月遣其子入学,孩子们读的,是《百家姓》这一些"村书",村里面读的书,其实就是我们说的启蒙读物。《百家姓》作为教材是什么时候出现的?赵姓是放在第一位,一定是宋代。我们还可以继续缩小它出现的时间范围,是宋代什么时候呢?第二个姓氏是钱,钱氏是吴越国主,吴越是十国里面的一个,首府在杭州一带,所以我们可以知道,《百家姓》一定出现在北宋前期,当时人对吴越还有记忆。那么,出现在哪个地区呢?当然是江浙地区。所以《百家姓》是出现在北宋前期的江浙地区。《三字经》出现在南宋,这些都是当年的启蒙读物。朱子本人,包括他的学生,都写过启蒙读物,当时的理学家,都身体力行地推动过平民教育的发展。

好,我们总结一下。宋代历史再认识,为什么需要"再认识"?主要是因为这个时代一直到今天仍然给我们留下了很多认识空间。在中国古代的历史上,从唐代到两宋时期,经历了一个很重要的社会变迁过程。这个过程体现着平民化、世俗化、人文化这样一个趋势,这样一个过程。对于这样一种过程的认识,既关系到唐代的历史和宋代的历史这样一个基本的定位,也关系到我们对于整个中国历史大势的理解。

应该说,宋代处在中国历史上一个很重要的转型期,它面临着来自内部和周边的很多新问题、新挑战,它并不是中国古代史上国势最强盛的时期。但是,它在物质文明和精神文明上的突出成就,在制度方面的独到建树,对人类文明发展的贡献和牵动,使它无愧于中国古代历史上一个文明昌盛的辉煌阶段。

对于中国历史上的很多问题,不仅仅是宋代的历史,都是值得去再认识的。我们关心今天的中国,也要关心历史上的中国,我们是要在中国的历史中认识历史的中国。

好,今天要讲的就是这些内容。

现场答问

问:老师您好,首先请问一下您对这种观点,就是从宋代以后,中国的文化走上一种恶性发展的看法;另外中国是否是在汉人的统治下,并且以汉人的思想来治理才会得到好的发展。

老师:本讲刚开始时引了几位先生的话,他们认为宋代这个时期是华夏文明发展的巅峰状态,但是并不意味着从它那以后就没有强劲的发展了。跟你的第二个问题有关联的一点,我自己的感觉是,一个文化一直都会往前走的,就像大河的主脉一样,一直都需要支流汇进来,不可能有什么纯粹的汉族文化,汉人思想,我们现在的汉民族其实也是从中国古代多种民族融合形成的。契丹族那么强盛,在东北亚称王称霸,像那个时候的欧洲很多的民族,都是通过契丹族才了解到中国这样的一片地区的。但是现在契丹民族哪去了呢,其实他们也融汇到其他民族,包括汉族里面来了。女真,后来我们知道像满族后金也是女真里面一部分人。但是女真其实在元统治期间,也有一部分并到汉族里面来了。所以我想这个问题应该是换一个角度来说,有一些健康的因素,能够不断地吸纳进来,如果一个民族有这个能力,有这种气魄,那么这个民族它的文化应该是能够长远发展的,而且是良性的。所以我的基本想法,就是说宋代是一个巅峰,但是这个巅峰也是有限制的。像陈寅恪先生说的,是华夏文明的巅峰。实际上我们现在的文化是在越来越广阔的脉络里面发展,而不仅仅是限于"华夏"这一民族范畴之内。

问: 老师好,我这有个材料,说澶渊之盟结定之后,有一个人写过一篇文章,说你看咱们这个国家多强,还能把辽打败,在南宋也有这样的史料,文人和史官在争该怎么记录历史,史官说我当然按照史实记,文人说你应该按道理记,这个事应该按照咱们做得好的方面记。我想问这样一个问题,宋朝会不会存在这样一种现象,由于士大夫在整个最上层,而士大夫他们对历史的看法可能和史官不一样,是否宋朝有这样一种情况,士大夫在记录历史的时候,有粉饰太平的迹象,这样的迹象存在不存在,对宋朝的影响深吗?

老师: 粉饰现实,历朝历代都是有的,宋朝肯定也是有的,不仅仅是宋朝的问题。但是宋朝的人确实像你说的,非常公开地提出来了。这样的例子也是有很多的。比如我们可以举两个例子。一个是宋仁宗的时候,石介写了一部皇帝的《圣政录》,当然就是记嘉言懿行,记录"好事"的。写了以后给他一个朋友韩琦看。韩琦看了以后就说你不能这样写,例如那里面写太祖在后宫里面喜欢一个女孩子,结果早上不能按时上朝。本来皇帝上朝都是很早的,天一亮宫门就开,现在差不多五点到七点的样子,所以皇帝是很辛苦的。《长恨歌》里面就说"从此君王不早朝"。赵匡胤有一段时间也不早朝,就是因为后宫这个女孩子。结果大家就给他提意见,说你这个是惰于政事了。他觉得大家提的意见也对,但是回到后宫还是忍不住。最后他想了一个"一了百了"的办法,把那女孩子杀了,就等于了断了这件事,再也不会惦记了。这怎么会是"圣政"呢?君主纳谏如流,不沉溺女色啊,过去说女色都是祸国殃民的。石介记录下来,韩琦就说不能这样写,他说这是你自己沉迷于女色，你却把她杀了，要这样下去以后，那世世代代就杀个没完了。于是石介就把这件事从《圣政录》里取消了。是不是说韩琦这个人阿谀奉承？其实也不是那么简单，他们记录"圣政"、书写历史的目的，是要给后代帝王提供楷模的，既然提供楷模，就要千方百计筛选，这有很大的代价，代价就是筛除掩盖一些历史事实。当然我们现在还是了解到，我们不是从记载赵匡胤的材料里得到，我们是从记载韩琦的材料中得到的。这些并不是完全没有蛛丝马迹，但要追踪到有时候也确实不容易。

另外一个例子就是你说的，比如澶渊之盟这件事情，包括杯酒释兵权等一些事情，宋代的《实录》和《国史》里面，是没有记载的。宋代的历史在各朝各代算很完备的，甚至比后面元明还要完备，但是这些事情没有记载，当时就有人质问史官，说某事怎么不写，有的史官就回应说，脸上没光的事情，看上去后来会认为是丢格的那些事情，就不能写。但是，当时也有士大夫认为，这些都是应该写的。现在官方的史书里面没有写这些事情，可是在其他的著述里可能是有的，而不同的史官也会有不同的处理方式。比如司马光写《资治通鉴》的时候，他手下的人彼此都有不同的意见，处理方式也是各种各样的。另外官方修史是会有明显问题的。官方修史的格局是唐代奠定的，唐代以前，史书主要是私人写的。官方修史一定是避讳的，历朝历代都会有这个问题。

张尚德 | Zhang Shangde

〔演讲者小传〕

张尚德教授,湖南湘潭人,生于1932年5月28日,年逾80。国民党青年军二零六师士兵,台湾大学哲学研究所毕业。曾任台湾中国文化大学、"中央"大学、政工干校、警官学校副教授、教授、中国哲学会总干事、大陆中华孔子学会名誉副会长、北京中国文化书院道师、贵阳中国文化书院名誉院长、达摩书院创办人、达摩出版社发行人、中国文化哲学大师南怀瑾先生创设的十方丛林书院高研部主任,为南大师五十多年的老学生。曾在台湾苗栗狮头山下效法百丈大师"一日不作、一日不食"的禅门风格,创设达摩书院,讲授唯识经典近二十年,著作有《到禅之路》《中国人是真的》《分析命词与综合命词》《逻辑》等;译著有《自由的哲学》《开放的社会及其敌人》《人生的智慧》《到奴役之路》《革命的剖析》等。

现职:达摩书院创办人、道南书院创办人、中华唯识学会理事长。

《中庸》思想系统的开展

一、引言

关于儒家哲学,十四年前我在"香港孔子思想与21世纪"国际会议上报告"《中庸》思想系统的开展";然后张岱佬也请我在国子监讲《中庸》,当时只讲到第十二章。到了1998年,我又于河南夏邑儒商会议,讲"什么是真正的儒商"时也谈《中庸》。现在有机会来北京大学报告《中庸》,非常难得。《中庸》是一本好书,我希望有一天能完成全书的心得报告。

中国人文精华的古典著作,其道理与实际放诸四海而皆准。从儒家的内容来说,《中庸》是至为重要的一本著作。宋朝赵普言:"半部《论语》治天下。"《中庸》若能在中国实现,人类必安乐,世界必太平。

五百年有王者兴。中国从鸦片战争以来,被帝国主义欺侮了几个世纪,现在不仅站起来了,且绝对有千载难逢的大好机会——在地球上建设全人类真善美的中庸新世界。

英国大历史学家汤恩比先生说:"未来的世纪是中国人的世纪。"我们定会在国富民强、谦卑自爱中,和自己、和家庭、和朋友、和社会、和天地、和整个宇宙,美满和合地过中庸的生活。

司马迁引孔子的话说儒家的六经:

礼以节人,乐以发和,书以道事,诗以达意,易以道化,春秋以道义。

子思传授孟子《中庸》,是就儒家整体的学术思想做一个综论与总结的发挥与说明。所以宋明理学,特别是程颐,把《中庸》当做是儒家的心法。他说:

> 不偏之谓中,不易之谓庸。中者,天下之正道。庸者,天下之定理。此篇乃孔门传授心法,子思恐其久而差也,故笔之于书,以授孟子。其书始言一理,中散为万事,末复合为一理。放之则弥六合;卷之则退藏于密。其味无穷,皆实学也。善读者玩索而有得焉,则终身用之,有不能尽者矣。

《中庸》是儒学的心法。

成立!

就人本身来说,有人与自己、人与社会、人与宇宙天地、人与历史传承四重关系。这四重关系在理与事上铺陈得好,就是心法。整个《中庸》的心法内容,从中国古代的文献来说,是说得非常透彻的。未来全体中国,如果在理与事上能实现《中庸》的种种,那天下一定会得治,社会一定会和谐安稳的。

二、《中庸》的前提

《中庸》内容非常广大深厚,它每一个字,譬如天、诚,都可写成一部书。因此,它整个系统的开展,是大纲式、概括式的。从逻辑上来说,其大前提有四:

1. 天命之谓性;
2. 率性之谓道;
3. 修道之谓教;
4. 道也者,不可须臾离也;可离,非道也。

分别解释如下：

（一）天命之谓性

天所使的一切存在与非存在，叫做"性"。"天命"一词之"天"，《说文解字》解为"颠"，即至高无上。"命"说文解为"使"。因此，"天命"即"天使"之义。

中国古代人文思想，对"天"的理解有三重意义：自然的天、哲理的天、宗教的天。《中庸》在此所称的"天"是包括这三方面的。没有"自然"，就不可能有"性"。《中庸》说："自诚明，谓之性"，"性"即存在之自身或存在之种种条件。宗教的天，是将天视做有意志的、主宰的力量，没有这种力量，就不可能有"天命"。哲学的天，是将自然的天、宗教的天的一些道理解说之。

天命就在心里面，心就在天命里面。"天命之谓性"，就是禅门所说"明心见性"的"性"。心法就是人的过去、现在、未来跟天地人三才整个合在一起的大和谐的统一。"性"就是在这种大和谐中的种种存在真善美的统一。统一在佛家的法尔如是、道家自然的道通为一、回教的真主、耶教的天国；统一在中国大和谐的中庸中，唐朝贞观之治的万国万教来朝，即此也。

天以无形化生万物，人以无为临乎中庸，这就是天命。《金刚经》有云：

　　一切圣贤，皆以无为法而有差别。

《中庸》在起用上，也是归到无为法的。这和老子所说的"无为无不为"的道理是一样的。

佛法《解深密经》说得非常透彻：

　　佛是成就无为法，而又超越无为法的。

天命"至矣"！"至矣"，便是以此来表达这方面极深的道理。

（二）率性之谓道

有"天命之谓性"（天所使之一切存在与非存在，称做"性"），故有"率性之谓道"（依循、归到、回到性就称做"道"。）"率"字是循、归、回义。

依循、归到、回到存在和非存在（"性"）之本身，就是"道"。在此应注意的是，并不是离开性，别有所谓"道"，也就是"性"即"道"，"道"即"性"。

（三）修道之谓教

"修道之谓教"——修整、修炼、修习至道上，就称作教化。

儒家的教化全落在礼、乐、刑、政上。

《礼记》有《学记》一篇，主旨即在说明"教"的目的在"化民成俗"，而"化民成俗"的目的，则是归到"道"上。

《中庸》中心点本是道学，道本无说、不可说、不能说。后人将"道"解释成"路"，部分原因是《中庸》里"修道之谓教"一语句所引起的误解——以为"道"本身是要去修的。

"道"本身无从修。虽然如此，一旦证到、了解"道"原来空无一物后，要始终以空应空、空无所空（从道、归道而无所道），随缘自在（不以有缘可随——本无一物，本来"道"也）。

（四）道也者，不可须臾离也；可离，非道也。

因为"道"无处不在，无所不在，所以《中庸》在提出"天命、性、道、教"以后，便说：

> 道也者，不可须臾离也；可离，非道也。

《中庸》论断"道"每分每秒都如形之于影和我们不离，这一论断与老子、庄子所称——"道"在一切中，是一样的。

道不可须臾离。

如果不离"道",就是不离"天命"、"性"与"教"。因为"性"即"道",且"道"与"性"离不开"天命"与"教"也。不离"天命"、"性"、"道"、"教",便是儒家所称超时空之"清明在躬"(自己归到自己),佛家所说的"清净圆明、了不可得"。能不离"天命、性、道与教",也是儒家所称的:

君子。

值得一提的是,《中庸》与《大学》和佛家是相通的。"天命之谓性",就是"大学之道";"率性之谓道",就是"在明明德";"修道之谓教",就是"止于至善"。用佛家的话来解释,"天命之谓性",就是"法身"(形而上本体);"率性之谓道",就是"报身"(存在的式样、资材、目的与结果);"修道之谓教",就是"化身"(在无尽时空中修持的方法与过程)。此皆为对同一内涵与外延,用不同的语句描述,也就是"内圣外王"。

内圣即是"明心",外王即是"见性"。"止于至善",就是大公无私,永远为人民服务,与禅门所说的"明心见性",完全相通的。

三、《中庸》与中道

孔子赞叹舜"执其两端,用其中于民"。用中庸之道来教化人民,这就是舜所以成圣的道理。

"执其两端,用其中于民"有几重意义:

1. 不偏不倚,就是永远在真善美的道理与礼上,实现《中庸》。即《大学》讲内圣以后亲民,和佛家讲的菩萨道,永远大公无私,为人民服务。

2. "两端"用辩证法来讲,就是有与无、生与灭、增与减、垢与净。"用其中于民",就是超越两端者,不执著两端,但用其寰中。"寰中"者,在真善美中,一切、一切大和谐的统一也。如佛家说的八不中道:"不生不灭、不断不常、不一不异、不来不出",就是万类归一。

3. 不偏不倚与执其两端为平衡理论,其思考是从点而线而面,再由单一的点、线、面竖起来,成为立体;复次经由立体、点、线、面的思考,由无数立体的点、线、面,化做圆的思考,于是在平面、立体和圆的思考中,各个过程有无数宏观与微观,这样从一种多元辩证的历程中,得出"用其中于民"的结果(用《中庸》治天下也)。因此,《中庸》的"执其两端"是多元的辩证法的妙述与妙用。其中一为多量、多量为一:大中有小、小中有大,从而统合于大中。宏观、微观都在其中。佛家说的"坐微尘里,转大法轮",道理在此。此即圣者治国、平天下也。

四、多元的辩证法,是将各类方法,归纳、演绎、直观、超直观的证验、唯心辩证法、唯物辩证法、心物合一辩证法、亦心亦物辩证法、非心非物辩证法、不可思议境界等,所做的单一及综合的思考、诠释与运用。这一方法,是今日中国社会必须采用的方法。只有在亦知亦行、能知能行、真知真行的多元辩证法中,才能解决当前中国社会与人类的各种问题,特别是解决现代中国社会如何与中国古代精神文明思想配套的问题。千万莫重蹈历史覆辙,头痛医头、脚痛医脚,一时骗己、骗人、被人骗也。

《中庸》是中道哲学,执其两端,用其中于民,趣向"寰中",便是"中道"。在此可稍提佛法的中道。佛法的"中道"是:

因缘所生法,我说即是空,亦名为假名,亦名中道义。

证到了"因缘所生法",即证到了"空"。且证到人的现实性为"因缘所生法",了解一切名相、语言皆为假名,知道以指指月,指不是月。从而了解悟道的《楞严经》所说的"本非因缘,非自然性",归到"实相",也就是趣归"至诚"。起用是惺中有寂,寂中有惺,合乎中道。

儒家是"极高明而道中庸",与佛家中道大同小异、同归至圣也。

四、君子与小人

《中庸》说："君子中庸，小人反中庸。"君子在真善美上，小人反真善美。所谓真者，一切存在为真；好好地巧用存在为美；惜之、爱之、护之就为善了。因此，有真必有善和美，有善必具美和真，有美必有真和善。所以，真善美是一而三、三而一的。中庸至真、至善、至美也。

真善美是存在，凡存在必合理。莲花长在污泥中，污泥也有大用。烦恼即菩提，艰难生智慧的道理在此。不过，合理未必是存在。数学与逻辑中的零（"0"），只是一个必不可缺的符号，但证诸实际，人世间并没有一个什么东西为零。黑格尔说："凡合理，必存在"，并不全通，道理在此。

君子无事中有事，有事中无事。无事令有事，有事令无事。这就是慧要住中庸，中庸的起用便和谐统一了。届时必"鸢飞戾天、鱼跃于渊"，这就是人同、理同、事同、天同、万类皆同。

如果不在中庸上，那就是在路上一起行走的瞎子、聋子与哑巴。聋子带着瞎子，不知如何往前走，沿路都是恶狗，哑巴打也打不尽。人类历史常常像瞎子、聋子与哑巴搞做一堆。瞎子摸象，永远不知象身为何；聋子听雷，永远不知雷为何物；哑巴被打，打死也打不出哭声。

曾有孟、仲、季三兄弟，生来是瞎子，最后陷入一个大坑。

孟、仲精于算命，非常准确。季弟不知。有一天，三人外出，不知每日所行原路，路面下陷造成坑洞。孟看不到路面，便掉入坑洞，就应声说："甲子乙丑海中金，不知旧路化为坑。"说时迟那时快，弟弟仲也陷入，就急急地说："丙寅丁卯炉中火，大哥陷了又陷我。"小弟季也忽然陷入，便说："我亦算不了甲子，可笑陷了一坑瞎子。"

《中庸》要大家莫作瞎子，要有明慧。

一谈到《中庸》，有个问题：

人类到现在为止，究竟是陷在坑内的瞎子，还是在坑外的明眼人呢？

如何重整、重估只有人际疏离、感官争夺的现代文明是刻不容缓的要务。我们必须用新的慧眼看新的世界;用新的耳朵听最清心的音乐。

中国和世界不能再乱了,孔子著《春秋》,是有其深意的。春秋二百四十二年,弑君三十六,亡国五十二,皆一堆瞎子逞乱也。就目前世界和中国的现实态势来讲,中国是有机会让全人类走在坑外,而且可以做到没有坑。

人类的命运系于中国,中国有前途,人类必有前途。

五、印证的方法

汉儒以经解经、落拓故纸,直至董仲舒罢黜百家,独尊儒术,成为儒家一大滥觞。宋明理学讲"私欲净尽,天理流行"。衣食住行、打柴挑水就是私欲。要私欲净尽,这是把最一般、最普通、最平常的生活道理打得粉碎。智慧那样高的老子,也只能强调"少私寡欲",无从说"私欲净尽"。从此,中国人文精华学问一蹶不振。幸赖康熙、雍正,力兴中国古典文明,才有短暂的乾隆盛世。

说及朱熹归到"灵明不昧",这只是"纯觉遗身"的性状,"灵明不昧"只是"纯觉"的起用,不是"纯觉"本身。

现在要谈儒家,必须从儒家的原始精义中去做理解与实现。人世间真正永久的道理是超越时空的。过去一加一等于二,现在一加一等于二,未来一加一还是等于二。儒家将天地人三才统合在一起的学问,是超时空的人文普世价值。儒家将当世的人与已往生的祖先,一起信天、服天、敬天、归天、应天、行天,强调:"天命不可违"、"获罪于天,无所祷也。"祖先永远活着,且和后代子孙永远温馨地在一起,这是中华民族最光辉、最宝贵、最值得自豪的智慧也!

儒家的修证是有层次的,就整个内容可以说,六经就是儒家的脚注。其修证次第,用孔子的话来说,即:

三十而立;四十而不惑(孟子四十不动心);

五十而知天命;六十而耳顺;七十从心所欲不逾矩。

"从心所欲不逾矩",也就是庄子的逍遥游,老子的和光同尘,以及释迦牟尼佛的游戏三昧。

在未详列《中庸》方法学之前,先提一下《大学》的基本方法学。《大学》的基本方法学是:"定、静、安、虑、得"。实际上,这种方法学跟老子、庄子和佛家的方法学是相通的。庄子主张坐忘、朝彻、心斋,佛家讲止观静定,老子主张"守静笃、致虚极"。

《中庸》的方法是:

(1) 慎独
(2) 致中和
(3) 三强
(4) 五气
(5) 祭祀
(6) 五达道
(7) 三达德
(8) 九经
(9) 治学五法
(10) 诚
(11) 圣人之道
(12) 无声无臭,至矣!

下文略举以上数点,解说如下:

(一) 慎独

《中庸》非常重视"慎独"。"慎独"的意义很深,是讲与《中庸》相契应的君子如何自处。要点有三:

(1) 守住中庸;
(2) 起用落在"为物不贰"的无为法中;
(3) 在认识和修养上,做到"素富贵,行乎富贵;素贫贱,行乎贫贱"。也就是做到"我本无心于万物,何妨万物常围绕。"始终

"灵光独耀,迥脱根尘",永远与万物相合而不相害,真正落在"止于至善"的修持上。

(二) 致中和

《中庸》一书之所以具莫大价值,是在肯定人与天地之"致中和"概念。"中"是天下的大本,大本即道体,道体是一切存在不可缺者。"和"即"恰到好处",满足一切存在之条件,不多一点、不少一点,本来是圆满者。因此,凡一切存在,其条件能得到恰到好处的满足,便能达成圆满之成就。

《中庸》说:"致中和,天地位焉,万物育焉。"

由道起用达到、成就了任何存在之圆满存在,天地一切便各归其位,万物便得其化育。这不仅是《中庸》第一章的部分结论,还是《中庸》全书的要旨之一,也是参赞天地化育之基本道理与实际。

(三) 三强

《中庸》讨论三强:

> 南方之强与?北方之强与?抑而强与?宽柔以教,不报无道,南方之强也,君子居之。衽金革,死而不厌,北方之强也,而强者居之。故君子和而不流,强哉矫!中立而不倚,强哉矫!国有道,不变塞焉,强哉矫!国无道,至死不变,强哉矫!

三强:一为刚、一为柔、一为刚柔并济。孔子说到这三强,并不是比较哪一强好,哪一强不好。中华民族是个大国,现在中国已经相当程度崛起并且站起来了,这是这些年来综合运用三强的成就。举个例子:

我在湖南湘潭乡下,遇到一位八十多岁的老人,他叫张桂秋。

我问他:"还要不要活下去?"

他说:"要。"

我问:"为什么?"

他说:"现在好活。"

以前农夫一年辛苦到头,一亩田一年只产四担谷子,现在有十六担了。以前过年,稍微富有的家才能炕腊肉,现在家家户户可以炕几十斤腊肉、腊鱼。很多农家子弟也读硕士、博士,当教授……这一切等等,就是中国在天下的大道上往前走。希望中国对内对外,运用三强之妙用,令万国来朝,人类归顺,全体大起大用。人类精华文化、和平安乐的统一,望在不久的将来达成也。

(四) 五气

此外,《中庸》实际上是讲五"气"(炁):

(1) 气识:展示最高的智慧。

(2) 气势:赞天地之化育。

(3) 气派:德配天地(道德、智慧、事功成就)。

(4) 气度:以九经治天下国家(包容一切、摄受一切、平和一切)。

(5) 气力:展示出无尽的力量,谋天下安乐,人类和平(百兽齐欢、万类雀跃、普天同庆)。

原始儒家来自于《易经》,元亨利贞是《易经》的干德,其起始、过程与归结是净炁,是在一切中维护一切。可与佛家和道家做比较、理解:

佛家的常乐我净是佛德,是在常寂光中相应一切又超越一切。

道家的和光同尘,是为道之德;其过程为专气致柔,在一切中调整一切。

这三者的内涵与外延是互相契应的。

孔子说:"无可无不可。"也就是庄子的"可乎可,不可乎不可。"这是超越世俗是非,归到圣慧的,和释迦牟尼佛"叶叶菩提、处处甘露"的道理是一样的。

在此要说的是,《中庸》和整个儒家,其基本理论与实践是:

寓理帅气、主敬立极、允执厥中。

然后归到与宇宙万物合而为一的理气(炁)一元、一元理气(炁)之净尽,此之谓"大中至正"。所以历代说得上是儒家的人物,无不是像孟子一般,落在浩然之气上,行义以显仁的。"仁"没有一固定的界说,但"我欲仁,斯仁至矣!"中庸也并无一固定的界说,同样是我欲中庸,中庸至矣。

《中庸》实际上是中华民族先圣先贤最高智慧的成就,和佛法的华严宗一样,归到理无碍、事无碍、理事无碍、事事无碍。

中国从来就是爱好和平、为天下谋的民族,中国的崛起,一定是济弱扶倾,绝不是玩强称霸、欺凌万方的过程,中国有望也。中国强了,让我们做君子,为弱小打抱不平。

(五)祭祀

《中庸》自十六、十七、十八、十九章中,提及神、大孝大德及祭祀的美德与礼节。

第十六章说:"诚"是不可揜的,正如道无所不在,既至微又至显。禅门说:"吾有一宝,秘在形山,终日在面门中出入",此也。所以子思在这一章引《诗经》说:

> 神之格思,不可度思,矧可射思?

《中庸》的第十七章借用孔子的话,舜是大孝,大孝即大德,大德必大孝。大德、大孝必受命于天,所以孝、德和天命是相契应在一起的。这就是"修所成慧",也就是透过修而成就德慧,归到天命。这一章引用《诗经》说:"嘉乐君子,宪宪令德!宜民宜人,受禄于天。保佑命之,自天申之!"

人性的本身,本来就是与宗教相契应的。所以,宗教的祭祀也成为《中庸》最基本的思想,与实际生活统合在一起。

《中庸》第十八章强调平民百姓、天子注重丧葬的祭礼。最重要的两句话是"宗庙飨之,子孙保之",也就是将社会的基本单位——家庭和祖先超时空地连结起来,这是中国特有的宝贵文化。所以子思引孔子,说:"无忧者其惟文王乎!"也就是以祭祀天地祖先而得与保天下。

可见透过祭祀,将百姓永远和祖先连结在一起,是何等重要。

孔子说:

> 祭神如神在。

中国的"神"和西洋的"神",在观念上是不同的。

孟子说:

> 可欲之谓善。有诸己之谓信。充实之谓美。充实而有光辉之谓大。大而化之之谓圣。圣而不可知之之谓神。

成"圣"以后,万德同流同化,深邃高邈,人莫能测,这是德化的成就。所以中国人有大功者、大德者便为神,为后人所膜拜。而孟子又说:

> 君子所过者化,所存者神。

意在说明人可以成就自己为君子、为圣,再入不可知的化境而为神。

中国人后来配合春夏秋冬四季,有拜坟和祠堂祭祖的习俗生活。同时在拜祖中,也与拜天拜地结合在一起,形成《中庸》思想的德配天地。

人从来就是一种宗教体,所谓宗教,有一种为自己所信仰的永恒道理,一种合乎理论信仰的生活方式和有教主。儒家成为孔教,其理论是十三经,教主是文武、周公、孔孟。将天地人,特别是和过去的祖先连接在一起,形成与家庭、祖先、社会、天地、国家与宇宙合在一起,这是中国所特有的可贵宗教。所以儒家文化从来就是德配天地、慎终追远,是在绵延的时空中源远流长、生生不息、万世常存的文化。

子思在第十九章中从孝来称赞武王周公,说明"孝"有几个重点:

(1) 善继人之志

(2) 善述人之事

(3) 春秋两季修祖庙

(4) 祖述先人的功绩与文物

(5) 按春夏秋冬四时节气各种礼仪次序,来祭祀。

(6) 在祭祀的次序有几句话:"践其位,行其礼,奏其乐,敬其所尊,爱其所亲,事死如事生,事亡如事存,孝之至也。"

这章有个非常重要的概念,就是在儒家,也存有上帝的思想。国家的领导者要祭天,祭天就是祭上帝,所以《中庸》在这章说:

郊社之礼,所以事上帝也。

大哲学家史宾洛沙说得好,上帝就是自然。这就无怪乎老子说:

人法地,地法天,天法道,道法自然。

这一章子思强调一国的领导者能够祭祀,能够拜上帝,那一切一切就不在话下了。他说:"明乎郊社之礼,禘尝之义,治国其如示诸掌乎!"

(六) 五达道

《中庸》讲五达道与三达德,这就是乐天任天的知行合一哲学。

五达道——君臣、父子、夫妇、昆弟、朋友。要君臣有义、父慈子孝、夫妇有别且相敬如宾、兄友弟恭、朋友有信,这是人人应该履行的大道。现在的"君"是社会国家,"臣"即公职人员与全体人民。

《中庸》特别提到:

君子之道,造端乎夫妇;及其至也,察乎天地。

又说:

君子之道,费而隐。夫妇之愚,可以与之焉;及其至也,虽圣人亦有所不知焉。

从唯识的观点来说,一切存在包括夫妇,都是从有着某种无明的阿赖耶识而来,必须将无明转为智慧,才能归到、完成儒家所说的"天地之大德曰生"。

对这方面问题,就必须了解释迦牟尼佛的《入胎经》和弗罗伊德的

《性心理学》，以及对现代科学的脑波、基因、电子功能作用之缘起缘灭，最后留下的究竟是什么，做深度的了解。如此才能洞悉一己人生，在一切存在的生灭变化中的起起落落。否则，根本不可能知道荷尔蒙以及一己的生生死死、死死生生究竟是什么？

另一方面，应知社会人文价值，特别是权力结构的功能与作用的铺陈，必须以人和家、以夫妇为核心价值，因为夫妇实在是家庭重心中的重心。夫妇的关系不安，社会便无走向。用任何一种理念，超越天命与人的存在之本身价值，社会必乱、必不稳也。

英国大哲学家罗素有本书，叫做《婚姻与道德》。他结婚好几次，主张试婚。若试婚可以解决婚姻的问题，那大家多结几次婚，问题也就解决了。夫妻真正彼此心甘情愿，一家和睦，社会才能安定。

（七）三达德

第二十章强调三达德，即智、仁、勇，是人人应有的德行。孔子说："好学近乎知，力行近乎仁，知耻近乎勇。"《中庸》的全体大用是：智以应事、仁以概事、勇以成事。真正的智、仁、勇，绝对是不惑于人事物，不忧于万事万方，无惧地超越任何恐怖。知道此三者，就知所以修身、治人、治国、平天下。能如此，便一切不在话下，便能随心所欲，便能做到如庄子所说的：

圣人以其余绪而治天下。

佛法《心经》说："无有恐怖"。

此也。

《中庸》大教目的，同于佛家的《心经》啊！

（八）九经

《中庸》的起用，治天下国家有九经：

(1) 修身。

(2) 尊贤。

(3) 亲亲。

(4) 敬大臣。

(5) 体群臣。

(6) 子庶民。

(7) 来百工。

(8) 柔远人。

(9) 怀诸侯。

九经的目的是行王道。王道之实,根于社会精英领导者的善心;王道之迹,则判于外在真善美,也就是中庸实践之形。

《中庸》是内圣外王的哲学。从儒家人文价值的君子修养来说,内不圣而外王,王也就是强盗;外不王而内圣,即使是强盗,盗亦为圣王。

释迦牟尼佛也有治国七法,也就是内圣外王。七法分别是:

(1) 数相聚会。讲论政事。修备自守。

(2) 君臣常和。所任忠良。转相承用。

(3) 奉法相率。无取无愿。不敢有过。

(4) 礼化谨敬。男女有别。长幼相事。

(5) 孝于父母。逊悌师长。受识教诲。

(6) 承天则地。敬畏鬼神。敬顺四时。

(7) 尊奉道德。国有沙门应真及四方来者。供养衣食卧床疾药。

治国七法与《中庸》九经的思想是大同小异的。

(九) 治学五法

《中庸》这一章讲治学的次第为:"博学、审问、慎思、明辨、笃行"。

(一) 博学:徧学一切法,在专才中化为通才。活到老、学到老,社会人人一生都在全面学习中。古之学者为己,人人要在学习中,自己归到本有的诚。孔子不知老之将至,汤一介教授八十多岁、南公怀瑾先生九十多岁了,还在写书,诲人不倦,好榜样、大榜样、真榜样也。

有一位一生研究蚂蚁的生物学家,从蚂蚁的个体与小区生活体会出人文精华的哲学,成为一位了不起的人文哲学家。

(二)审问:精通各种学问的治学方法,在相当条件满足上,落在合乎逻辑、经验的知识上,做观念的探索与检定。

因有爱因斯坦的审问,才把牛顿的古典物理学,推向相对论物理学。一个社会的进步,应在健全的法律与维护私权的社会制度下,允许个人做观念的探索和观念的假设。这与所谓"大胆假设"的心理状态,毫不相干。

(三)慎思:要合乎种种的道理、礼貌和人性的价值。

以前中国的法官判案时,经常几天几夜殚精竭虑,免得误判,冤枉害人。事到万难须放手,若宜两可莫粗心。要来的一定会来,要去的一定会去;要来的挡不住,要去的留不住。所以,《金刚经》说:

无所从来,亦无所去,故名如来。

这也就是:

如是问、如是探索、如是知、如是本末究竟、如是不可说。

(四)明辨:是什么就是什么,不是什么就不是什么;不把是什么看成不是什么,不是什么当成是什么。明辨,乃科学研究与探索最重要的方法。

(五)笃行:笃内蕴之德,彰外有之文,是实践的力行哲学。

广东中山大学将以上五点作为校训。实际上,不管治学、治事、治人,都少不了这五点,它们是五而一、一而五的。

(十)诚

《中庸》的重要的核心是"诚"与"天命"、"天命"与"诚"的"诚"之哲学。"诚"是哲学上的本体,也是全体推到天地人三才上的大起大用。"诚"即"天",即"敬",即"炁",即"性",即一切存在的起始、过程、转化与归宿。客观与主观、个人与万有化为一体。"诚"是形上形下、天地人三才和谐统汇在一起。用比较语言来说,"诚"就是儒家的明心见性;用佛家语句来表达,"诚"的最高境界即"不生不灭、不垢不净、不增不减"之法尔如是。

《中庸》第二十至二十六章说明至诚、致曲而臻于能化,进而与天地同德,继以证至诚无息的功用,达到为物不贰的道理。

第二十章指出一个国家有圣者与君子治国,天下便会兄弟一家、大中和谐。此章主要说明为政的道理、步骤、条件、方法、目的,最后归到诚。在这章中,子思借孔子的语句说明一切为政的重要道理,主旨是以人为本位。社会精英领导者若要得人,就必须成就智、仁、勇三达德地修己,在道理学问上能为人表率。这就是"取人以身,修身以道,修道以仁"。要"亲亲",要"尊贤",这些是礼的核心价值。

有一个重要的问题,中庸的核心是归到诚。为什么归到"诚"?诚是修己、治人、治国和治天下的根本。《中庸》第二十五章说得好:

诚者,非自诚己而已也,所以成物也。成己,仁也;成物,知(智)也。性之德也,合外内之道也,故时措之宜也。

《中庸》一再强调诚是天之道,诚之者是人之道。放诸四海,也就是治国平天下。

"诚"为天之道。本来诚、归到诚、实践诚的人道,而且是不勉而中、不思而得的。因为本来如此,用禅门的话来说就是本自具足。正因为本自具足,所以便能且应该从容中道。圣人之所以为圣人,道理在此。应注意的是:人道与天道,天道与人道,是一而二、二而一的。

第二十一章中说,由一己真实存在的内蕴作用之纯善与与外显的纯净,即自诚而明。所生之种种外相,就是"性";由外显外彰之"明"(纯善纯净之起用),回归于诚,就是教化,一种德行的教化。所以"诚则明矣,明则诚矣"。"诚则明矣"就是"恰恰用心时,恰恰始于诚";"明则诚矣"即"无心恰恰用,当用恰恰诚"。这也就是形上与形下、本体与现象,契为一体。

第二十二章中说"至诚"。他说:尽人、尽物之性,就能尽性;既尽性,便可"赞天地之化育",然后"与天地参"。这就是一即一切、一切即一,即有即慧、即慧即有,我即天地、天地即我,且与人、我、众生汇为一片,就是天地与我并生,万物与我为一,如此便是至诚。

第二十三章说:"致曲",是为学次第,等阶而上。在过程中,常会遇到过去坎坷,未来茫然,当下万丈深渊,一动即粉身碎骨。此时更要信心坚定,贴住中庸。孟子说:

> 天将降大任于斯人也,必先苦其心志,劳其筋骨,饿其体肤,空乏其身,行拂乱其所为,所以动心忍性,增益其所不能。

个人、家庭、团体、社会和天下国家,要戒慎恐惧。中国的文明发源于多灾多难的黄河,殷忧所以贤圣,苦难足以成慧。小心大风起于萍末,要如临深渊,如履薄冰,以臻于圣。

中国先秦诸子学说,多源于《易经》,《易经》主变重化。《中庸》说的"致曲",旨在强调为天下至诚,为能变与化。变者,慧使。化者,德化也。

"曲",就是在一切一切的过程中,有重重迭迭、弯弯曲曲,一山又一山,一水又一水,须透过一切方法去治理和克服。在经验上,不可用无效的土法搞事;在心理和态度上,要能吃人所不能吃的苦,忍人所不能忍的气,做到真正仁义,所以说"曲能有诚"。

在此,想起了寒山一首《形影》的诗:

> 可笑寒山道,而无车马踪,
> 联溪难记曲,迭嶂不知重,
> 泣露千般草,吟风一样松,
> 此时迷径处,形问影何从?

归到诚以后,便能起用治事理物、做人有功于得。得者德也,这便是"诚诸中,形于外",也就是"诚则形"。

"诚则形"以后,种种内相与外显,便如日月之照物了,这就是"形则著"。如此之形则著,当然就是:

> 著则明。

有了明,便含灵一切,脉动一切,所以"明则动"也。

动了,《易经》的八八六十四卦(不只六十四卦)、一切卦,都便万化由心,由理与礼,归功与用,归真善美变动不居也。所以说"动则变"。既然动则变,且是落在、归在以诚为根本的真善美上,则必入化境也。所以"变则化"。这样便达成了《中庸》的一重要结论:

> 唯天下之至诚为能化。

第二十四章说古代国家社会的兴衰,常见乎蓍龟。国家将兴,必有祯祥;国家将亡,必有妖孽。证诸历史,是有其现实性的。董仲舒时代,谶纬之学发达,并非完全空谈。此所以诸葛亮借东风也。慎哉!诚之为要也。

人的成圣是有层次的:由凡夫而君子;为君子做贤人;是贤人炼精真;有了精真,便往前提升,可为圣也。到时,祸福皆知,诸葛亮的借东风,小事一件,却为社会精英领导者所必知。

第二十五章里说诚的妙用。"诚"在成己,也在成物。成己了就成就了人,成物了就达成了知,这便是一切存在之得(得到的得,成就也),就是《中庸》说的:"性之德也,合外内之道也,故时措之宜也。"这也就是宇宙内事即已份内事,已份内事即宇宙内事。主观、客观统汇一起,也是《中庸》所说的合外内之道,便是诚者自诚、道者自道。

这里要注意的是:"时措之宜",也就是在超时空中,圆融之至。

另外,在超时空中,成就圆融的"时措之宜"。既超时间,所以第二十六章就说到:"无息"。"无息",用佛家的话来说,就是一念万年,万年一念;念而无念,无念而念。因为"无息",所以博厚载物,高明配天,从而显示出"为物不贰"与"于穆不已"。

这一章说:"天地之道,可一言而尽也——其为物不贰,则其生物不测。"

所谓"为物不贰",就是不二法门,就是一即一切,一切即一。归到不可说、不可说的形而上本身。禅门龙头维摩诘居士在《维摩诘经》第九品中,讨论什么是不二法门。轮到维摩诘发言,他无语。最高智慧的文殊菩萨称赞维摩诘说：

  无语是真正不二法门。

《中庸》所言的"于穆不已"，出自《周颂》之《诗》的"维天之命，于穆不已。"子思以文王之德之纯纯，纯亦不已。佛法经中之宝《楞严经》最高法门观世音菩萨说：

  上与诸佛菩萨同一慈力，
  下与六道众生同一悲仰。

这就是"于穆不已"，也就是"纯纯"。亦即上回向与下回向，与宇宙一切万物大和谐的统一。

（十一）圣人之道

《中庸》第二十七至三十二章，说圣人之道、王天下、小德川流、大德敦化和天下至圣在配天的天德道理。

《中庸》哲学是成圣成贤的哲学，《中庸》到了第二十七章，有一个小结论，那就是大哉圣人之道。其要点为：

  1."发育万物"——也就是佛家所说的"虚空生汝心内，犹如片云点太清里"。

  2."峻极于天"，圣人的成就，与天合而为一。

  3."礼仪三百，威仪三千"，深邃庄严，齐庄中正。

  4."至道不凝"，集万世万法真理于一身。

  5."尊德性、道问学，致广大而尽精微。"也就是于一毫端，徧知徧摄一切。因而成就了"极高明而道中庸"。

  6."国有道，其言足以兴；国无道，其默足以容。"于是成就一己的既明且哲。

佛法讲人有六个根本烦恼（贪、瞋、痴、慢、疑、恶见），其中一个就是傲慢。有一个人说他的文章写得最好：

  天下文章在三江，三江文章在我乡，

我乡文章弟第一,弟弟和我学文章。

《中庸》一书有很多地方是子思借爷爷孔子的话骂人,他说:"人生在世,愚蠢常傲慢,傲慢必愚蠢。"

人有什么样的傲慢,就有什么样的可怜和灾害。子思在这第二十八章引孔子的话:"愚而好自用;贱而好自专;生乎今之世,反古之道;如此者,灾及其身者也。"

人一有了权力,不傲慢而谦和,是非常非常难的,唯君子、贤者、圣者能之。

《中庸》第二十八章谈到"有其位无其德,不敢作礼乐;有其德无其位,亦不敢作礼乐"的问题。周公制礼作乐,孔子是尊周公的,礼乱则乐必乱,乐乱则礼必乱。无礼,社会即不会安宁;无乐,社会即会庸俗。礼乐之为要,至矣!

在至诚的基础上,《中庸》第二十九章特别指出社会最高层精英领导者,如何治理天下国家,也就是王天下的问题。其重要条件有三重:

1. 没有过错("其寡过矣乎")。
2. 要有"征"有信,说话算数,绝不搞假和开空头支票,否则老百姓就不信仰,不会服从领导者("虽善无征,无征不信")。
3. 要有"尊"("虽善不尊;不尊,不信;不信民弗从")。

由上三点,成就下面两点:

1. 鬼神也都皈依,也就是"质诸鬼神而无疑",这叫做"知天"。
2. 万世圣人也都与之相契应,即"百世以俟圣人而不惑",这叫做"知人"。

一个人既知天又知人,不是好的社会精英领导者,那才是怪事。一旦有知天、知人者在世,他却落拓一生,则可见其时代之乱。魏晋南北朝只有玄学发达,而无圣者当道,此也。

其时净土老爷慧远跑去庐山开净土,不如此,又奈天下何?

陶渊明与谢灵运也逃到慧远那里,嘻嘻哈哈一番,命也!陶渊明拜谒慧远法师后,两人依依不舍,陶渊明还写了一首禅诗:

> 石头桥畔虎溪东,
> 夜扣柴扉谒远公。
> 月到上方诸品净,
> 心持半偈万缘空。

陶渊明不万缘空,又能做什么?

《中庸》第三十章,可说是中段的结论,讲到儒家的人文精华文化,是继承尧舜禹汤的。所以一开头就讲孔子回归尧舜,说到尧舜的行政,宪章文武,有下面一些成就:

(1) 与春夏秋冬的时节相应("上律天时")。

(2) 真正的落叶归根,没有现代文明环境的污染("下袭水土")。

(3) 种种的变与化,都在自然有序的和谐状态中("如日月之代明")。

(4) 因为有上面存在的条件、功能与作用,所以一切一切各安其位,各得其所。("万物并育而不相害,道并行而不相悖。")

(5) 如是便"小德川流、大德敦化",这就叫做"大"。("此天地之所以为大也。")

什么是"敦化"?

两个字:

信与厚。

人无信不立,社会无信不安,就会乱。人与人之间相处没有厚,就会下流、庸俗与疏离。所以,过去中国文化的核心价值,就在信与厚上面。信己信人信物,一生为人厚道,所以叫做民德归厚。以前中国老百姓家大门上,多贴上忠厚传家,道理在此也。

《中庸》三十一章强调至圣可以展示出无比的人格、至高至善至尊的人品风范与风尚。有下列要点:

（1）成就道种智、一切智、一切智智（"聪明睿知"）。

（2）摄受一切（"有临"）。

（3）包容一切（"宽裕温柔"）。

（4）无比精进与有执（"发强刚毅，足以有执"）。

（5）庄严诚正，为人尊敬（"齐庄中正，足以有敬"）。

（6）文慧深邃，有条有理（"文理密察，足以有别"）。

（7）周遍广阔，静深有本（"溥博渊泉，而时出之。溥博如天，渊泉如渊"）。

（8）全民尊敬信仰，心悦诚服（"见而民莫不敬，言而民莫不信，行而民莫不说"）。

如此社会精英治国之圣者，人人都尊他信他亲他。子思用两个字来形容这种情形："配天"。

他说：

是以声名洋溢乎中国，施及蛮貊；舟车所至，人力所通；天之所覆，地之所载；日月所照，霜露所队；凡有血气者，莫不尊亲，故曰配天。

《中庸》一步一步地由"天命之谓性"开始，达成了"配天"。到了第三十二章，就成就了"天德"。成就"天德"有几个重点：

（1）要至诚。不仅是自己至诚，整个天下要至诚（"唯天下至诚"）。

（2）真能在真善美中治人、治事、治物（"为能经纶天下之大经"）。

（3）个人、家庭、社会、天下国家，如何在正确的方向上往前（"立天下之大本"），也就是做到前面三十一章所说的种种。非常重要的将"大本"（人文、治国的战略）立起来。

（4）要一般地知道真正的科学：物理、化学、生物、矿物、天文、地理，特别是知道通识教育（"知天地之化育"）。

（5）如此之圣者，也就是知天、知地、知人的通识圣者，有至诚的自然功用。

用释迦牟尼佛的话来说："天上天下,唯我独尊",不是自立自强所能形容的。正如寒山所说的:

  吾心似秋月,寒潭清皎洁,无物堪比伦,教我如何说。(渊渊其渊!浩浩其天!)

又像尼采和老子所说的超人、道人——是海,又超越海。如此的圣人,就是归到本有的聪明圣智(苟不固聪明圣知达天德者,其孰能知之)。

这就是禅门六祖说的:

  何期自性本自清净;
  何期自性本不生灭;
  何期自性本自具足;
  何期自性本无动摇;
  何期自性能生万法。

这就是成就天德也。

由前面所称的配天,归到一己本有的聪明圣智,成就:

  天德。
  胜哉!美哉!伟哉!
  中国万世之宝的:
  中庸。

(十二) 无声无臭,至矣!

《中庸》的结论第三十三章六次引《诗经》的诗。最后一语是"无声无臭",此话也就是与《中庸》的起始——"天命"相契应着,天命实际上就是"无声无臭"。

依《诗经》所说,全部结论的重要意义如下:

德国大哲学家叔本华说:"穿了新衣,必须照照镜子。"这一章是讲君子之道要谦。《易经》八八六十四卦没有一卦是好卦,只有谦卦才是好卦。所以,君子在平凡的日子中显示出不平凡;小人在平凡的日子中,表现自己很不平凡。因此《诗经》说:"君子之道,闇然而日章;小人之道,的然而日亡。"

这一节也强调君子的入德。一共有六个条件:

(1)日常生活待人接物看来平淡,不会使人厌恶("淡而不厌")。所以,孔子说:"晏平仲善与人交,久而敬之。"

(2)大学者辜鸿铭先生说:"德国的文化单纯深邃",也就是这一章强调的"简而文"。人事物单纯而又满足不缺乏,是高贵文明的必要条件。

(3)佛家说一切随顺,外相温柔,内超日月,全在智慧的理上,也就是这一章所说的"温而理"。

(4)"见彼而知此",也就是"知远之近"。

(5)"见外而知内",也就是"知风之自"。

(6)"见微而知着",也就是"知微之显"。

入德就是入道。达摩大师说,初步入道的条件是:

外息诸缘,内心无喘,心如墙壁,可以入道。

实际上《中庸》的入德和达摩的入道,是相互融通的。平常心是德、是道也!

《易经》讲"初九:潜龙勿用",圣者未起用以前,以修身潜德为要。也就是《中庸》结论所讲的"君子内省不疚,无恶于志"。佛家讲历劫修行,儒家的君子也就是在超时空中励己精修,也就是《诗经》所说的:

潜虽伏矣,亦孔之昭。

悟道的《楞严经》二十五位圆通最高法门观音法门说:

动静二相,了然不生,闻所闻尽,觉所觉空,空觉极圆。

《易经》说:"一阴一阳之谓道,继之者善也,成之者性也"。这一章说:"君子不动而敬,不言而信",实际上也就是观音法门。在阴阳中又超越阴阳,动即阳,静即阴,观音法门的超越动静,也就是超越阴阳。《诗经》说:

> 相在尔室,尚不愧于屋漏。

也就是在阴阳动静中又超越阴阳动静。

禅门德山大师说得好:

> 竭世枢机,似一滴投于巨壑。穷诸玄辩,若一毫置于太虚。

真正有学问有修养的君子,言必压众,貌必惊人,走到哪里就摄受住大家,所以说"君子所过者化,所存者神。"也就是《中庸》说的"君子不赏而民劝,不怒而民威。"《诗经》说:"奏假无言,时靡有争。"也就是只要君子一出现,不需要说什么,大家就相安无争。人人与他竞相握手,他勿需宣传,勿需拉票,他不做快餐文化的明星。

《中庸》在结论中说一位真正的君子,自然而然地显露出君子本色,显出如禅门所说的本地风光。人能归到本地风光,就自然会对人事物诚诚笃笃,恭恭敬敬,不需要送红包和礼物,也就是《诗经》讲的"不显惟德,百辟其刑之。"

到此阶段,万物皆化、百兽齐欢、全民安乐与欢跃,所以什么宣传、什么教化都是多余的了。在此子思引用孔子的话说:

> 声色之于以化民,末也。

也就是《诗经》说的:

> 予怀明德,不大声以色。

人人自然会饿了吃饭,困了睡觉,忠孝、仁爱、信义、和平就自然会存于心、显于色、行于事,会有大和、大中、大正与真正的和谐。于此,《中庸》得出与天命相契、相承、相合的结论:

> "上天之载,无声无臭",至矣!

六、结论

《中庸》反对"只此一家、别无分店"的独断主义,主张四海一家。这和孔子说的"毋意、毋必、毋固、毋我"、庄子的"欲是其所是,非其所非,莫若以明"及苏格拉底说的"我不知道什么,我只知道我不知道什么"是一样的。由是可知,世间的人文精华学问是相通的。

禅门六祖惠能大师说:

> 佛法在世间,不离世间觉。

真懂儒学世间的入世法,必懂佛家的出世法;真懂佛法,必懂《中庸》;真懂《中庸》,必懂包括老子、庄子在内的一切道家。

真正落在中庸上的人物,是情真、义洁、万化存心的。行到究竟会活泼泼的,不以中庸缚人,也不会以人缚中庸,即与一切存在宇宙万物和谐地汇成一片,从而"无声无臭"。

"无声无臭"者,就是:

> 有物先天地,
> 无形本寂寥。
> 能为万象主,
> 不逐四时凋。

《中庸》之所以为《中庸》,胜哉!圣哉!

《中庸》的结论,落在中道人文哲学上。而最终的目的,是实现整个《礼记》学说的核心,就是《礼运大同篇》的:

> "大道之行也,天下为公",四海之内皆兄弟也。

最后,尚德相信:

> 有了昨天,又有今天,大家还有明天,时空与宇宙是与我们一同存在的。

内内外外的全中国,一定会且有能力往前,为全人类谋求永久的和平与幸福。

二十年后,中国人在许多方面会赶上英美,就是棒球、篮球也极可能会平和或打赢美国。理由无他,多几位姚明就可以了。

让我们与一切国家、一切存在一起和平和谐。

其他,其他,就用不着说了。因为我们行诸中庸。

杜晓勤 | Du Xiaoqin

〔演讲者小传〕

杜晓勤,男,文学博士,1967年8月生于江苏如皋。1995年起,任教于北京大学对外汉语教育学院,1997年晋升为副教授。2005年9月调入北京大学中国语言文学系古代文学教研室工作,教授,博士生导师。主要获奖情况:2002年12月,获北京市委市政府颁发的"北京市第七届哲学社会科学优秀成果"一等奖(集体,本人撰写《二十世纪中国文学研究·隋唐五代文学研究》);2004年9月,荣获由北京大学校长颁发的"2003—2004学年北京大学教学优秀奖";2009年入选教育部"新世纪优秀人才支持项目";2010、2011年连续获得北京大学"杰出青年人文学者奖";2011年获得"北京大学十佳教师慈竹奖"。

盛唐气象与诗仙李白

同学们,晚上好。首先,欢迎大家来听这个讲座。让我们来看一下今天的题目——"盛唐气象与诗仙李白"。盛唐气象最重要的代表就是李白,而李白身上最集中地体现了盛唐气象。我们都知道,中国是诗的王国,唐朝又是诗的王朝,所以林庚先生以前总说:"我们不单要学唐诗,我们还要知道诗唐。"唐朝是诗歌的唐朝,而诗仙李白又是盛唐诗坛最为璀璨的一颗明星。就一个作家在当时的影响而论,李白在中国文学史上无人能比。他像一股狂飙,一阵雷霆,带着惊天动地的声威,以前所未有的艺术魅力和情感力量,震荡着人们的心灵,这就是李白。下面我们就来探寻、阐释李白身上所特有的那种诗的天才以及独特的人格。所以今晚这个讲座主要从李白的人格、人生与诗风这三个方面来解读和认识。我还达不到和他进行对话这个层次,只能尝试着带领着大家,和大家一起学习李白,解读李白。

首先,我们来看他复杂而独特的文化心态。李白是复杂的,李白是独特的,那么这种独特性和复杂性从何而来呢?我认为又可以分为三点:第一,是地域文化的融合;第二,是唐之前的多种思想的交融与升华;第三,是李白所处的特定的时代精神的熏陶。

李白身上体现的是中西南北文化的激荡与新生。在中国古代,很少能在一个诗人身上体现这种中西南北文化的激荡与新生。因为盛唐文化，是以中国本土文化为主体，广泛地吸收了域外文化，那种兼容并蓄的伟大气魄，那种无拘无束的自由精神，对盛唐时代诗人的心灵和气质都造成了深远的影响，给诗的创作也带来了新鲜的活力。那个时代，是一个新的时代，产生了许多新的事物，呈现出一种新的气象，诗人们就有了一种新的追求，这些都使得当时的诗人们以一种开天辟地的气势去创造，去攀登，去追求，去打开一个又一个诗歌和人生的新的局面。终于，盛唐诗歌达到了中国古典诗歌的高峰。而李白，又出生于初盛唐之交，成长于盛唐前期，适逢其会。于是，他走在了这个时代最前沿。

首先，我们来看他身上所体现的西方文化。我们可以从他的家室、出生地与家人的名字上看出西域文化因子。李白，字太白，因为他的母亲梦长庚星而生下他，所以取名太白。太白星即长庚星。古时，以金辰星见于东方谓"启明"，夕位于西方曰"太白"。长庚星落于西方，对应着李白出生地为西域。相传李白出生于碎叶，碎叶在现在的吉尔吉斯斯坦的托克马克，当时是大唐的疆土。李白出生于这个地方，五岁的时候随着他的爸爸回到了内地。他们没有直接到中原，而是从甘肃南部进入了四川的北部，最后定居于绵州。为什么李白没有直接回到长安、洛阳即中原呢？大概在隋末的时候，他的祖上因为犯罪，被贬谪到了碎叶，隐其姓名。这是李白的字和李白的出生地。另外，李白的两个孩子所起的名字也和西域文化有关。李白一生结过四次婚，第一个和最后一个都是宰相家的姑娘。第一个妻子是初唐宰相许圉师的孙女，生了一男一女。儿子叫明月奴，好多人都认为这是女孩子的名字。其实不是这样的。唐代有些人的小名后面都会带一个奴字，白居易的弟弟小名就叫金刚奴。我们都知道念奴娇，奴好像是女孩子的名字，其实不一定，男孩子也可以叫奴。而明月就和我们刚刚说的西域有关了。有人说，李白长子明月奴一名来自北齐时代名震大漠的射雕英雄斛律光，斛律光字明月。他死后，他的儿子武都曾任兖州刺史，而李白的长子正是在兖州出生的。李白在山东的时候，和一位姓鲁的女子结婚了，生了一个儿子叫颇黎。颇黎就是玻璃，当时的颇黎是天然的玻璃，不是我们现在工厂生产出来的，盛产于波斯国、泥婆罗国、吐火罗国。吐火罗有颇黎山,相传是汗血马出产的地方,而李白自比为天马,天马从西而来。这一切的联系都说明了李白的家人身上带有西域文化的色彩,而且李白的相貌也和我们一般的中原人不一样。李白的个子不太高,身长不满七尺,唐朝的一尺相当于现在的 30.7 公分左右。若按照现在的度量衡单位去计算,李白已经不止两米了,所以我们不能这样理解。中国古代有几个高人,超过了一般男子的身高,刘备七尺五,张飞八尺,关羽九尺,也说明了不能按照正常尺寸的算法来计算身高。古人常说:堂堂七尺男儿。而七尺,就是正常男子的身高。无论在什么时候,七尺之躯就是正常的身高。李白虽然个子不高,但是气势逼人,相貌独特。他的眼睛炯炯有神,而中原人很少有这样的;哆如饿虎,哆就是大嘴巴,可见李白相貌之与众不同。而且他懂很多门外语,他从西域来的,所以懂很多番邦的语言。此外,李白还精通西域的歌舞,经常"酣来自作青海舞"。青海舞正是西域的舞蹈,唐代的杨贵妃和安禄山也擅长此舞。李白自认为是西域来的天马,"天马西来月支窟"。而这种西域文化的因子在盛唐诗人身上几乎独此一家。

　　李白定居的蜀中也是非常奇特。蜀中人杰地灵,李白学习了蜀中文化的几大因素。他身上继承了司马相如、陈子昂的豪气、雄才,浓缩了巴蜀文化的精华。

　　李白还受到了荆楚文化的影响。荆楚,就是现在的湖北湖南一带。因为李白的第一个夫人就是湖北人,所以李白就在湖北定居一段时间。李白很敬佩楚国一位伟大的诗人——屈原,他后来也跟屈原有着类似的怀才不遇的遭遇。而楚辞的浪漫气质、艺术形式和丰富的想象,也对屈原后来的创作产生了许多影响。

　　后来,李白一入长安,二入长安,三入长安,也在长安受到了行侠仗义的思想的影响。

　　李白也多次游览吴越一带,并终老于吴越,所以南朝的民歌、诗歌都对李白产生了深远的影响。

　　第二,我们来看看李白复杂的思想。李白的思想,既是盛唐人的思想,又跟一般的盛唐人不一样。

首先,他的身上带有道家思想,在他之前是庄子和阮籍。和前人不一样的是,他的身上融合了儒家"治国平天下"的人生理想。这是一种精神的超越,理想的超越。李白曾在《代寿山答孟少府移文书》中说:

> 近者逸人李白自峨眉而来,尔其天为容,道为貌;不屈己,不干人,巢由以来,一人而已。乃虬蟠龟息,遁乎此山。仆尝弄之以绿绮,卧之以碧云,漱之以琼液,饵之以金砂。既而童颜益春,真气愈茂,将欲倚剑天外,挂弓扶桑。浮四海,横八荒,出宇宙之寥廓,登云天之渺茫。……达则兼济天下,穷则独善一身,安能餐君紫霞,荫君青松,乘君鸾鹤,驾君虬龙?一朝飞腾,为方丈、蓬莱之人耳,此则未可也。乃相与卷其丹书,匣其瑶瑟,申管晏之谈,谋帝王之术。奋其智能,愿为辅弼,使寰区大定,海县清一,事君之道成,荣亲之义毕,然后与陶朱、留侯,浮五湖,戏沧洲,不足为难矣。

李白认为自己的人生应该是像范蠡一样,在成就一番事业后,功成身退,笑傲江湖,超越了一般道家的理想,达到了儒道结合之后高妙的人生境界。当时的唐代人,如果要实现自己的政治理想,一般要走这样几条路。第一个是立功边塞,出将入相,这在初盛唐比比皆是。还有一种是为王霸之大业献纵横之奇策。这种人为人主出谋划策,安邦定国。在风云际会的乱世,有很多这样的谋士。李白呢,更希望做这样的人。他最佩服的两个历史人物,一个是鲁仲连,一个是谢安。鲁仲连是战国时期的纵横家,纵横捭阖,排忧解难,但是义不受赏,达到了高尚的人生境界。李白佩服谢安,曾写"但用东山谢安石,为君谈笑净胡沙"。

那李白的这种理想,是不是没有现实的可能性?不是的。有的。因为初盛唐时期政治清明,思想自由,唐代大多数人入世的途径是科举。而盛唐尤其注重进士科,注重文辞。此外还有名目繁多的针对特殊人才的制举,如文艺特长科、哲人奇士科等等。不同于正常的科举,文人可根据自己的特长到其他的科,也有很多人通过这些名目繁多的制举入世。李白更为独特,不屑这些制举,什么都不考,想得到重用。而后来李白也因其隐逸高名,让皇帝召入京城。

这是李白的心态,下面我们具体来看李白的一生。李白的一生可以说是传奇而悲剧的一生。有人可能不赞同李白的一生是悲剧这个说法。没错,从诗歌创作来讲李白的人生是个喜剧、正剧,但从人生追求来讲,李白的一生是悲剧。

我们已经知道,李白出生西域,五岁的时候到了绵州。李白曾自述:"五岁诵六甲,十岁观百家。"李白一生有许多谜,他诵的六甲也是一个谜。到底什么是六甲呢?六甲可能类似现在很多同学小时候学的《三字经》《百家姓》之类的书。他喜欢隐居山林,求仙学道,练就了一身比较好的气功;同时又有建功立业的政治抱负,很佩服那种能够功成身退的英雄。李白还跟随赵蕤学《长短经》,赵蕤不仅是著名的政治家,而且是著名的剑道高手。李白也跟他学习剑道。李白二十四岁的时候,"仗剑去国,辞亲远游"。经过三峡,沿途作有《峨眉山月歌》《渡荆门送别》等诗,从中可以看到李白的意气风发,对前途的憧憬。到了江陵的时候,李白居然见到了受三代皇帝崇敬的道士司马承祯。司马承祯不仅习得一整套的道家法术,而且写得一手好篆,诗也飘逸如仙。二人一拍即合,志趣相投。司马承祯一见李白已十分欣赏,及至看了他的诗文,更是惊叹不已,称赞其"有仙风道骨,可与神游八极之表"。李白也写成《大鹏遇希有鸟赋》,以大鹏自喻,以希有鸟比司马承祯。这是李白最早名扬天下的文章。

此后,李白又继续远游,其中包括大家所熟知的庐山。一路上广泛交友,行侠仗义,不到一年,散金三十万。至于李白的经济来源,也是一个谜。有人认为李白的经济来源是稿费,是他写的诗得到的报酬;也有人认为李白家是富商。李白家至少有一兄一弟在长江沿岸的重要码头上经商,一方面把巴蜀的产物运销吴楚,另一方面又把吴楚的产物运销巴蜀,这是郭沫若的一种观点。麦朝枢说,李白他们家还是矿主,李白和他的父亲都是贩卖铜铁的商人,而李白则"兼涉采冶"之业,"炉火照天烧",《秋浦歌》里写的分明是炼铁的场景。到底为什么李白会有这么多钱,现在也不清楚。但是李白这个人不吝啬,谁人有难,他就给钱。有一次路见不平,"托身白刃里,杀人红尘中。"他就杀了个人,李白杀人没被抓,这也是一个谜。反正李白和大家不一样,他不打自招,说自己杀人红尘中,这个在唐代时是要判罪的,初唐七杰之一王勃,偷偷把官府的官奴杀死了,就被贬。但是李白杀人都没有人处罚他。到了金陵,李白开始学习谢安,谢安不是携妓游东山么,李白也带着小妓金陵子,家奴丹砂,相伴玩乐,创作了一些带有南朝乐府色彩的诗歌,"楚歌吴语娇不成,似能未能最有情。谢公正要东山妓,携手林泉处处行。"他羡慕谢安不仅是"谈笑净胡沙",还有"携手林泉处处行",他也羡慕。但他在吴越一带,还是没有找到出路。

到开元十五年,李白准备走一条捷径。唐人重婚和宦,李白把婚和宦结合在一起,以婚为宦,以这个招牌进入京师,但是他没有找当朝的宰相,找的是前朝宰相许圉师的孙女,入赘了。大家可能很奇怪,入赘当倒插门女婿大家是看不起的,但李白没有,李白很坦然,有人认为这也是西域文化的影响,李白比较尊重妇女。

这时一个他很敬佩的人就在他的旁边,就是孟浩然。"吾爱孟夫子,风流天下闻,红颜弃轩冕,白首卧松云。醉月频中圣,迷花不事君。高山安可仰,徒此揖清芬。"他很佩服孟浩然这种鄙弃功名的行为,淡泊利禄的情怀。后来的江夏之别,他和孟浩然告别了,孟浩然去扬州一带,李白作了《黄鹤楼送孟浩然之广陵》:"孤帆远影碧空尽,惟见长江天际流。"有一种落寞的哀怨,惆怅的感情。

李白在安陆的时候,故相府女婿的身份也不太好使,李白就主动出击,给当时两任安州长史干谒。当时人家根本没有理睬他,到开元十八年,李白已经三十岁了,他已经离开家乡足足五年了,所以,他虽然是遍访诸侯,但仍仕进无门,于是他就有了"南徙莫从,北游失路"的慨叹。

既然地方上得不到发展,那么就直奔京城吧。所以,李白就在开元二十年夏下定决心,进入长安。他到了长安之后,历抵卿相,立即结识到当时的一个高层人物,玉真公主,就是当时唐玄宗的妹妹。玉真公主虽然对李白修炼道家的隐逸长生之术比较欣赏,但是没有把他推荐给他的哥哥唐玄宗。李白依然是怀才不遇,有志难伸,李白在这个时候就和长安市井上的"武陵豪"混在一块了,就是长安城乡结合部的混混,这些"武陵豪"白天在宫中当禁卫军,晚上有的时候就去杀人越货。他们傍晚在渭桥旁边抓阄探丸,谁抓到,就要出今天的任务,比如杀人。混在这群黑道人中,李白险遭毒手,大失所望,败兴而归。就写了《蜀道难》和《行路难》这样悲愤的诗篇。"噫吁嚱!危乎高哉。蜀道之难,难于上青天。"他写的不是蜀道,是长安之道,写的求仕之道难于上青天。"长安虽云乐,不如早还家。"李白对长安失望了。还写了《行路难》,抒发自己满腔的愤懑:"大道如青天,我独不得出。"感到自己十分委屈。但李白往往是刚刚一悲愤,过一会儿又乐观了。这也是他和一般人不一样的地方。他的悲愤一般不超过两分钟,隔两句又开始昂扬乐观,就像这首《行路难》一样,不断地重复伤心高兴的情感,一抑一扬,"多歧路,今安在?"比较悲愤,"长风"一句又对前途充满了希望。这就是李白。

离别长安之后,他无颜回安陆,就沿黄河西下,到了汴州、洛阳等地。开元二十二年,他又到襄阳拜访了当时最善于举荐赏识人才的人——韩朝忠。李白说,大家都说"生不用封万户侯,但愿一识韩荆州"。即韩朝忠能给你比万户侯更高的地位,实现自己的理想。他还说,"虽长不满七尺,而心雄万夫","日试万言,倚马可待",表达自己的才华和志向。但是韩朝忠还是没有引荐他。开元二十三年,他又北上边塞找出路,也没有成功。又回到河南,和他的好朋友元丹丘、岑勋等在嵩山南麓颍阳山,作了《将进酒》抒发怀才不遇的愤懑之情:"君不见黄河之水天上来,奔流到海不复回。君不见高堂明镜悲白发,朝如青丝暮成雪。"但是在后面又表现出乐观的情绪,仍然借酒浇愁,豪情万丈,抒发怀才不遇后的狂放之情,慷慨悲壮。

开元末年,许夫人去世了,李便移居山东任城,和一个山东女子结婚。这个时候,李白已经四十一岁,离开家乡十七年。他漫游南北,奔走东西,依然是仕进无门。俗话说,否极泰来。天宝元年,李白四十二岁的时候,机会终于来了。可能是元丹丘通过玉真公主向唐玄宗推荐了李白,加上李白这段时间写了很多诗歌,诗名被圣上所知,玄宗就召他入京。李白喜出望外,认为自己的政治理想终于有实现的机会。写诗云："仰天大笑出门去，我辈岂是蓬蒿人？"此诗名《南陵别儿童》，看来李白是说给儿童听的。李白离开家的时候向家中的小孩告别，很是郑重其事。但是，这时唐玄宗已经不再励精图治了，李白生错了时代。如果早生二十年，李白也许结局更好些。这时昏庸的奸相李林甫已经把张九龄排挤出朝。玄宗征召李白，不是因为他有经邦济世的雄才大略，而是想用其敏捷诗才点缀升平盛世。李白刚到长安时，玄宗对他很不错。相传，玄宗曾御手调羹，命李白待诏翰林院。李白入翰林，天下叫好。韩滉曾画《李白在文苑图》，画中李白十分得意。不过，此事虽然动静很大，但李白实惠不多，没有得到实际官职。当时其他人在翰林都有实职。传说李白曾经作过《和蕃书》、《出师诏》，似乎参预军国大事。实际上，他更多的时候是陪着皇上和杨贵妃游玩，饮酒作乐。有一次，唐玄宗带着大批嫔妃和官员到骊山温泉宫，李白也在被邀请之列。李白作《驾去温宫后赠杨山人》："幸陪鸾辇出鸿都，身骑飞龙天马驹。王公大人借颜色，金章紫绶来相趋。"李白走的位置比较靠近唐玄宗，可见其被重视程度。其他大臣都要讨好他，李白十分得意，又说："激赏摇天笔，承恩赐御衣。逢君奏明主，他日共翻飞。"跟自己的朋友炫耀。这个时候，他对唐玄宗感恩戴德，没有非议一句。但是，他对同僚很看不上。李白不善于处理人际关系，恃才傲物，还曾给别人起外号，嘲笑别人，所以被人背后中伤。他自己也知道不为朝廷所容，知道自己的政治理想无法实现，内心失落。唐玄宗呢，则认为他总是借酒买醉，成天见不到人影，"非廊庙器"，于是就遣金放还，给了李白一大笔钱，让他离开了朝廷。天宝三年，李白是内心不舍，表面却高傲，吟唱着"凤饥不啄粟，所食唯琅玕。焉能与群鸡，刺蹙争一餐"的诗句，结束了在长安一年多的宫廷生活。

李白出京后，沿黄河东下，五月到达洛阳，和杜甫相会。

现在的人们认为李杜相会应该十分神圣伟大，闻一多先生在《杜甫》中写道："写到这里，我们该品（吹）三通画角，发三通擂鼓，然后提起笔来蘸饱了金墨，大书而特书。因为我们四千年的历史里，除了孔子见老子（假如他们是见过面的），没有比这两人的会面，更重大，更神圣,更可纪念的。我们再逼紧我们的想象,譬如说,青天里太阳和月亮走碰了头,那么,尘世上不知要焚起多少香案,不知有多少人要望天遥拜,说是皇天的祥瑞。如今李白和杜甫——诗中的两曜,劈面走来了,我们看去,不比那天空的异瑞一样的神奇,一样的重大的意义吗?"其实不然,当时的杜甫根本就没有达到和李白平起平坐的地位,根本没有那么重要。当时李白四十四岁,已经诗名远播,而杜甫只有三十三岁,只是洛阳近郊的一个地方性小诗人。虽然两个人地位、名声相差很大,但是两人一见如故,相见恨晚。杜甫在《寄李白十二韵》中说"昔年有狂客,号尔谪仙人。"这里的狂客就是贺知章。贺知章在李白二入长安时见到他,觉得他十分了不起。"笔落惊风雨,诗成泣鬼神。"这是杜甫对李白的评价。下面写他们两个人在一起快乐的行游。"剧谈怜野逸,嗜酒见天真。醉舞梁园夜,行歌泗水春。"他们俩游山玩水,诗酒行乐。一年之后,两人再次相遇,建立起兄弟般的深情厚意。杜甫又在一首诗里写两人一起游玩的情景:"余亦东蒙客,怜君如弟兄。醉眠秋共被,携手日同行。"不过,李白对杜甫没有太多怀念,他热衷于寻找一个新的世界。但是杜甫经常怀念李白。当后来李白被流放到夜郎,杜甫在川中听到这个消息,写诗云:"不见李生久,佯狂真可哀!世人皆欲杀,吾意独怜才。"杜甫这首诗是761年写的,这时李白已经到了晚年,他是762年死的。杜甫希望李白回到老家安度晚年,结束飘零生活。这是后话。

天宝三年十一月,李白正式加入道籍,经由高天师受道箓于济南郡的道观紫极宫。这个道士他当了几天后就不干了,和夫人还归任城。他修酒楼,日夜沉饮其上。天宝五年的时候,他离开鲁中,去游吴越,临行作《梦游天姥吟留别》:"安能摧眉折腰事权贵,使我不得开心颜?"表现了他高傲的姿态,宣泄心中郁闷。李白到越中的时候,贺知章已经去世了。李白想起当年一入长安,曾经受到贺知章的称赏,成为忘年交,不胜感慨。天宝六年的时候,北海太守李邕、淄川太守裴敦复都被李林甫陷害,李白不胜悲愤,为他们鸣不平:"君不见李北海,英风豪气今何在?君不见裴尚书,土坟三尺蒿棘居!"他为朝廷的政治乱象忧心忡忡,他说:"总为浮云能蔽日,长安不见使人愁"。天宝九载,李白五十岁了,知道自己从政无望,就想学习孔子治《周易》、《春秋左传》,想以诗文为终身事业。其实他以前根本看不上孔子这个事业,曾说"凤歌笑孔丘"。不过这次李白也没坚持几个月,他又放弃了。天宝十载秋,李白再次北上,到了幽州。他到边塞,看到安禄山正厉兵秣马,有作乱之心,立即南下回到长安。李白的政治敏感性还是很强的,他想去报告朝廷,但是无人理会。李白无计可施,南下到了宣城,与李云相遇,作《宣州谢朓楼饯别校书叔云》:"弃我去者,昨日之日不可留;乱我心者,今日之日多烦忧。抽刀断水水更流,举杯消愁愁更愁。"弃我去,是对自己韶华的追逝;乱我心,是对朝廷和国家的担忧。

天宝十四载,安史之乱爆发,战火蔓延。天宝十五载正月,长安沦陷。这时,李白已娶了宗氏夫人。两人志同道合,都喜欢炼丹。玄宗逃出长安至汉中郡(在今陕西省南部)时,听从房琯建议,下诏命太子李亨为天下兵马大元帅,诸王为各地节度使,并派永王璘出镇江陵。玄宗这道诏书下达前三天,李亨已在北方自立为帝。但是永王李璘也有野心,他就沿江东下招兵买马,准备割据江东,此时贤达之士大多避而不见。李白呢,认为时机已到,又是群雄并起之时,于是从庐山上下来,决定跟随永王,并在军中作《永王东巡歌》。后来永王战败,李白被捕入狱。幸亏有好友求情,认为李白还是爱国的。李白遂以无罪开释。不久,又有官员上书肃宗,让其重用李白。肃宗大怒,又治李白的罪,判流放夜郎。李白走了整整一年,到三峡时,写了《上三峡》。此诗和《早发白帝城》形成鲜明的对比。后者用了七绝,清新流丽,心情狂喜。但是前者是五律:"巫山夹青山,巴水流若兹。巴水忽可尽,青天无到时。三朝上黄牛,三暮行太迟。三朝又三暮,不觉鬓成丝。"十分切合当时心境。"青天"有双关,表现其漫长流放路途中的苦难心情。但是到白帝城后,喜讯从天而降,肃宗大赦天下。李白欣喜若狂,写《早发白帝城》:"朝辞白帝彩云间,千里江陵一日还。两岸猿声啼不住,轻舟已过万重山。"随即乘舟东下江陵,复萌出来做官之意。可是,李白多次拜谒后,还是以失败告终。

肃宗上元元年,李白六十岁,到了豫章(现今江西南昌)。再登庐山,又作了《庐山谣》:"我本楚狂人,凤歌笑孔丘"。似乎真的打定主意,要求仙寻道了。上元二年,李白再游金陵,已是物是人非。他想起当年"散金三十万,有落魄公子,悉皆救之。"那是多么风光潇洒,而现在生计困难,竟以随身宝剑抵偿酒钱。是年,史朝义贼势复炽,天下兵马副帅李光弼出镇临淮,将北上讨贼。李白爱国之情又燃烧起来了,他以六十二岁高龄,请缨入幕。但是由于年老生病,只好半途而返。李白来到宣城,投靠李阳冰。李阳冰辞官后,李白无处可去,心情更乱,作《笑歌行》、《悲歌行》。这两首诗,苏东坡一直不认为是李白所写,因为写得语无伦次:"笑矣乎,笑矣乎。君不见曲如钩,古人知尔封公侯。君不见直如弦,古人知尔死道边。"可见李白悲愤至极。宝应元年,李白病情日重,作了一首《临终歌》:"大鹏飞兮振八裔,中天摧兮力不济。余风激兮万世,游扶桑兮挂石袂。"他相信自己激起的余风能够流传万世。

　　关于李白死因,有两种说法,一说是死于"腐胁疾",但另一种说法我们似乎更愿意相信:因醉入水捉月而死,地点在现在安徽马鞍山的采石矶。

　　这就是李白传奇而悲剧的一生。

　　下面再来看看李白的诗歌风格。我们知道李白是中国文学史上少有的天才型诗人,他的心灵如同一注滔滔不绝流淌不尽的诗的清泉。无论是山川风物,还是人事交往,无论是所见所闻,还是所思所想,在他的笔底,统统可以谱成震撼人心的乐章,永远是那样雄浑清新,具有大江大河般的力量,如出水芙蓉般纯粹的美感。

　　他的诗歌有以下三个主要特点:第一,强烈的主体意识,浓重的主观色彩。李白诗中到处是"我"。杜甫也说他"笔落惊风雨,诗成泣鬼神"。李白诗歌具有最强烈的浪漫气息,他创造性地运用了一切浪漫的艺术手法,使诗歌具有神奇独特的艺术魅力。尽管没有一种生活能够令他满足,但他那炽热的情感,强烈的个性,在表现各种生活的诗篇中，都打下不可磨灭的印记，处处留下自我表现的主观色彩。让我们感到热情亲切。

第二，就是大胆的夸张，奇丽的想象。比如他写的庐山就和白居易不一样。李白《庐山谣》，是站在庐山顶上望大江："登高壮观天地间，大江茫茫去不还。黄云万里动风色，白波九道流雪山。"写出长江波涛翻滚，真正摆脱了真实空间拘束的感觉。白居易也望大江，却是"江水细如绳，湓城小于掌"，写得很真实。但我们更愿意读一些李白带有夸张的诗歌，感受艺术的想象力。两首诗歌的艺术价值和感染力，谁高谁低，放在一起，不言自明。

第三，李白善于用各种诗体抒发感情。他最喜欢的诗体是七古和七绝。七古如《将进酒》《行路难》《蜀道难》《梦游天姥吟留别》等，句式复杂，变化多端，自由豪迈，韵随情转。这是李白最擅长的七古。他的七绝也写得很好，乐府有吴歌的风格。比如说，"李白乘舟将欲行，忽闻岸上踏歌声。桃花潭水深千尺，不及汪伦送我情。"是不是一种民歌的风格？很轻快，踏歌之类的。七言绝句讲究"语尽情遥，以含吐不露为贵，只眼前景，口头语，而有弦外音。"盛唐七绝写得好的，一位是李白，另一位王昌龄。李白曾经评价别人的诗是"清水出芙蓉，天然去雕饰"，其实他自己也是这样。李白小的时候真是一个天真的儿童，"小时不识月，呼作白玉盘"，多天真，这才是一个正常的儿童。杜甫就不这样，杜甫有的时候装老。他说自己"七龄思即壮，开口咏凤凰"，谁见过凤凰？他一个小孩子，是在玄想，一定写不好。骆宾王小时候写动物就写得很好嘛，"鹅鹅鹅，曲项向天歌。"多么自然，多么流畅。

总的来说，李白诗歌是盛唐气象的代表。严羽说："盛唐诸公之诗，如颜鲁公书，既笔力雄壮，又气象浑厚，其不同如此。"王国维说："李白纯以气象胜。"李白的诗歌，飘逸豪放，清新自然，真气充沛，气象宏大，是盛唐之音的典型。他诗中所体现出的独特的气势、大胆的想象以及不可复制的天才魅力，征服了当时及后代的无数读者，使他在文学史上享有崇高的地位。而他崇尚自由、蔑视权贵、追求理想、百折不回的精神,更成为后代进步作家心慕手追的榜样,激励着人们创造更加美好的未来!

现场答问

问:李白与郭子仪相交是真的吗?传说郭子仪年轻时,还没有成名的时候犯了死罪,被军事法庭审判,是李白救了他一命。后来李白跟从永王李璘得罪皇帝以后,郭子仪用自己多年的军功救了李白一命。不知道是真是假?

杜:可能是传说。在郭子仪小的时候李白与郭子仪相会,这起码在李白的诗中和李白的碑铭中没有记载。

问:如何更好地学习唐诗?今天听老师讲,老师讲的非常好,非常慷慨激昂,把我带到这个情绪之中。以前学唐诗都是死记硬背,但是您是从历史的角度、传记的角度来解读唐诗。这方面您能不能再系统地讲一讲?

杜:系统地讲没有时间了。我大致讲一讲,我说八个字:知人论世,以意逆志。就是说你要理解一个作家,你应该知道他的生平。了解他的为人、思想、生平行事。读其诗,读其文,想象其人。以意逆志,就是根据你自己对生活的感受和理解,然后再来还原诗人当时真实的感情。这样我们读古人就能如见其人,如闻其声了,能够和他的心灵达到一种相通。

问:盛唐那个时候是人才辈出,每个诗人都是一颗闪耀的星。而李白能够脱颖而出,既有时代的原因,也有他个人的原因。时代的原因就是盛唐那种比较宽松的环境,那么个人的原因有哪些?

杜:独特的思想与个性。他从西域回来,受到了文化的熏陶,还有自己的那种天才的艺术想象力。李白是个天才,他不是一般的人。天才是不可复制的,无法学习的,他生来就是这个样子。李白五岁的时候,十五岁的时候,就跟一般人不一样。所以李白是天才,学不了。杜甫还可以学……

问:你自我感觉和李白、杜甫最相近的是什么?

杜:我可不敢说跟李白相近。一点儿相近之处都没有。要不然,我就不会站在这儿给大家讲课了,我就可能去从军边塞去了,漫游天下去了。这才是李白追求的目标。但是我觉得李白身上有很多东西值得我学习,我很喜欢李白。唐代有三个诗人我最喜欢,就是骆宾王、陈子昂、李白。当然我也很喜欢杜甫,而且是越来越喜欢杜甫。因为随着年龄的增加,心境发生了变化。我年轻的时候,对杜甫的很多诗读不懂,现在开始渐渐有所领悟。杜甫是崇高的,李白很伟大。

问:您在讨论李白侠气的时候提到李白曾经杀人。这个问题以前也曾经有人讨论过。就是那两句诗"托身白刃里,杀人红尘中"。但是您也提到了唐朝的律法是很严的。也举了王勃的例子,他杀了一个人就被贬官了。有人就说李白的这两句诗只是他侠气的表现,他并没有真的杀人。不知道杜老师对这个问题怎么看?

杜:这个问题比较难回答。李白说他"托身白刃里,杀人红尘中",他有杀人的动机,杀人的行为,但是最后可能没杀死吧。这是一种可能性。第二种可能性,就是李白吹牛吧。李白好大言,所以我们不能当真。但是我们可以从中知道他那种豪气。因为从法律上难以理解。当时还是法治社会。

问:我们是不是可以理解,李白在仕途上一无所获,与他这种诗人的或天真、或浪漫,而缺乏杜甫那样实际的生活的感觉,这种诗人的情怀有关?

杜:你说的很对,但只说对了一半。李白他确实是能言而不能行。你让他真正去当伊尹、吕尚,他当不起来。历史给了他机会,他没有抓住。这是其一。其二,唐代很多著名的诗人都当不成官,当时存在着文学与吏治之争。文学就是有文章才华,文辞秀逸之士,会写辞赋,会草诏,会辞令,实际上唐代的皇帝有时是把他们当倡优蓄之的,像汉武帝对待司马相如这种,并没有真正用他们来治国。真正用来治国的是魏征这些人,他们虽然诗文写得不太好,但是确实有治国平天下的韬略。你刚才说杜甫好像不错,有生活的体会,杜甫也想做官,但他也做不成。杜甫太耿直了,而且真的讥刺当时的政治,但是治理国家的许多具体事情,他也不愿意干。想让他当一个县尉,他都不当。让做实际的事务,这些人大多是不会干的。李白也不会的。这就是吏治与文学之争,在初盛唐一直是这样。所以我们今天说李林甫是奸臣,张九龄是贤相,其实李林甫虽然排挤文人,但是确实还有一些治国的才能,是后来的杨国忠之流所不及的。所以李林甫虽然是推翻了以前二张的政治主张,那种文人治国的思想,他还是有自己的独特的经世之策。但他最大的毛病就是嫉贤妒能,陷害忠良。李林甫人是有才能,但是其心不正。这是李林甫。如果他有治世的才能,其心又正,他就能成为贤相。唐代有很多这样的人,如魏征、房玄龄、杜如晦、宋璟。张九龄也很好,张九龄是文武全才。所以真正能当官的是张九龄这样的人。有一个诗人后来也当了高官了,高适,当的官也不低,但是好像也没有做出什么伟业来。这是中国古代文人的一种悲剧。就是这样。

夏长樸 | Xia Changpu

〔演讲者小传〕

夏长樸,1947年生,1980年自台湾大学中国文学研究所博士班毕业,获文学博士学位。先后担任台湾大学中国文系讲师、副教授,现任该校中国文学系教授并为台湾大学特聘教授。

在校任教期间,曾兼任《台大文史哲学报》总编辑(1998—2001)、《台大中文学报》主编(2000—2001,2007—2008)、台湾大学文学院副院长(2004.3—2005.7)等职,并曾应邀担任香港大学中文系客座教授(1996.9—1997.8)、南京大学人文社会高级研究院访问学者(讲座教授)(2008.6)。校外则曾任"中央研究院"历史语言研究所学术审议委员、台"行政机构"科学委员会人文处中文学门复审委员、教育行政机构顾问室咨询委员及国际儒联理事。

研究专长为宋代学术思想、中国近三百年学术史、秦汉学术思想、中国经学史、《四书》与《史记》等,并曾开设相关课程。主要学术著作有:《两汉儒学研究》、《王安石的经世思想》(博士论文)、《李觏与王安石研究》、《经学通论》(修订本)(与叶国良、李隆献合著);此外,另有学术期刊论文数十篇。

试论全祖望对《宋元学案》的增补及其学术价值

各位老师,各位同学,今天很荣幸有这个机会到北大给各位做报告,这是我近几年来研究宋代学术的一个心得。今天报告的题目是:"试论全祖望对《宋元学案》的增补及其学术价值"。

这个报告是我这几年来关于宋代和清代学术史的看法。我发现从宋代开始,就有建构一个学术发展体系的现象,这种现象具体表现出来,就是大家耳熟能详的"道统"问题。所谓"道统",事实上是在宋代正式提出来,并且确立的。追究源头的话,能够追得很远,可以从孟子一路追下来,追到韩愈的《原道》这篇文章。

在宋代,北宋仁宗时期,有很多学者动不动就谈尧舜禹汤文武周孔,这么一路下来,还没有提到孟子。虽然韩愈说孟子上承孔子,但在北宋仁宗时期并没有确定。这个看法的提出,是在仁宗时期当做问题讨论,到宋神宗元丰年间才真正确定。"道统"这个说法,在中国学术思想史上是很重要的关键问题,代表中国有一个学术传承,而且把它完成了。

这个学术传承的完成,最大的功臣有两个,一个是北宋的王安石,另一个就是南宋的朱熹,而我今天跟各位报告的就是南宋的朱熹在这个问题上所做的工作。而全祖望则针对朱熹所做的工作提出了一个质疑,这是我今天报告的重点。

朱熹建构了这个道统,当然朱熹不是第一个,在朱熹之前有很多这样的看法,但它真正能够实现是在朱熹手上。其后朱熹的女婿黄干,特别写了一篇《圣贤道统传授总序说》,正式把它完成。所以从这个角度来讲,朱熹的这个理念、这个建构,基本上勾勒出了宋以下六七百年儒学发展的历史轨迹,事实上到现在我们很多的学者接受的还是这个架构。朱熹建构这个道统,是透过他的一部非常有名的书叫《伊洛渊源录》。但是,根据我们现在所看到的资料,朱熹本身并没有正式刊印这部书。这部书之所以流传出去,是书坊为了牟利私刻,并未经过朱熹同意。在朱子的文集,还有朱子的《朱子语类》里面,有许多地方谈到这个问题。中国社科院历史研究所前所长陈祖武教授在他的《中国学案史》里面曾经深入讨论过这个问题,大家可以参看。

《伊洛渊源录》这部书提出了一个看法,就是从宋代开始,上接孔孟传承的,就是以周敦颐为中心的道学家,如周敦颐、二程、张载,还有邵雍等这些人。必须指出的是,北宋程伊川(颐)为他哥哥程明道(颢)所写的《明道先生墓表》说:"周公没,圣人之道不行;孟轲死,圣人之学不传。道不行,百世无善治;学不传,千载无真儒。……先生生千四百年之后,得不传之学于遗经,志将以斯道觉斯民。"并且在《明道先生门人朋友叙述序》中说:"先兄明道之葬……门人朋友为文以叙其事迹、述其道学者甚众。其所以推尊称美之意,人各用其所知,盖不同也;而以为孟子之后,传圣人之道者,一人而已,是则同。"这里所指的门人朋友即刘立之、朱光庭、邢恕、范祖禹等人,前三人是二程的学生,范祖禹则是二程的同道。可见北宋时代二程的学生与同道学者,都认为程明道传孔孟之学,其间并没有提到周敦颐,这是很值得思考的问题。到了南宋,情况就改观了。自从朱子的《伊洛渊源录》建立起周、二程、张、邵的传承以后,其后的一些著作,比如说李心传的《道命录》、元代修的《宋史·道学传》、清儒孙奇逢的《理学宗传》,还有熊赐履的《学统》以及万斯同的《儒林宗派》这些著作,无一不接受朱子提出的这个观念,即周、二程、张、邵这么一路下来的一个传承。我们现在看到的《宋元学案》,就是以这个传承做中心、主轴所建构起来的宋元学术的发展史。

　　清代黄宗羲继《明儒学案》之后,继续编辑《宋元学案》,没有完成即逝世。乾隆十年(1745),全祖望接受郑临之的建议,接下续补这部《宋元学案》的工作。黄氏原本分为两部,《宋儒学案》跟《元儒学案》,其后合为一书。全祖望的增补不仅扩大了这部书的论述范围,也使得《宋元学案》这部书的内容变得中肯平实,给后代的学者提供了一个比较广泛合理的思考空间,这是过去同类学术史的著作所没有也做不到的,全祖望本人也很以他自己的工作自豪:"发六百年来儒林所不及知者",这是全祖望自己说的一句话,他认为他这部书做了这样的一个贡献。

　　我们现在讨论这个问题,并不打算讨论全祖望的全部学术思想,只是想说明全祖望在增补《宋元学案》,撰写《宋元学案》的《序录》时,透过《序录》的论述,以及新的学案的增立、原来学案的修订和补订所呈现出的他对宋代学术传承的思考。这里面有全祖望对朱熹所建构的学术传统的怀疑,也有全祖望对宋代学术发展真相的一个探索,其中拾遗补缺、补充前人不足的地方,可以说更是所在多有。简单来讲,全祖望做的工作,就是要打破学术宗派的门户,贯彻他本人主张的"治史务求其真",要实事求是的基本信念。

　　这是我讲的第一点,也是第一部分。

　　接着讲第二部分,先介绍朱熹所建构的儒学传承及他的影响。刚才我已经提到,朱熹做《伊洛渊源录》的时候,建构起了周、二程、张、邵五位先生为主,以及他们的学生的相关的事迹和他们的言论。这个传授的系统,经过这部书,再经过朱熹的学生兼女婿黄干的《圣贤道统传授总叙说》(这篇文章在道统史上是很重要的一篇文章,保留在黄干的《勉斋文集》里面)的进一步阐扬之后,上至尧、舜、禹、汤、文、武、周、孔、孟,下迄濂溪、二程,所谓"圣贤相传"的传承就建立了。当然,建立一个传承,基本上等于排斥了不同于这个传承的其他学说或者学者。所以这种从韩愈《原道》提出来的理想,到这个时候算是正式完成了,是由朱熹和黄干建立起来的。这个道统观念造成元人修《宋史》分立

《道学传》和《儒林传》的局面,也引发后来学术史上很多争议。乾隆时期的《四库全书总目》批评《伊洛渊源录》这本书:"盖宋人谈道学宗派,自此书始;而宋人分道学门户,亦自此书始",说得十分清楚。后来所谓学术史上很多的争议,基本上从《伊洛渊源录》揭开序幕。它建立了一个影响深远的传承,同时也打开了元明以下门户之见的开关。

从《伊洛渊源录》之后,这个传承变成了学界的普遍共识,认为这就是中国的学术传承,传之久远。此处可以举出很多的例子,比如我们现在一些学术史、思想史的著作,比较有名的像冯友兰的《中国哲学史》(二卷本)、侯外庐的《宋明理学史》,还有劳思光的《中国哲学史》、陈来的《宋明理学》,他们都是在这个线索之下做的论述。

但是,在乾隆初期,全祖望接手黄梨洲(宗羲)及其子黄百家的工作,对《宋元学案》进行补述,他所做的这部分增补工作、他所呈现出来的意见和建议,就有一种空谷足音、发人深省的意味。为什么呢?因为其他学者都视朱熹建构的传承为理所当然,习焉不察;而他却能独具慧眼,见人所未见,提出不同于以往的看法。

我讲的第三部分,主要介绍全祖望增补《宋元学案》时所提出的几个重要观点。先对这个部分做一个简单说明:《宋元学案》全书共有100卷,全祖望增补的共有33卷,恰好是全书的三分之一。以此为基础,加上有所增损的,所谓的"黄氏原本、全氏修订",分其卷第而特为立案的"黄氏原本、全氏补订",还有扣除唯分其卷第的"黄氏原本、全氏次定"不计,王梓材所写的《校刊〈宋元学案〉条例》里面就说,"梨洲原本无多",这句话很值得注意,原本剩下来的不多,"经谢山(全祖望)续补者十居六七",他认为有三分之二以上都是经过全祖望增补的。这个说法我个人认为相当合理,因为我做过这方面的比对,的确有三分之二的分量。最近有些学者认为全祖望增补的事实上只有三分之一,可能他们没有对这个书的本身做一个深入核对,我觉得核对工作蛮重要的。所以我们说全祖望在增补上工夫下得很深,比起他自己写一部史所花的工夫恐怕还更大。下面,就以增补的部分、修订的部分和补订的部分为主,讨论全祖望增补的几个重要观点。

第一点,"庆历之际,学统四起",如果按照现在《宋元学案》的叙述,而我们不注意的话,会认为宋代学术从胡安定(胡瑗)、孙泰山(孙复)开始,以他们为主,再加上孙泰山的学生石介(徂徕),这所谓的"宋初三先生"就构成了传统宋学的开端。

为什么说"宋初三先生"呢?这三位学者最早也不过是宋仁宗时代,从仁宗往前推的话,宋初还有几个皇帝,从开国皇帝开始,太祖、太宗、真宗,这三个难道都不算宋初吗?所以这个观念我们要注意,泛称"宋初"是有点语病的。"庆历之际,学统四起",意思是说宋仁宗庆历时代开始,到处都有讲学之人,聚徒讲学成为一种风气。刚刚我们提过,《伊洛渊源录》建立的是一个一线单传的传承,从周敦颐开始。如果说在周敦颐之前,只有胡安定、孙泰山跟石徂徕他们三个所谓的开山,但这是不是事实呢?全祖望认为不是。为什么呢?因为事实不是如此。在《宋元学案》的前六个学案里面,除了黄宗羲原本有的"安定"跟"泰山"这两个学案之外,全祖望增加了四个学案:第一个"高平"即范仲淹的学案,第二个"庐陵"即欧阳修学案,第三个是"古灵四先生"学案,另外就是"士刘诸儒"学案。重点是后面这句话,"学统四起",表示事实上不是一线单传。

除了黄宗羲原本的安定、泰山两个学案之外,另外增加了四个学案,案主已跟各位报告了,这是相当值得注意的。事实上除了胡安定、孙泰山、石徂徕之外,当时聚徒讲学是很普遍的现象,即各地都有学统出来,各地有不同的人在讲学。比如刚才提到的四先生,就是以陈襄为主,陈襄、郑穆、陈烈、周希孟他们四位,各位如果看到《古灵四先生学案》,里面就有关于他们讲学的部分。陈襄讲学的时候,弟子上千人,人数比胡安定、孙泰山更多,所谓的"学统四起",是有根有据的。另外士刘诸儒也是一样,由于时间有限,这部分就不再做更多的说明。

增补的这四个学案里面,范仲淹、欧阳修这两位先生都不算是思想家,他们是学者、是政治家,但是他们在当时影响力很大,因为他们开了学风,他们表彰学术。在这种情况之下,虽然他们推动的庆历改革没有完成,但是他们的理想却为当时和后来的改革做出了很大的贡献,迈出了第一步。这是很值得注意的,所以全祖望特别把他们二位放进去做了学案。欧阳修除了主持庆历改革之外,亦是当时的文坛盟主,推动学风的改变以及科举制度方面的改革。全祖望说欧阳修是"因文见道",所以给他建立了学案。

虽然如此,全祖望并未否定胡瑗跟孙复他们在当时的影响力,但是他认为,除了这两位之外,当时那些毕生讲学授业、贡献心力的学者们,如古灵四先生和士刘诸儒同样有开启学风、推广学术的贡献,所以就增加了四个学案。这是增补的第一个特点。

第二个特点,我给的标题是"司马之学不杂,亦非不着不察"。我们看现在的《宋元学案》里面,司马光的《涑水学案》分上、下,除此之外还有几个学案:《范吕诸儒学案》、《元城学案》、《华阳学案》和《景迂学案》,这都是全祖望增补上去的,这些学案的共同特征,就是表彰司马光本人、司马光的学术同道,以及司马光的后学,这是全祖望在弥补《伊洛渊源录》里面没有收录司马光这一系的缺失。《伊洛渊源录》以道学人物为主,里面未收司马光,有趣的是,这部书里没有司马光却有邵雍。关于这个问题,全祖望在司马光的《涑水学案》的序录里面说程伊川曾经讲过,他阅人很多,他认得很多人,看过很多人,但其中学问不杂的有三位,司马光、邵雍和张载。换言之,用道学的观点来观察,这三个人学术不杂,这个"不杂"是不杂禅语、不杂佛老之言。朱子写过一篇文章《六先生画像赞》,写六个学者,所谓"六先生",指的是二程、周敦颐,再加上这三个人,一共六个人。有趣的是,在这篇文章里有司马光,但是到了《伊洛渊源录》却没有了;而邵雍在六先生里面有,在《伊洛渊源录》里面也有。就人品而言,两个人人品都很高;若将邵雍的学术跟司马光相比,司马光更应该放进去。所以在这种情况之下,全祖望猜想朱熹认为司马光格物不够精,所以排除在外。这句话是话中有话的。

现在看到的《伊洛渊源录》里面,按照全祖望的看法,原先可能没有邵雍,是后人补进去的。元代学者吴澄认为说,是不是司马光的学问属于"不着不察",所以不把他放进去? 但是全祖望最后说了一句话,

"有是哉？其妄也！"他不赞成吴澄的看法，他认为司马光绝对不像吴澄说的那样。

司马光没有收入《伊洛渊源录》，可能是有一些问题。我们知道在《二程集》里面，记载了很多二程与当朝同时人的交往、讨论。这里面有一个很有趣的现象，他们对司马光的人品很肯定，但却觉得司马光做学问太笨、太粗，而且很顽固，所以叫他"司马牛"。因为二程觉得跟别人谈事情，几句话就可以说得很清楚，对司马光却不得不多说几句，要不然就说不通。其实这些记载透露了一个信息：二程与司马光学术路数不同，所谓"道不同"，很难沟通。朱熹的《伊洛渊源录》用意在建立道学家的传承系谱，司马光人品虽高，学问却不是道学一脉，因此不收司马光，这才是真正的原因。

因为这样，全祖望把司马光的学案补进了《宋元学案》。另外，《范吕诸儒学案》里面收了几个人。第一个范镇，第二个吕公着，第三个韩维，这些人都是司马光的学侣，也就是司马光的学术同伴。各位如果读司马光的《传家集》会发现，有很多书信是跟朋友讨论学术的，这些谈学术的对象，就是刚刚提到的几个人，所以全祖望把他们纳进去，是恰如其分的。这是司马光的同辈。除此之外，司马光的学生辈，包括《元城学案》、《华阳学案》、《景迂学案》，分别讲的是刘安世（刘元城）、范祖禹和晁说之。这三个人都是司马光的学生，在这个部分全祖望把司马光的学生辈也补进去了。

这些学生中唯一有问题的是范祖禹，因为范祖禹在《伊洛渊源录》里面收进去了。收进去了为什么还有话说呢？因为全祖望认为朱熹在收范祖禹的时候说了一句话："《家传》、《遗事》载其言行之懿甚详，然不云其尝受学于二先生之门也"。只有一个人，二程的学生鲜于绰，在他的《传信录》里说范祖禹是二程的门人。我们看范祖禹著有《唐鉴》，这里面的议论基本上从程伊川来的，没有错。但是现在问题来了，既然朱熹明言没有直接证据说他是二程的学生，但却因鲜于绰有此一说，将错就错就把他列进去了。全祖望对这点不以为然，他认为不妥，这是自相矛盾的做法。为什么呢？他说得很清楚，他说范祖禹的老师是司马光,至于说他的老师是程伊川只是一个传闻,这是鲜于绰的一个误解。朱熹《伊洛渊源录》既怀疑这件事,编《伊洛渊源录》时又把范祖禹收进去,这种处理方式是不对的。全祖望强调范祖禹的文集清楚说明他受学于司马光,不仅如此,全氏另举了一个证据:"陈默堂(渊)《答范益谦(冲)》曰:'向所闻于龟山(杨时),乃知先给事(祖禹)之学,与洛学同。'"范祖禹是范冲的父亲,陈渊表示,虽然范祖禹的学问与洛学(道学)不是同一系统,但是学术内容其实是一样的。

全祖望的意思是:第一,范祖禹受学于司马光的依据很清楚。第二,将范祖禹列为二程弟子是错误,而朱熹明明说了没有证据,居然又做了,这是不对的。第三,范祖禹不是二程弟子有一个旁证。从这里可以知道范祖禹不是二程的弟子。在这个地方,全祖望表示了对于《伊洛渊源录》的做法的不同意。上述这四个学案都是跟司马光有关的。以上是第二个特点。

第三个特点是:"伊、洛所得,实不由于濂溪"。就是说二程的学术传承,其实并非来自于周濂溪。这是一个翻案文章,很值得注意。因为朱熹已经肯定周敦颐与二程的学术渊源;其实不只是朱熹,比朱熹早的张南轩(张栻),跟朱熹同时、比朱熹年轻的吕祖谦,他们后来也都接受这个说法。

但是问题来了,二程是周敦颐的学生,长期以来学者都认为理所当然,毫不怀疑。但是全祖望为什么这么怀疑?他说"濂溪之门,二程子少曾游焉",就是二程年轻的时候曾经受学于周濂溪,这没有错,可是"伊、洛所得",实在不是由濂溪来的。就像我们启蒙时跟过一个老师,是不是我的学问一辈子都是从这个老师这边来的呢?其实不一定;我在他门下受教过,是不是我必然传其学呢?其实也不必然。

为什么要这样讲呢,因为全祖望举出了一个很重要的证据,就是二程的弟子吕希哲及其孙吕本中已经不止一次说明这个看法不是事实。他们的意见还保存在文集中,可以参看。各位要知道,二程是吕希哲的老师,老师的老师为什么要否认?可是他说不是这回事,不是这个样子,这值得注意。另外南宋时代,朱熹提出二程上接周濂溪的时候,年辈比朱熹早的一个很有名的学者汪应辰,就曾写信给朱熹说这个说法是不正确的,最好改掉,要不然会引起不必要的争议。他的意见也保存在文集中,可以参看。但是朱熹不接受他的忠告,仍然坚持这个主张。

全祖望认为二程一辈子对周濂溪不太推崇。刚刚我讲过一点,程伊川替他哥哥写《行状》,里面就只说:"自十五六时,闻汝南周茂叔论道,遂厌科举之业,慨然有求道之志。未知其要,泛滥于诸家,出入于老、释几十年,返求诸《六经》而后得之。"如果明道学问真的来自于周濂溪,有什么不好写的?更应该大书特书才是,但伊川不写。这段引文很值得注意,前面说明道因周濂溪而"厌科举之业,慨然有求道之志",后面却说"未知其要,泛滥于诸家,出入于老、释几十年,返求诸《六经》而后得之。"程伊川是尊师重道的人,这由"程门立雪"这个成语即可证明。此处不称"周先生"而称"周茂叔",已经不应该了;后面一段叙述程明道求学历程的文字,明言是自学儒家经典而成学。程明道又曾说:"吾学虽有所授受,'天理'二字,却是自家体贴而得。"所以全祖望虽不否认二程曾受学于周敦颐,却不能同意二程之学的渊源来自于周氏。所以他认为二吕的话应该是事实。

说二程是周濂溪的嫡传是从张南轩跟朱熹开始的。事实上我自己研究宋代学术的时候,对宋人的文集接触得不少,发现北宋学者提到周濂溪的其实并不多。周濂溪虽有他自己的著作,但是北宋时代很少有人提到周濂溪学问了不起,完全没有,顶多说他是个隐士,有关于《易》的作品。各位可能会说,《周濂溪年谱》里面不是有记载吗?这本年谱是南宋度正编辑的,有很多想当然的记载,其实多半不是事实。宋代的学者,尤其道学家对佛学批评得很厉害,双方是敌国,反对佛教的学者相当多。可是各位读《佛祖统纪》、《佛祖历代通载》,这些都是佛教徒写的佛教史,会发现很多反对佛教的人到了晚年都幡然改悔,投向佛祖的怀抱。可是因为这些人都死了,《佛祖统纪》、《佛祖历代通载》写出来的时候,就已经没有人能够跳出来反对说我不是这个样子。北宋时的李觏,就是一个受害者。李觏是一个了不起的学者,范仲淹很欣赏他。李觏一辈子都在反对佛家,而且态度激烈,《李觏集》有许多批佛的言论,是北宋前期批佛论的代表人物。各位如果看《佛祖历代通载》里面的李觏,就发现他后来幡然改悔,竟然有"吾辈议论尚未及一卷《般若心经》"这样夸张佞佛的言语。李觏若地下有知,恐怕会辗转反侧,难以接受这点。换言之,当时有这种作伪风气,用这种方式来张扬佛教之盛。所以我怀疑当时儒家学者说不定也有类似"张大其法"的做法。其后朱子在整理北宋道学家的著作时,恐怕也避免不了这个嫌疑。

简单来讲,全祖望判断,周濂溪是一位大学者,而二程其实没有传周濂溪之学,"少尝受学"是没错,但是没有传承他的学问。所以全祖望用了一个很有名的典故,说你一定要把他"沟而合之",其实是不必要的。这个典故出自《左传定公元年》,孔子为司寇时,将葬于墓道南的昭公"沟而合诸墓"。

这里面还有一个问题,《宋元学案》里面,王梓材后来补进了一个数据,这个数据是全祖望的著作,可能王梓材认为全祖望说得太激烈了,所以就拿全祖望另外一篇文章,叫做《周程学统论》,在全祖望《鲒埼亭集》里面有,这篇文章我只把要点提出来。

第一,范冲跟洪迈这两个史学家都讲过二程从学周子。第二点,最早提出"二程未尝师周子者"的是汪应辰,而汪应辰的老师是张九成和喻樗,这都是二程的再传。第三,就相关文献来看,全祖望同意二程他们"少师周子",至于他们得周子"不传之秘"这一点,则认为说得太过、不合事实。第四,《二程遗书》里面有很多地方谈到周濂溪都直接说"周茂叔",道学家很强调尊师,尊师应该称呼"周先生"。程伊川入太学的时候,得到胡瑗的赏识,他写了一篇非常有名的文章,《颜子所好何学论》。据说他写完这篇文章交上之后,胡安定一看即大为欣赏,马上把他从研究生变成助教,这篇文章保存在《二程集》中,还可以找到。其后程伊川提到胡瑗,必称"胡先生"。这是一个值得注意的证据。

我们可以看到《二程集》里只要提起周濂溪,都是直呼"周茂叔",甚至有的还不太客气,说"周茂叔穷禅客"。如此说来,认为他们学术来自于周濂溪的可能要稍微斟酌。道学复兴,跟所谓尊师风气关系很大,尊师风气始于中唐,道学家对老师非常尊敬,不太可能对自己老师这么无礼。

从年代上面来讲,二程从周濂溪在庆历六年,这一年周濂溪升官调走了,如果他们跟着周濂溪问学最多半年多。这种情况下,如果说他们得到周子之学好像不太合理,因为后来潘兴嗣帮周敦颐写墓志铭的时候,二程已经是有名的人了,但墓志铭里完全不提这个事情,这也不太合常理。

另外附带一提跟这个问题关系不大,那就是《太极图说》的著作权问题。张南轩说是周敦颐的,周敦颐手授二程。全祖望说这个判断有问题,他认为周敦颐的学问在《通书》里面,而不在《太极图说》。《太极图说》基本从道家来的,所以全祖望认为《太极图说》不是周敦颐的作品,周敦颐拿道家思想手授二程未免过于牵强。

第四个特点,这是比较值得注意的特点,就是"儒术兴衰,为两宋治乱存亡之所关"。全祖望特别提出来,他做的增补性学案,跟所谓"经世致用"有非常密切的关联,这个关联是什么呢?简单来说,学术跟政治之间是相辅相成的。

事实上,这个观念在李心传的《道命录》里就提出来了,李心传举了两个人,一个是赵鼎,一个是张浚。两人是南宋的贤相,他们都是表彰道学的贤相。全祖望将这两个人合在一起做了一个讨论,"中兴二相,丰国赵公(鼎)尝从邵子文游,魏国张公(浚)尝从谯天授游。丰公所得浅而魏公则惑于禅宗,然伊洛之学从此得昌。"这两人虽然都不算学者,都是政治人物,但是伊洛之学(道学)的发展跟他们两个有很密切的关系。其中有一个问题,张浚曾经唆使陈公辅攻击赵鼎,后来历史上有人认为,张浚排斥道学,"或遂疑其阻塞伊洛之学,与丰公有异同,未必然也"。全祖望说不是这个样子,我自己也曾做过这方面的研究,的确不是,而是政治斗争。张浚为了斗垮赵鼎,用陈公辅来攻击赵鼎,在强烈的抨击之后,最后果然把赵鼎打垮了。其实,陈公辅只是个狡诈之徒,可以为个人利益而反复变更立场,陈公辅的出头是因为道学人物提拔,道学人物提拔他是因为他攻击王安石新学。各位如果读《道命录》就会发现,陈公辅既不是道学家,也不是新学学者,他的目的只是争取政治利益,他的再三反复,追求的无非就是个人利益,从这个方向思考,可能比较合理。

这里不做其他的说明,只是想强调学术跟政治,尤其道学跟政治渊源很深,没有政治力的协助,学术要想兴起不是那么容易的。另外一个与此有关的,是《元佑党案》跟《庆元党案》,两个都是全祖望增立的。这两个党案都是政治迫害学术,迫害的对象都是道学,但是从整个过程来看,显示的是政治和学术之间难以分开的关系。

全祖望增设这两个学案的意思十分清楚,他要借着这两个特殊历史事件的记载铺陈,明确说明学术发展与当朝政治间有着紧密关联。就政治而言,学术是政治的根源,学术发展关系着政治兴衰;相对的,学术需要政治的支持,才能够顺利发展,进而产生指导政治的功能,缺乏或失去政治支持,学术将难以发展,也达不到经世致用的最终目的。可以说学术与政治二者之间息息相关,难以截然分割。重点在这个地方。

第五个特点,"干、淳之际,学脉纷然屹立。"朱子之学是南宋孝宗以下道学大宗,但是说朱子学在当时学术界一枝独秀,没有其他学术存在,这不是事实。

由于后学过于尊崇朱学,就造成很多不得体,或者不是事实的状况,反而湮没了学术真相,全祖望对此很不以为然。他举了罗豫章(罗从彦)的事情为例,说明《宋元学案》立罗豫章的学案,其实并不妥当。全祖望认为以罗豫章的学术来讲,根本达不到专门为他立一个学案的分量。但是黄氏原本为什么会有?全祖望揭示了关键因素,问题在于朱子。朱子的老师是李侗,李侗的老师是罗从彦,而罗从彦的老师是杨时杨龟山,因此黄氏原本为每个人都立了一个独立的学案。全祖望认为,由于朱子地位极高,影响太大,所以才会出现这种现象,然而这是不妥当的。他认为最应该有学案的学者反而没有立,他指的是黄宗羲没有立胡宏的学案。胡宏是胡安国的儿子、张栻的老师,也是宋高宗时代学术地位崇高的大儒,开启了湖、湘之学,他有一部很有名的著作《知言》。全祖望认为以胡宏的学术成就与地位,竟然没有独立的学案很不妥当，因此特别替他立了一个学案，叫《五峰学案》。

还有一个例子，朱子的后学，为了表彰他的老师，甚至对有些事情穿凿附会，完全不是事实。像张栻（张南轩），吕祖谦吕东莱，他们两个学术卓然有成，同是当时的大学者。朱子晚年所收的弟子陈淳，作《北溪字义》，是理学的一部名著。陈淳有一篇文章说："干道庚寅中，张南轩以道学明德守是邦（严陵），而东莱为郡文学，是时南轩之学已造远矣，思昔犹专门固滞。及晦翁痛与反复辩论，始翻然为之一变，无复异趣。"他意思是说，张南轩就是因为跟朱熹讨论，使得他学问大进；同样的，吕东莱因为年纪轻，更因张南轩的指点，使得吕东莱的学术真正成为一家之学。全祖望认为这是很过分的猜测，因为我们知道，事实并非如此。朱熹求学过程中，跟湖、湘学派有很紧密的往来，也颇受湖湘之学的影响。湖、湘学派以张南轩为代表，读张栻《南轩集》，读《朱子文集》看他们之间的书信往来，其实是朱子向张南轩请教，而不是张南轩请教朱子，这是不能不注意的问题。全祖望在写《南轩学案序录》的时候说了："南轩似明道，晦翁似伊川，向使南轩得永其年，所造更不知何也。北溪诸子，必欲谓南轩从晦翁转手，是犹谓横渠之学于程氏者。欲尊其师，而反诬之，斯之谓矣。"所以全祖望对这点很不以为然，他说："朱、张、吕三贤同德同业，未易轩轾。"说得很客气，大家都差不多的，没有必要做这种不实的叙述。

干淳之际，除了上面所举的几个人之外，还有其他很多的学者，都是自成一家之言，结果都被埋没了，所以说，若非全氏在增补《宋元学案》时刻意发幽阐微，力加表彰，当朱学独尊之后，除了少数几位大家如陆九渊、张栻、吕祖谦、陈亮、薛季宣、陈傅良、叶适尚能岿然独存之外，其余诸人已经湮没在朱学独尊的历史帷幕之后了。这是很值得我们思考的问题。

第六个特点，是增补了三个"略"，这也是黄氏原本所没有的。除了一般的学案之外，《宋元学案》里面还有一种体裁叫做"略"，重点在"彰显宋学之多元发展"。这种略有三个，前面两个略比较清楚，一个是《荆公新学略》，一个是《苏氏蜀学略》，第三个略比较麻烦，《屏山鸣道集说略》,知道的人就不多了。关于王安石新学部分,事实上近十多年来对王安石新学讨论很多,可说已基本确立了王安石新学在宋代的应有地位。宋代学术不是一开始庆历之后道学马上出来,道学其实出现得比较晚。道学正式确立之前,大概70多年时间,也就是神宗至高宗之间,都是王安石新学独领风骚的时代。后人读《宋元学案》不见得了解得很清楚,除非注意到略的特别意义。从宋神宗开始,一直到北宋亡,甚至南宋开始的时候,王安石的《三经新义》是太学里面要读,科举考试的时候必考的著作。甚至到南宋初期,那时有一次,朝廷想用朱震来做主考官,太学学生集体反抗,因为朱震是道学家,持反对新学的立场。太学生们声明:我们读的是王安石新学的官修本,现在换了一个人,立场不同,另外出题目,对我们不公平!这件学生抗议风潮,史书里可以找到。

三苏蜀学在北宋末期,南宋初期,尤其是宋孝宗时期,非常欣赏苏东坡,当时蜀学也是领一时风骚的。庆历改革之后,三苏蜀学兴起于哲宗元祐时期,虽然没有立于学官,但是他们势力不小,足以跟新学、洛学对抗,下面引三段资料证明这点。第一个是南宋学者李石,第二个是南宋学者员兴宗,第三也是南宋学者叫胡卫,这三个人都不约而同认为,王、苏、二程三家之学是鼎立的。从这里可以看得出来,所谓道学一枝独秀的叙述是想当然耳,并非实际状况。道学发展有一个过程,我个人有一篇文章《从李心传〈道命录〉论道学的成立与发展》专门讨论这个问题,收在《宋史研究集》36辑里,可以参看,这里就不再多说了。简单说来,新学与蜀学略的增立,重点在说明,道学虽然重要,却并非一枝独秀,当时新学与蜀学足以分庭抗礼,各自领有一时风骚,这才是宋代学术的实际状况。

第三个略颇值得讨论。《屏山鸣道集说略》,这个屏山是李纯甫,是金代的大儒,写了一部书《鸣道集说》,针对南宋初期流行的一部道学家选集《诸儒鸣道集》加以批评,这部书援浮屠之说批评了道学诸儒,自司马光以迄程、朱,无一幸免。全祖望的序录可以看看,"关、洛陷于完颜,百年不闻学统,其亦可叹也!李屏山之雄文而逆于异端,敢为无忌惮之言,尽取涑水以来大儒之书,恣其狂舌,可谓齿冷,然亦不必辩也,略举其大旨,使后世学者见而嗤之。其时河北之正学且起(正学即道学),不有狂风怪物,无以见皎日之光明也"。李纯甫很会写文章,也具有代表性,所以全祖望特地为他立了一个略,藉以说明即使在南宋时代,沦陷在金人手里的北方,也还是有道学的活动。事实上这三个"略"就是"学案",为什么做略而不做学案,全氏有他的用意。根据王梓材的判断,三个略代表的学者,王安石、三苏跟李屏山,他们都杂于禅学,所以不给他们立学案,只给他们立略。

但是这个理由是不是成立呢?我认为其实不然。就全祖望增补的部分观察,他所增补的很多人,比如《景迂学案》的晁说之,《陈邹诸儒学案》的陈瓘、邹浩,《默堂学案》的陈渊,还有《赵张诸儒学案》的张浚,这些学者个个都溺于禅学,可是全祖望照样替他们立学案。为什么替这三个人立"略"呢?我的猜测是因为《宋元学案》从黄宗羲草创以来,受到朱熹《伊洛渊源录》以周、张、二程为正统的影响,加上黄宗羲的远祖就是南宋末年大儒黄震黄东发,黄东发的路数是朱学的,黄宗羲编这部书的时候,基本上接受了这个看法。全祖望增补再怎么调整,都必须尊重黄宗羲原意。怎么办?他认为新学跟蜀学都应该立学案,但是为了表示不同,所以他就立了"学略",所以可以这么讲,立《荆公新学略》、《苏氏蜀学略》是表示当时学术界不是只有道学一枝独秀,也有另外这两种学术,一方面跟它对抗,另外一方面,他们事实上也是领一时风骚的。第三个略尤其值得注意,因为李屏山是金代的大儒,替他立个略,表示即使北方已经落在金人之手,但是我们南宋的学术在北方还是流行,所以借李屏山介绍当时北方道学还是存在的,这是全祖望的用意,他的用心就是呈现当时宋代学术的本来面目。

第四个部分,尝试就上面所说的几个特点说明全祖望为什么这么做?为什么要做这样的增补。答案可以很多,但是归纳起来不外乎两个理由,第一个理由就是"史以纪实,非其实者,非史也。"这是全祖望最重要、最基本的史学观点,他认为历史就是纪实。全祖望做了一篇文章叫做《帝在房州史法论》,讨论唐代历史书法的问题,因为武则天篡唐,造成了史法记载的问题,全祖望认为要做真正正式纪实,认为历史应该如实记载,他说后代史家虽然有编纂历史的机会,但至多能够臧否褒贬人物,不能改写事实。他说"《春秋》之旨,能诛之,不能削之",全祖望对唐史记载有他自己的看法。

这样来讲,全祖望认为历史必须记载事实,他增补的学案,基本上都在凸显历史事实。历史事实是这样,跟政治不相干,跟学术门户也不相干,这就是所谓"史以纪实"的基本原则。全祖望自己讲过一句很重要的话:"自昔图经地志,莫不扳援古人,以为桑梓生色,予谓不核其实,则徒使其书之不足取信于世。"撰史必须核实,即使替别人做墓志铭也是如此。我们知道自来墓志铭多半就是"谀墓之文",全祖望强调,即使受托替别人写墓志铭,也不能为了讨好委托者而更改事实,他说"予不敢有溢词,亦不敢没其实",这是全祖望的基本作风。

第二个理由,也是直接的理由。第一个理由是全祖望的基本学术观点,第二个理由是为什么做这样的增补?用意就是修正《伊洛渊源录》独尊道学的偏颇观点,以还原宋学本来面目。因为《伊洛渊源录》建构了朱熹的道学传承谱系,而且影响了六七百年之久,全祖望的序录里面,直接点名批判《伊洛渊源录》的有四条。除了四条之外,还有很多没有指明的。比如"宋人溯导源之功,独不及四先生,似有阙焉。"讲的就是朱熹,讲的就是《伊洛渊源录》。因为"宋人溯导源之功"没有比朱熹更早的,朱熹是第一个。

另外一条《古灵四先生学案序录》,全祖望说"予谓濂溪诚入圣人之室,而二程子未尝传其学,则必于沟而合之,良无庸矣",这是批评朱熹以《伊洛渊源录》建构周程学统的不当。再下面《震泽学案序录》说,"信伯极为龟山所许,而晦翁最贬之"等类似的话。他认为这些人"象山之学,本无所成,东发以为遥出于上蔡,予以为兼出于信伯,盖程门已有此一种矣。"换言之,就是朱熹有门户之见,其胸襟气度不够宽宏,不能包容学术上不同意见,这个地方还有很多相似的话。虽然《伊洛渊源录》可能是一部未完之书,但是从这个地方看,事实上造成的影响是非常大、非常深远的,所以全祖望说了:"先儒之说,返之吾心而不安者,固当博考之,深思之,力求其是。若豫储参、商之见,以相寻于口舌,是则经学之贼也",他又说:"愚生平于解经,未尝敢专主一家之说,以启口舌之争,但求其是而已"。最后一句话,是全祖望治学的基本宗旨,不仅经学如此,史学亦如此。

讲到这句话,清朝从康熙开始表彰道学,更在康熙五十一年把朱熹从从祀孔庙升为配享,强调程朱之学是正学。在这种气氛之下,全祖望提出了对朱熹的批评,无惧政治权威,这是相当了不得的治学态度。基于他实事求是,基于他史以纪实的信念,他批评朱熹,批评朱熹的《资治通鉴纲目》是"未成之书……其本之朱子者不过凡例一通,余未尝有所笔削"说得很清楚,朱熹做学问还是有他的问题。这句话现在觉得很平常,没什么了不起,但是如果回头翻一翻清代的文字狱记载就知道,清代在雍正时期,曾经有两个学者批评朱熹,最后被满门抄斩,但是全祖望照样这样写。若说全祖望运气好,这与运气不相干,是他有这个胆识。《宋元学案》真正刊印出来是道光年间,那时政治控制已经大为松驰,这个问题已经不是大问题了。可是乾隆时代的文字狱非常可怕,全祖望当时无所畏惧,照样直写,毫不犹豫地做了这个可能杀头的工作。

最后做一个结语,梁启超曾经强调《宋元学案》这部书非常精彩,而且有很多特色,但是梁启超的评论有一些宽泛,没有很具体地把全祖望续修精粹的地方点明,我觉得很可惜。下面引用全祖望自己的话作个总结。全祖望曾说"余续南雷《宋儒学案》,旁搜不遗余力,盖有六百年来儒林所不及知,而予表而出之",这是全祖望本人对他自己增补这部学案的直接评价。

从这句话可以看出,全祖望所强调的,所谓的"六百年来",就是针对《伊洛渊源录》而言。从前面几个例子来看,全祖望对于这些学术发展的问题,都找出它的根源,同时也对朱熹建构的道学传承,以及建构传承理论根据都有思考,所以才有这样中肯的批评。所以,这句话"盖有六百年来儒林所不及知,而予表而出之"的重点,就是要还原历史真相,还原学术的客观传承,而不是为了表彰一家之言或是一家之学,使学术本身真相湮没。这是他觉得他不能不面对的，我认为，这就是《宋元学案》全祖望续补部分的学术价值的真正所在。

很抱歉！今天准备不足，各位拿到这个稿子比较晚，报告听起来比较辛苦。还是得再强调一次，这篇稿子还没有完成，是未定稿，请各位不要引用，等到正式在期刊上发表的时候各位再看，再请批评指教。